旅游公共关系

主　编　顾庆华　赵晓明
副主编　李　洁　牡　兰　赵丽君　胥　冰
编　委　刘　清　隋思涵　赵铁梅　宗慧杰　王　玉

北京理工大学出版社
BEIJING INSTITUTE OF TECHNOLOGY PRESS

版权专有　侵权必究

图书在版编目（CIP）数据

旅游公共关系/顾庆华，赵晓明主编. —北京：北京理工大学出版社，2019.3（2022.12重印）
ISBN 978-7-5682-6820-2

Ⅰ．①旅… Ⅱ．①顾… ②赵… Ⅲ．①旅游业-公共关系学 Ⅳ．①F590.65

中国版本图书馆 CIP 数据核字（2019）第 041432 号

出版发行　/　北京理工大学出版社有限责任公司
社　　址　/　北京市海淀区中关村南大街 5 号
邮　　编　/　100081
电　　话　/　（010）68914775（总编室）
　　　　　　（010）82562903（教材售后服务热线）
　　　　　　（010）68944723（其他图书服务热线）
网　　址　/　http：//www.bitpress.com.cn
经　　销　/　全国各地新华书店
印　　刷　/　北京虎彩文化传播有限公司
开　　本　/　787 毫米×1092 毫米　1/16
印　　张　/　12　　　　　　　　　　　　　　　　　　责任编辑/潘　昊
字　　数　/　283 千字　　　　　　　　　　　　　　　　文案编辑/潘　昊
版　　次　/　2019 年 3 月第 1 版　2022 年 12 月第 4 次印刷　责任校对/周瑞红
定　　价　/　35.80 元　　　　　　　　　　　　　　　　责任印制/李　洋

图书出现印装质量问题，请拨打售后服务热线，本社负责调换

前　言

自 20 世纪 80 年代公共关系引入中国以来，公共关系事业和公共关系教育在中国迅速发展。公共关系学是当代管理学科领域中最活跃的一门实践性学科，而旅游业则是现代产业领域中增长速度较快的行业之一。旅游业迅速发展的需要以及与当代公共关系理论实践发展的结合，是旅游公共关系理论和实践研究发展的必然。我国旅游业快速发展，旅游市场的竞争日趋激烈，旅游企业面临的市场环境也日趋复杂，影响企业经营的不确定因素增加。在这种新形势下，为了求得生存和发展，就必须借助公共关系的手段，处理好旅游企业与内、外部公众之间的关系，以达到"内求团结、外求发展"的目的。

旅游公共关系是一门系统介绍现代公共关系的观念、理论和实践的应用型学科。本书结合了旅游业的特点，以技能实训为主线，以学生为主体，在项目实训中提高学生的公共关系工作能力。本书按照项目化课程整体设计，以职业岗位群为导向，定位主要就业岗位，分析岗位典型工作流程，以典型的工作项目为载体，紧密结合理论、知识和实践，实现教、学、做一体化。通过调查，公共关系初次就业岗位根据公共关系工作的专业性分工，分为市场调研专员、活动策划专员和媒体宣传专员。他们的一次晋升岗位为公共关系部主管，再次晋升岗位为公共关系部经理。本书定位为公共关系部主管所需的专业能力、专业知识和职业素质。

本书特色鲜明，材料充实，以培养学生的综合职业能力、提高公关技能为核心，从旅游公关职业出发，根据每一个项目的学习情景，设置相应的工作任务，从落实任务的能力目标和知识目标入手，按照任务导入—任务分析—知识链接—任务实施—职场案例借鉴—自主训练—任务评价的工作步骤设计完成每个任务，充分释放学生的自主学习、合作学习能力，激发学生的创新创造潜能。

本书理论与实践并重，使用范围广，既可作为旅游管理高职高专院校的教材，也可作为旅游企事业单位管理人员的培训教材。

本书由顾庆华、赵晓明担任主编，负责设计全书的框架、拟定课程标准，李洁、牡兰、赵丽君、胥冰担任副主编，协助完成对全书进行修改和定稿。项目一由李洁负责编写；项目二、项目四由顾庆华负责编写；项目三、项目五由牡兰负责编写；项目六由赵丽君负责编写。

在本书编写的过程中，我们借鉴了一些专家、学者的研究成果，得到了兴安职业技术学院领导和专业老师，以及旅游企业兴安盟碧桂园凤凰酒店、兴安盟五洲行旅行社的大力支持和帮助，在此一并致以诚挚的谢意。在本书编写的过程中，我们参考了国内外大量的相关文献，所引用的材料也尽可能加以注明，但其中或有遗漏。在此，我们谨向给予我们帮助的同人致以诚挚的敬意。另外，由于时间和水平所限，书中难免有不当之处，还望各位专家和同人给予批评指正。

编　者

2018 年 8 月

目 录

项目一　旅游公关职业认知……………………………………………………（1）
　　工作任务一　初识旅游公关……………………………………………（1）
　　工作任务二　明确旅游公关的职责……………………………………（8）
　　工作任务三　设立旅游企业公关部……………………………………（20）

项目二　旅游公关接待……………………………………………………（33）
　　工作任务一　电话接待…………………………………………………（33）
　　工作任务二　来访接待…………………………………………………（48）
　　工作任务三　会议接待…………………………………………………（56）
　　工作任务四　宴请接待…………………………………………………（66）

项目三　旅游公众的沟通与协调…………………………………………（75）
　　工作任务一　内部公众关系沟通与协调………………………………（75）
　　工作任务二　外部公众关系沟通与协调………………………………（83）

项目四　旅游公共关系专题活动…………………………………………（92）
　　工作任务一　旅游企业庆典活动的公关调查…………………………（92）
　　工作任务二　旅游企业庆典活动策划…………………………………（102）
　　工作任务三　旅游企业庆典活动的实施与效果评估…………………（114）
　　工作任务四　旅游专题活动的策划与实施……………………………（123）

项目五　旅游公关信息传播………………………………………………（136）
　　工作任务一　筹备新闻发布会并撰写邀请函…………………………（136）
　　工作任务二　拟定新闻发布会工作流程并模拟实施…………………（142）
　　工作任务三　新闻发布会总结和新闻发布稿…………………………（146）

项目六　旅游公共关系危机管理 ……………………………………………（152）
　　工作任务一　制订旅游公共关系危机管理计划 ………………………（152）
　　工作任务二　旅游公共关系危机处理的策略和方法 …………………（164）
　　工作任务三　旅游危机管理方案的制订与演习 ………………………（176）
主要参考书目 ………………………………………………………………（183）

项目一

旅游公关职业认知

情景描述

以旅游企业为背景，以"认知旅游公关职业"为导向，通过对旅游公共关系的基本认识，了解旅游公关部的设置和岗位职责，使学生对旅游公关职业有一个初步的认知，认识到旅游公关活动对塑造良好的企业形象、促进企业的发展起着非常重要的作用，从而培养学生的旅游公关意识，提高旅游公关的能力。

工作任务一　初识旅游公关

【学习目标】

1. 知识目标

（1）认识旅游公关职业的重要性。
（2）了解旅游公关职业、旅游公关部的含义。
（3）知道旅游公共关系的概念、特征。
（4）掌握旅游公关中的三大要素。

2. 能力目标

（1）能够具备调查、搜集资料的能力。
（2）能够具备初步设计问题、分析问题的能力。

【任务导入】

小王是一名公共关系专业毕业的大学生，由于他喜欢旅游，毕业后，应聘到一家原生态森林开发旅游景区，由于该企业没有专门的旅游公关部，于是经理把办公室一些日常接待琐碎的工作交给了他。对环境和工作熟悉后，他了解到景区的客源量一直没有起色。游客也常常会投诉该景区不值得游览，并没有什么值得记住或者让人印象深刻的地方。深思熟虑之后，他认为该景区应该设立公关部，决定向企业领导建议，他该如何说服领导？

【任务分析】

以旅游企业为背景，通过调查，分析该旅游景区是否需要公关，公关在旅游业中起到什么样的作用？公关工作的内容仅仅是日常接待吗？公关最终的目标是什么？

【知识链接】

一、公共关系和旅游公共关系

（一）公共关系

公共关系是指某一社会组织为了取得社会公众的信赖与支持，树立组织的良好形象，从而通过传播和沟通的手段来为其创造良好的舆论环境和社会环境而开展的一系列活动。具体来说，其包含以下内容。

（1）公共关系活动的根本目的是树立组织的良好形象。组织形象是指社会公众和组织内部员工对组织整体的印象和评价，是社会公众对一个组织的完整信念。因此，企业的良好形象要通过企业的知名度和美誉度的保持和传播才能获得公众的信任与支持。

（2）社会组织的形象要依靠传播和沟通，主观上积极营造良好的舆论环境和社会环境。公共关系作为一种关系，其客观承担者是社会组织和公众，因此，社会组织、传播手段和公众构成了公共关系的三大要素。

（3）从理论上讲，公共关系是一门科学，符合人类的实践管理活动。它能够分析趋势，预测后果，向组织机构提供意见，使之有计划地行动，以服务于本机构和公众。同时，公共关系在实际运作中还要讲究创造性，讲求形象思维，需要从整体上来把握公共关系及其工作。因此，公共关系是艺术和科学的统一体。

（二）旅游公共关系

旅游公共关系是指以社会公众为对象，以信息沟通为手段，树立、维护、改善或改变企业或旅游产品的形象，发展旅游企业与社会公众之间良好的关系，营造有利于旅游企业经营环境而采取的一系列措施和行动。

从根本上说，良好的旅游公共关系以互惠互利为目的，既有利于企业形象的树立、优化旅游环境，也有利于提高公众的旅游素质。

二、旅游公关的构成要素

旅游组织、社会公众和传播是旅游公关的三个基本要素。研究旅游组织的构成、特征、组织机构的设置、旅游组织与外部环境的关系等；研究公众的特征、分类、具体的公众关系，如员工关系、股东关系、消费者关系、媒介关系、社区关系、同业关系等；研究传播原理、传播规律、传播媒介、传播技巧及其他在旅游公关中的作用。

（一）旅游公关的主体

（1）从广义上讲，旅游公关的主体是旅游组织或者与相关的旅游企事业的集合体，主要包括旅游行政组织、旅游经济组织、旅游公共关系公司及支持发展旅游的各种旅游组织和社会团体。

旅游行政组织是指直接从事旅游管理或与旅游活动相关的各级行政管理部门，如旅游局、旅游派出机构以及园林局、建设局、文化局、民族宗教局、商务局、外事办等。

旅游经济组织是指从事旅游商品生产、经营、服务的旅游企业，如旅行社、旅游饭店、旅游交通企业、旅游景区景点、旅游主题公园、旅游商店等其他与旅游活动相关的吃住行游娱购的经济组织。

旅游公共关系公司及旅游社会团体是指专门从事旅游公共关系咨询、策划、推广的服务性企业，如公共关系顾问公司，旅游公共关系咨询公司；从事旅游行业内实务活动和理论研究的学术组织（旅游协会、研究会、学会、俱乐部）等。

（2）从狭义上讲，旅游公关的主体仅仅指的是专门执行公共关系职能的旅游组织内部的公关部、外部的公关公司和公关协会及相关人员。

每一个旅游企业都处于一定的环境中，为了完成自己的任务，实现企业发展的宗旨，它需要优化环境，营造有利于自己生存和发展的最佳环境。这就必须主动地处理各种公众的关系，求得公众的支持。因此，企业的生存与发展需要开展公共关系，公共关系就是旅游企业谋取社会理解、信任和支持的一种手段。

（二）旅游公关的客体

公众是旅游公关的对象，旅游企业公关的对象非常复杂，包括内部公众和外部公众。内部公众主要包括以下两类。

（1）旅游企业内部的成员群体，表现的是企业内部上下级的关系和员工之间的关系以及企业各部门之间的关系。

（2）股东，指企业与投资者的关系。

外部公众主要是旅游企业发展中会发生关系的所有组织和个人，这类关系往往表现为具体的、直接的人与人之间打交道。首先是顾客公共旅游者；其次是合作者，交通企业、地接旅行社、旅游饭店、旅游景点、旅游商店等；还包括各类政府公众，如旅游局、工商局、物价局等。

旅游企业公众一览表

类别	公众
旅游公众	旅游者
合作者公众	1. 旅游景区（景点）；风景区 2. 旅游区（旅游度假区、水利旅游区、历史文化名城等） 3. 旅行社 4. 旅游饭店（名菜、名馆、小吃等） 5. 主题公园（游乐园、森林公园、地质公园等） 6. 旅游交通（旅游公司、车队、集散中心等） 7. 购物店（工艺品、购物街等）
政府公众	1. 政府机关（大型活动、城市节庆、土地、财政、信贷、环保、水电、资源） 2. 城建交通（交通、道路、客运、车辆、集散中心、票务） 3. 媒体（宣传、推广、广告、营销） 4. 服务业（创意、策划、规划、设计、创作、咨询、会展、婚庆、法律） 5. 工商界（团队、会议、奖励、商务、娱乐、联欢） 6. 文艺界（演艺节目、文化娱乐、广场活动等） 7. 体育界（比赛、竞技、户外、探险、野营等） 8. 科技界（高科技、网游、游乐园、仿真游戏） 9. 教育界（教育、咨询、培训、评估、论证等） 10. 商贸业（旅游商品、土特产、纪念品、市场、商铺、工艺美术品）

续表

类别	公众
相关行业公众	1. 土地（国土资源、城建规划、农保田） 2. 地质（土壤、土质、地震、矿产、地下水） 3. 文物（申遗、文物保护、地下文物古迹） 4. 环保（生态、绿色、污染、排放） 5. 水利（水源、水质、水系、水运、水库、渔业、水生植物） 6. 林业（原生态、资源保护、珍稀动植物保护） 7. 农业（农家乐、乡村旅游度假、示范园区、特色村） 8. 宗教（佛道文化、民族信仰、民俗节庆、寺庙建筑） 9. 海洋（蓝色国土、蓝色文明、蓝色旅游） 10. 健康（中西医疗、卫生、康体、疗养、保健、中草药、养生）
客源地公众	1. 当地专业传媒（旅游休闲类、都市生活类、时尚运动类） 2. 当地知名旅行社（代理、推介、组团） 3. 当地大型节庆会展策划管理部门（节庆办、世博局） 4. 当地旅游局、旅游协会、旅行社协会 5. 当地自驾游组织、主要社区、高校等

资料来源：谢红霞．旅游公共关系（第2版）[M]．北京：北京师范大学出版社，2015：6-7．

（三）旅游公关的手段

（1）公共关系的工作方法主要是传播。

传播沟通是旅游公关活动的过程和方式。传播沟通是公共关系活动的手段和媒介，也是旅游公关活动的过程和方式，没有传播也就构不成公共关系。

（2）旅游公关与传播媒介包括以下几个方面。

语言传播媒介，通过运用熟练的各种公关交流语言进行传播。比如：新闻发布会、记者招待会、协商、谈判、会谈等。

文字传播媒介，通过制作宣传册、产品推广手册等让社会公众了解产品和服务。报纸、杂志、书籍是受众面最大的一种印刷类的大众传播方式。

电子传播媒介，广播和电视是通过电波形式传送信息的一种电子类大众媒介。公关活动要运用此媒介，及时有效地影响社会公众。

图像与标志，是建立企业特有的视觉形象系统，用一些特定独有的视觉（如商标、特定的文字、色彩、图案等符号）标志吸引公众的注意力，强化公众记忆，在众多商品信息中易于识别，增加本企业的辨识度。

非自然语言传播媒介，是指公关专业人员在与公众交流信息、相互沟通时，除了使用语言、文字媒介外，采用非语言形式，主要指形体语言和表情语言。这些形体语言，弥补了人类表达的不足而在更大程度上丰富了人类的表达艺术，更富有感染力。

在旅游公关的三要素中间，旅游组织具有主导性，传播具有效能性，公众具有权威性。协调三要素之间的关系，是公共关系活动的基本规律。

案例分享 1-1

公共关系不只是传播

随着旅游业的迅猛发展，旅游目的地之间的市场竞争日趋激烈。各个景区近年来都大力开发市场，但广告传播的边际效果却呈现递减的趋势，公关传播则逐渐展现出优势。

公关传播创造了旅游者与品牌亲密沟通的机会，也能够吸引传媒、旅游者及内部员工在品牌身上找到对自己有效的热点，从而引发注意和共鸣。公关传播在旅游行业中的应用主要体现为三点：一是树立旅游品牌良好的公众形象和不断提升美誉度；二是重视执行与效果评估；三是危机预警与有效处理。

第一，树立旅游品牌良好的公众形象和不断提升美誉度。旅游产品的特性，决定了旅游品牌形象对于旅游业发展有着至关重要的作用。只有旅游景区的对外形象完整、系统、良好地表现出来，并被有效地传达到消费者时，才有可能获得旅游者的认可。公关就是立足于本，深入挖掘内涵，制订适合的发展战略和有创意的营销策划方案，通过整合各种公关手段加以表现，比如新闻、广告、网络口碑、事件营销等，不断制造新闻，扩大影响，提升景区的知名度和美誉度。美国的加利福尼亚州，它的营销口号是"阳光下的一切"。不仅仅是口号，它的所有对外公关宣传、营销活动等都紧紧围绕"阳光"进行，并把"阳光"无限放大，全方位调动旅游者对阳光的想象，"阳光、暖风、海浪、乡村、自由、开放"就是加州带给你的一切。

第二，重视执行与效果评估。很多旅游目的地的营销经常停留在"出谋划策"阶段，即策划点子，而不太注重过程和结果，很多优秀的策划方案并没有落地，或执行不力，没有达到最终的效果。澳大利亚昆士兰州旅游局为了推广风光奇绝的哈密尔顿岛，在全球范围内招聘"小岛管理者"。该工作任务轻松，每周只需工作3小时，主要内容是巡视一下小岛周边的动物及潜水者，定期将拍摄的照片和视频上传博客。作为回报，入职者工作6个月即可获得7万英镑（约合72万元人民币）的高薪。这是一个典型的新闻公关事件营销。从这个案例可以看出旅游新闻公关策划的流程——利用公关手段，施放一个爆炸性的信息，引起媒体与目标对象的注意和兴趣，而后经过各方媒体的爆炒，旅游者的好奇心被提升到一个足够的高度，然后通过各渠道提供给消费者各种具体的信息，目标旅游者对广告传播的关注由被动变为主动，由淡漠变为积极，公关沟通的传播效果得到大大的提高。同时，从中也可以看到仅仅是创意和公关策略也只是走了开头，而后半段就要靠强有力的公关执行做保证。

第三，危机预警与有效处理。旅游业是一个极其敏感的行业，任何一个负面信息都有可能演变成一场危机，因此，必须把公关危机预警与管理纳入旅游行业的日常管理。危机公关是指企业对危机事件进行预测、预防、发现和处理等一系列活动，以及修复和完善组织形象，将危机造成的损失降低到最低限度的公关运作过程，这是一整套的公关工作体系。在旅游企业的日常公关管理中，其一是要不断提高服务质量，防止危害景区形象、企业形象和社会形象的言论、事件等的发生。与各类媒体保持良好的日常沟通与互动，经常把景区正面的、积极的信息进行社会播报。培养全体员工的忧患意识，并从思想、组织、物质和其他一些基础工作上做好充分准备，以减少危机形成的概率。其二是一旦产生负面信息就要及时处理，避免演变成危机。有策略的积极应对，比如表明态度、主动承担责任、实施措施、对相关利益群体的关怀、信息及时披露与化解矛盾、避免信息扩散传播等，才会取得避免危机或将"危机"转变为"契机"，给企业提供一个改善品牌形象、提升品牌美誉度的机会。

三、旅游公关的特征

1. 旅游企业公关以社会公众为工作对象

公关是一个社会企业与其相关公众之间的相互关系，公关事实上就是公众关系。如果没有旅游消费者公众，旅游企业就无从支撑；如果没有员工——主要的内部公众，旅游企业就形如虚设。旅游企业公关的对象还要包括更广范围的社会公众，即那些没有和旅游企业发生直接关系的消费者以及政府和经营商等组织。旅游企业必须处理好与这些公众之间的关系，才能有立足之地。因此其公关具有服务性，满足社会公众需求。

2. 旅游企业公关以树立良好形象为奋斗目标

旅游企业公关的根本目的是在公众中树立良好形象，扩大知名度和认可度。这样才能达到扩大旅游商品销售的经营目的。旅游企业的公关部门要根据企业公关状况的调查，瞄准目标进行相应的公关活动。

3. 旅游企业公关以双向传播为沟通手段

传播在公关的主体和客体之间架起一座桥梁。一方面主体把旅游企业的信息送达相关的公众使公众认识和了解自己；另一方面又收集公众的反馈信息，以调整改善自身，适应公众。例如，旅行社通过收集旅游者对现有旅游路线的反馈信息来调整路线；饭店将有效信息传播给消费者，同时根据住店游客的反映来改善饭店的管理。只有达成双向意见沟通，才是有效的沟通。

4. 旅游企业公关以长远效益为战略方针

作为以营利为目的的旅游企业，追求利润与效益是必然的。但是，旅游企业的公关活动不能单纯追求眼前利益，要着眼于长远打算。获得经济效益的同时，还要兼顾社会效益和生态效益。

5. 旅游企业公关以诚信为信条

诚实信用是旅游企业的立根之本。开诚布公更有利于获得社会各界的谅解和信任、好感与合作。如在公关活动中弄虚作假、虚张声势，到最后只能搬起石头砸自己的脚。

6. 当旅游企业公关以共同利益为联系纽带

旅游企业公关的主、客体之间以共同的利益为联系纽带，才能形成牢固的良好的公众关系。旅游企业是盈利性的公关主体，在追求自身利益的同时必须与其他公众相互平等互利，必须兼顾公众利益和社会利益，企业才能获得长久稳定的发展。

7. 旅游企业公关的主体是各类各级旅游企业，旅游企业有多种类型，其功能和隶属关系具有多元性

> **职场案例**

案例一：张家界是如何策划吸引眼球的？

1999年，"张家界世界特技飞行大奖赛"正式开幕，飞机成功飞跃天门洞，创造了奇迹，张家界因此"一飞惊人"，由一颗"养在深闺人未识"的风景明珠，迅速成为人气飙升的热门景区。一时间，国内外游客慕名而至，张家界的游客接待量连续几年保持50%以上增速，旅游收入由12.6亿元飙升至33亿元。

2003年、2005年，在凤凰古城举行的"棋行大地"世界围棋巅峰对决，同样是创新性事件营销的经典之作。在南方古长城脚下，红石砂岩铺就的世界上最大棋盘上，世界围棋界两大绝顶高手,以武童作为棋子对弈,一时轰动海内外,刷新了世界围棋转播赛的收视纪录。凤凰古城借赛事隆重亮相,又一次抓住了无数游客的眼球。一时间,游客蜂拥而至,凤凰县年旅游综合收入迅速超过10亿元,成为全国首批17个"中国旅游强县"之一。

在事件营销上尝到甜头的张家界在2009年年底再次出击,借势电影《阿凡达》将"乾坤柱"更名为"哈利路亚山",尽管这一事件迅速招来了媒体和公众的口诛笔伐,然而公众对张家界的关注度也因此飙升。国内各大主流媒体关于更名事件的报道层出不穷,甚至中央电视台的白岩松亲自对话更名事件的核心人物,播出时间长达1个小时以上。张家界更是借助这一事件正式挺进欧美市场。

事件营销是人气提升的幕后推手,会营销的景区才能有饭吃。张家界无疑深谙其道。尽管每次都会饱受争议,甚至还有大量的口诛笔伐,但这不重要,重要的是那带来的源源不断的客流。

案例二:诚招天下客,情满美食家

一双筷子上写着这样两行字:"假如我的菜好吃,就请告诉您的朋友;假如我的菜不好吃,就请告诉我。"这两句富有浓厚情感的公关语言同"美食家"的名字一起传遍了整个杭州。这家普通的餐厅所处的地理位置并不十分理想,既不是车站、码头,又不是风景区、闹市区。

7年前,在餐厅刚刚开业时,这里生意清淡、门庭冷落。没有顾客的惠顾,就谈不上餐厅的生存,更谈不上餐厅的营利。要使顾客青睐,餐厅就要有自身的吸引力。这个吸引力在哪里呢?"美食家"餐厅深深懂得:只有在顾客心目中树立起"美食家"的良好形象,才能招徕顾客。"美食家"的吸引力应放在一个令人亲切的"情"字上,依靠情感的传导来沟通顾客关系。只有把情感输入顾客心里,才能塑造"美食家"的形象。只有把诚心贴在顾客心里,才能建立"美食家"的信誉,从而产生一种"情感效应",使企业获得良好的经济效益。

任务实施

活动程序:
(1)确定可调查的企业,了解企业公关活动,以及企业公关工作的现状如何。
(2)分组分工调查访谈。
活动内容:
(1)设计调查访谈的问题。
(2)整理访谈结果,形成小组成果。
具体实施:
(1)设计调查访谈的问卷、问题提纲等形式。
(2)收集整理调查访谈结果。
(3)分组进行汇报对公关行业的初步认知。
(4)教师进行点评,并做总结。
讨论和总结:
(1)分工是否明确,是否人人都有任务?
(2)问卷调查、问题提纲等准备是否全面?

(3) 与企业沟通的方式是否恰当?
(4) 经过调查了解，对旅游公关行业是否有兴趣?

自主训练

（1）请设计并撰写一份调查报告，调查各旅游企业和组织开展公关工作的情况，了解常用何种媒体手段进行公关。

（2）搜集旅游企业公关的案例，分析该案例的成功与不足。

任务评价

工作任务考核评价表

内容			评价		
学习目标		考评项目	自我评价	小组评价	教师评价
知识目标	应知应会 20%	旅游公关的三要素			
		旅游公关的手段和传播			
能力目标	专业能力 40%	任务方案			
		实施过程			
		完成情况			
	通用能力 30%	协作精神			
		角色认知			
		创新精神			
态度目标	工作态度 10%	工作纪律			
		有责任心			
教师、同学建议：			评价汇总： 优秀（90～100 分） 良好（70～89 分） 基本掌握（60～69 分）		
努力方向：					

工作任务二　明确旅游公关的职责

【学习目标】

1. 知识目标

（1）了解旅游公关应具备的素质。

（2）掌握旅游公关的基本工作内容和工作职责。

2. 能力目标

具备旅游公关的专业知识，履行工作职责，具有良好的职业道德。

【任务导入】

小王是某宾馆一位新入职的员工，单位领导想了解他对专业知识的掌握情况。问：宾馆公关部公关人员都需要干些什么工作？如果你是小王，那么你该如何回答？

【任务分析】

以整个旅游业为背景，讨论分析：旅游公关到底是干哪些工作？需要履行哪些职责才能更好地塑造旅游企业形象，促进旅游业发展的目的？

【知识链接】

一、旅游公关的主要工作职责

（一）树立组织形象

公共关系工作是一种塑造组织形象的艺术，旅游组织的形象是通过企业的内在精神和外在信誉显示出来的。旅游公关人员对组织形象的树立工作可通过以下两点完成。

1. 传播企业精神

所谓企业精神，是指一个企业全体（或多数）职工共同一致、彼此共鸣的内心态度、意志状况、思想境界和理想追求。企业精神是客观存在的事实，它会通过各种不同的表达方式表现出来，企业精神有着自己的个性特点。例如，广州白天鹅宾馆提出的是"热情、亲切、朴实、真诚"，中国大酒店则提出"把握今天，创造明天，齐心合力创新业"，北京丽都假日饭店提出"奋力进取争创第一，为社会多做贡献"等。作为企业的形象大使公关人员，对外沟通时应当注意把独特的企业精神显示出来并传播出去。让公众了解企业精神，增强对企业的认同感。

2. 提升组织信誉

信誉对任何旅游组织来说都是至关重要的。在现代市场经济竞争激烈的条件下，良好的组织信誉已成为旅游组织生存和发展的前提。努力提高自己的信誉和名望，以良好的形象在竞争中取胜，已成为旅游界的世界性共识。信誉是组织的生命，良好的形象代表着组织的信誉、产品的质量、人员的素质。毋庸置疑，旅游公关人员本身就是企业的形象代表，在公关活动中更要通过精心地接待、沟通、安排、策划等工作内容去塑造良好的形象和信誉。

建立信誉的方法有以下两个方面：

第一，扩大知名度。知名度是指旅游组织的产品或服务为公众所知晓、了解的程度，是评价其名气大小的客观尺度，它侧重于"量"的评价。旅游公关应当通过活动策划和事件营销等方式，扩大组织对社会公众影响的广度和深度，扩大旅游目的地的知名度，扩大旅游产品的知名度和扩大旅游组织的知名度等。

第二，提高美誉度。美誉度是指公众对旅游组织的信任和赞许程度，是评价组织声誉好坏的社会指标，它侧重于"质"的评价即组织的社会影响的美丑、好坏，它是组织生存和发展的重要基础。旅游公关人员要敏锐地对旅游企业发展环境变化的信息进行捕捉，建设企业的美誉度，提高美誉度，并且及时地消除形象危机，积极采取补救措施，使不良影响降到最低。

（二）搜集市场信息，开展适合的公关策划

公共关系信息是指旅游组织在开展公共关系活动中，为了塑造自身良好的形象，全面推进各项工作的开展，以取得预期的成果而搜集、整理、传播、应用的各种信息。旅游市场信息包括通过市场联系起来的旅游组织与旅游者、旅游组织之间，旅游组织与供应商、中间商之间的各种现象和行为的汇总。旅游公关人员要熟知并掌握如何去粗取精、去伪存真地归纳整理，将有价值地信息资源凝练出来，为旅游企业预测市场和修正经营方针提供科学的依据。旅游市场信息还包括客源市场，这部分信息包括旅游市场人口数量、支付能力、消费动机、消费趋势等，这些信息的收集和了解，有利于旅游企业更有针对性地设计公关活动和策划活动。

1. 采集旅游信息的内容

公共关系就其活动的周期而言，是从信息的采集获取开始的。从公共关系的工作角度来看，采集信息主要包括以下五个方面的内容。

（1）对组织形象信息的采集。

公共关系活动的建立以维护组织的良好形象为目的。旅游组织形象信息主要包括以下内容：公众对旅游组织机构及其效率的评价或看法；公众对旅游组织管理水平的评价或看法；公众对旅游组织人员素质的评价或看法；公众对旅游服务人员服务质量的评价或看法。

（2）对产品形象信息的采集。

产品是组织的缩影，组织的存在价值通过其产品被公众接受和喜欢而得到确认。旅游产品形象信息主要包括：产品的知名度信息和美誉度信息，如客人对旅游产品的了解程度、印象、喜好程度、评价好坏等。良好的产品形象可以使旅游组织获得社会公众的充分信任，从而有效地树立起旅游组织的良好信誉。

（3）对组织内部员工信息的采集。

旅游组织内部员工信息是指员工对本组织的决策及各项活动的看法，职工的思想状态、愿望、工作态度以及他们对旅游组织的希望、设想和建议。旅游组织通过对职工信息的采集和分析，可以使组织的管理工作建立在现实的基础上，克服因情况不明而产生的各种问题。

（4）对市场环境信息的搜集。

旅游组织搜集市场环境信息是为了适应千变万化的市场环境，以谋求最佳的市场策略。市场环境信息的内容有：市场的需求、供给、价格的信息；市场竞争方面的信息；客人意见与态度的信息；客人心理与消费习惯的信息等。

（5）对社会环境信息的搜集。

旅游组织不是游离于社会之外的孤立实体，而是立足于现实环境之中，和环境相互依赖，才能生存和发展，在国际经济一体化的现代社会，影响甚至威胁一个旅游组织生存的因素，不仅有国内环境，而且有国际环境。

2. 搜集市场信息的方法

旅游公关工作需要搜集的信息广泛复杂，但归纳起来，可以分为内部信息与外部信息两大类。市场信息搜集的具体方法有以下四种。

(1) 社会调查法。

社会调查法是公共关系人员运用科学的手段和方法，对有关社会现象进行有目的的综合性的比较分析，搜集大量资料，作为决策或比较分析的依据。社会调查法主要包括普遍调查、抽样调查、典型调查三种类型。

(2) 媒介传播法。

媒介传播法是指借用广播、电视、报纸、杂志等传播媒介搜集信息的方法。

(3) 会议搜集法。

会议搜集法是指利用新闻发布会、展览会、座谈会、宴会等形式搜集信息。这种方法往往易于信息的广泛搜集，覆盖面广，成本低，见效快。但要注意主题、中心的确立，不能形式空泛。

(4) 文献资料法。

文献资料法是指从文献、档案、报纸、书刊、报表、各种报告等已有的记录材料中去搜集所需要的信息资料的一种方法。这些记录材料的来源包括：组织内部的来源，如各种报告、往来业务函电、财务记录、产品成本记录以及报纸、杂志的剪辑和文件等；专门来源，如政府部门、信息机构、情报所等机构所提供的资料；文献来源，如年鉴、工商企业名录、百科全书等。

（三）进行咨询决策

1. 旅游咨询建议

所谓咨询建议，是指公关人员向决策管理部门提供有关公共关系方面的情况意见。它是从社会公众的角度、组织形象的角度和传播沟通的角度为决策提供咨询服务的。

旅游咨询建议的内容：一是为确立决策目标提供咨询建议；二是提供组织形象的咨询；三是提供产品形象的咨询；四是提供关于市场动态和公众意向的预测咨询；五是为决策提供各种建议；六是提供建设性建议。

2. 参与旅游决策

决策在公共关系看来是指确定社会组织运行的目标以及实现目标的方法步骤。决策是社会组织对自身条件和外界环境经过缜密考虑比较所做出的决定性选择。由于社会组织的自身条件和外界环境都包含了公众因素，因此，在组织的决策过程中，旅游公共关系的参与是理所当然的，并且它在这里还发挥相对独立的作用。

参与旅游决策时要站在公众立场上发现、决策问题，使公众利益进入决策者的视野，在决策中确立公共关系的目标，确立公共关系的目标是最主要的，但必须使公众利益进入决策者的视野，才能站在公众立场上去发现、决策问题。

（四）进行双向传播沟通

旅游组织的决策方案一经确立，就进入运行阶段，公共关系活动的主要方式就是传播沟通。因为要使旅游组织在公众心目中形成良好的形象，要让公众对旅游组织更加理解和支持，就得使公众对旅游组织的目标和状况有所了解，这就必须在组织和公众之间形成畅通的双向交流，即做到双向传播沟通。传播沟通是公共关系主要的职能，是公共关系活动的关键环节。

1. 传播沟通的任务

公共关系中的传播沟通是指组织向其公众提供它将要实施或正在实施的政策、行为等方面的信息，同时组织又接受来自公众方面的信息反馈。因此，传播沟通的任务主要是制造舆论，告知公众；完善舆论，扩大影响；引导舆论，控制导向。

2. 双向沟通的原则

公共关系的双向沟通原则，是指沟通双方互相传递、互相理解的信息互动原则。它的内容包含以下三个方面：一是沟通的双方互为角色；二是沟通不仅是一种信息的交流，而且是人的一种认识活动的反映；三是沟通的过程由传递阶段和反馈阶段组成。

（五）协调内外关系

所谓协调，是指旅游组织与公众进行交往处理矛盾、调节关系的行为。它既包括对内部公众关系的协调，也包括对外部公众关系的协调。协调组织与各种公众之间的关系，争取公众对组织的谅解和支持，使双方关系处于一种和谐的状态，为组织创造一个和谐的环境，这是公共关系的另一个重要职能。

1. 内部关系协调

内部公共关系活动的目标有以下三个：一是造就员工良好的价值观念；二是协调和改善组织内部的人际关系；三是培养组织内部"家庭式氛围"。

旅游企业的效率在很大程度上取决于旅游组织内部领导者之间、各职能部门之间、管理者与被管理者之间、员工之间以及组织与其全体成员之间的关系是否协调。在旅游组织内部开展公关活动，总体目标是要通过活跃旅游组织的民主气氛，提高管理民主化的程度，在旅游组织内部形成一种彼此友善、相互信任的人际关系和宽松舒适的工作环境。协调旅游组织内部关系首先要努力协调好旅游组织内部领导和员工的关系，其次是配合领导做好各职能部门之间的协调工作。

2. 外部关系协调

在对外交往方面，公共关系部承担着旅游组织的外交任务，要运用各种交际手段和沟通方式，热情地迎来送往，积极地对外联络为旅游组织开拓关系、广结人缘，为旅游组织的生存和发展减少各种社会障碍，增加各种有利机会，创造和谐的公众环境。协调旅游组织与外部环境的关系，主要包括以下内容。

（1）协调旅游组织与政府部门的关系。

公关人员要协助旅游组织经营者理解、领会、掌握国家的政策、法令和法规，争取主管部门的支持，最大限度地用足、用活、用好政策。要不断地将旅游组织信息反馈到有关政府部门，争取支持。要善于把握时机，加强与政府部门的感情联络，以加深他们对旅游组织工作的了解，从而成为旅游组织发展的积极支持者。

（2）协调旅游组织与竞争者的关系。

竞争者不是冤家，而应是合作的伙伴。竞争者之间遇到问题应通过诚挚的协商解决，尽量避免产生不必要的误会。竞争者是同行，要善于学习别人的长处，以别人之长补自己之短，使自己不断完善起来。竞争的规律优胜劣汰，竞争者之间既是对手又是朋友，竞争中应避免使用不正当的竞争手段。

对外公共关系的协调方法是建立畅通的传播沟通渠道。畅通的信息沟通渠道是协调好内外公众关系的基础，通过传播和沟通，了解公众的动态和意见，尊重他们的利益和要求，使旅游组织的决策和活动顾及公众的利益。同时，及时将旅游组织的环境、难处、需要合作的项目、能提供的优质服务等各种信息告知公众，由此达到"做出的努力让社会知道，面临的困境求公众理解"。传播建立畅通的传播沟通渠道可借助大众传播媒介。只有通过广泛的信息传播沟通促进公众和旅游组织的相互了解，方能有效地改变双方的态度，增加和谐的机会。

（六）加强社会交往

对外关系的协调和维系，单靠传播沟通渠道是不能完全胜任的，还必须依靠各种直接的社会交往活动，为旅游组织广结人缘、广交朋友，建立广泛的纵横关系。这种社会交往是旅游组织生存发展的需要，也是旅游组织获得社交信息、联络感情、增进了解、开拓业务的重要社会活动。

二、旅游公关人员应具备的素质

（一）强烈明确的公关意识

所谓公关意识是将公共关系基本原理、基本原则内化为外在的习惯和行为规范。意识源于实践，又指导公共关系的实践活动。公关意识是公关人员的基本素质，也是一种综合性的职业意识，从其意识来看，可以分为整体意识、互利意识、社会意识、传播意识和危机意识等。

1. 整体意识

公关人员及其公关活动是从组织的角度出发，其目的是为组织攫取利益，故公关人员在工作时必须首先具备整体意识，要求时刻想到的是整体，想到整体利益、整体形象，能够在整体利益和个体利益发生矛盾时顾全整体利益。从公关活动的三要素分析，这是一种主体意识，即"为谁工作"的意识，这种意识切实关系着组织的利益，反对损公肥私；从公关活动的程序来看，这是一种全局意识，即"有始有终"的意识，在公关活动中，反对"一刀切"，也就是指在公关活动中，公关人员着眼于全局，注重活动的每一个环节，即从搜集信息、策划到活动评估，都是工作的重点，无孰轻孰重之分。另外，整体意识即要求每个公关人员无论何时何地，应处处维护组织的形象和美誉。

2. 互利意识

互利意识指的是对公共关系主体和客体利益全方位把握的意识。在公关活动中，主体永远是主动的，客体永远是被动的接受者，没有一个公众要求或希望某个组织举行一个公关活动，和自己形成一种关系，对于公关主体即组织的公关活动，只是"择而取之，取而用之"的一种心态，是一个被动选择的过程。从客体的利益来看，公众在与组织形成公共关系的过程中，更关注是在组织那里获得最大的实际利益，他们不可能舍弃直接利益而追求间接利益，放弃眼前利益去寻求长远利益。但从主体来看这就正好相反。组织开展公共关系活动的目的并非从公众身上直接地得到最大的利益，而是扩大组织的美誉度和认知度，间接地从公众那里得到持久的利益。与广大公众相比，旅游组织应更着重于寻求更长远的利益和精神利益，即给公众以直接利益而追求间接利益，满足公众的眼前利益而获得组织的长远利益，给予公众物质利益而获得认知和美誉。但满足自己利益的前提是满足公众利益，所以，作为一个公关人员，互利意识是必不可少的。

3. 社会意识

组织总是在一定的环境中生存和发展的，旅游公关人员应关注社会热点，发觉潜在的市场需求，及时地了解社会价值观、国家的政策和法律并予以运用，为组织创造利益。

4. 传播意识

公关活动的三要素是主体、客体和传播媒介。传播意识是在了解主体和客体两要素及其关系之上的。为了树立组织的良好形象，需要对社会和公众进行不断地传播组织的一切良好信息，利用一切机会为组织做良好的自我宣传，这需要的就是传播意识。然而，传播并不是一味地向外传播，在宣传自我的同时公关人员还是一个各方面信息的收集者，他们需要汇总来自社会和公众的各种信息并予以上传。

5. 危机意识

危机意识是比较被动的，它主要着眼于防止危机和及时的处理危机，是对组织形象和社会公众关系能否保持良好沟通的忧患意识。公共关系危机的产生是多种多样的，也防不胜防，有了危机意识，可防患于未然，也可以在危机将要出现时闻风而动，争取最好的结果。大量的公共关系案例表明，假如危机案件处理得好，会收到意想不到的结果。

综上所述，可知这五种意识贯穿于公关活动的始终，从而使公关活动锦上添花。五种意识是公关意识的基本构件，缺一不可，相互关联，形成了公关意识体系，也是公关人员最基本最核心的素质。

（二）广泛的学科知识

知识是形成能力、提高素质的基础。公共关系活动是一种复杂的社会活动。一般来说，越复杂的社会活动越需要科学知识的指导。从公共关系的过程来看，其信息采集、活动策划、意见整理、效果评估等各个方面都涉及诸多的学科知识，对于专业公关人员来说，这些学科知识只是一种辅助型的知识，但却是缺一不可的，故可谓不求精而求其多。公共关系是一个交叉、边缘性学科，其理论和方法有许多都来自相关学科，而且在实践中还要借助更多的学科知识和技术手段，去解决各种错综复杂的公关问题。不广泛地学习、吸收和掌握社会、人文科学众多方面的知识、本领，不仅无法适应实际工作的需要，而且也难以深入、透彻地学习、掌握公共关系方面的专业知识，更谈不上应用这些专业知识去创造性地解决实际问题。

从公关人员的工作复杂性和其知识结构予以分析，对其知识的要求无非"广博"二字。概括地说，公关人员的知识包括两个方面：首先，要精确熟练公共关系专业知识。作为公共关系从业者，对于公共关系理论与务实方面的知识是其看家本领。特别应指出的是，公共关系不是一门基础理论学科，而是一门应用学科，因而对专业知识掌握的好坏，关键不在于能否熟练地背诵公共关系学的原理原则，而在于能否正确、灵活、熟练地应用于实际工作当中，做出合乎公关客观规律的一流的公关工作。其次，要有丰富、扎实的相关学科知识。公关人员要与各种人、各种事打交道，天下之大，无奇不有，因此公关人员要"上知天文、下知地理、中通人情"，方能遇山劈路、遇水搭桥。例如，公共关系需要收集信息，公关人员就要掌握社会调查方法、统计学、市场学和心理学等；公共关系需要制订计划，公关人员就要掌握经营管理学、社会学、运筹学等；公共关系需要策划传播，公关人员就需要掌握传播学、广告学和经济学等；公共关系需要评价结果，公关人员就需要掌握政治学、伦理学、历史学等。此外，他们还应掌握外语、写作、摄影等知识。因此，公关人员可以堪称博采众长的"杂家"。当然，在我国，目前这样的公关人员还不多见。

(三) 合理的能力结构

对公共关系人员而言，需要的是专业能力，一般性的能力只要是身心健康的人都具备。然而，公关人员作为一个特殊行业，其面向的是广大的群众，故除了一般的能力之外还需要诸多专业技能方能"过五关斩六将"。从公关人员的工作需要来看，他们需要以下能力：一是分析策划能力。对社会组织而言，公共关系工作的主要任务是监测环境、发现问题、预测趋势、制订对策。美国学者指出，"衡量公关人员的最根本标准是善于发现问题和解决问题"。一个合格的公关人员首先具备较强的分析策划能力和相应的工作经验。它要求公关人员面对各种信息，表现出察微知著的职业名感性和由表及里、透过现象看本质的专业分析能力，能以较快的速度和较高的准确性，从中找出影响组织公众关系的各种问题及原因。二是组织协调能力和交际能力。公共关系活动的一部分是专题活动，一般有一定的规模，需要进行大量的组织工作，没有组织能力，这些工作是难以胜任的。公共关系工作在某种意义上说是一种交际艺术，公共关系要在社会组织与公众之间架起沟通的"桥梁"，就离不开交际。因此，公共关系人员的交际能力是必不可少的。三是传播和写作能力。传播和写作能力是指公关人员要具有熟练地掌握、运用语言、文字等符号系统和人际传播、大众传播的各种媒介，有效地向公众传播信息，积极地影响和改变公众的态度。传播和写作能力是公关人员必不可少的实际操作能力，只有通过高水平的写作，才能保证更加有效地传播。四是运用计算机和网络的能力。严格地说，这种能力属于一种新型的传播交际能力。但由于计算机和网络传播技术的飞速发展，他们在未来公关工作中将具有重要的地位和广阔的前景，以及当前大多数公关工作者对它的忽视，有必要在这里加以强调。可以说，计算机和网络传播技术将成为人类社会最重要的信息传播手段，也是未来公关工作中必备的、最方便地信息沟通工具。如果不具备这方面的能力，则将无法承担和从事未来的公关工作。

(四) 良好的心理素质

旅游公共关系的心理素质也是旅游公共关系人员的基本素质之一。在心理素质的要求上，往往外向型性格的人更适合从事公关工作。而内向型性格的人不适合从事此类工作，其实未必如此，心理学研究表明，外向型性格的人善交际、爱活动、人际交往面较广，但也容易粗心大意。而典型内向型性格的人安静、自省；不善交际，但做事有周密的计划，喜欢用谨慎、严肃的态度处理事务。由此可见，这两种性格的人都有不适宜公共关系工作的方面，也具备有利于公共关系工作的方面，尤其是内向型性格的人的长处是不容忽视的。根据旅游公共关系工作的实际需要，对旅游公共关系人员的心理素质要求应包括以下三个方面。

1. 自信

自信是旅游公共关系人员职业心理的最基本的要求。一个人有了自信心，才会产生自信，并激发出极大的勇气和毅力，创造出奇迹。古人云："自知者明，自信者强。"自信者敢于面对挑战，敢于追求卓越。缺乏自信，将抑制自我才能的发挥，失去推销企业形象的机遇，正如法国哲学家卢梭所说："自信心对于事业简直是奇迹，有了它，你的才智可以取之不尽，用之不竭。"一个没有自信心的人，无论他有多大的才能，也不会有成功的机会。当然，这种自信并不是盲目的自信，而是建立在周密的调查研究基础上的，知己知彼，对自己能力有充分肯定的自信。尤其是当旅游组织遇到公关危机时，自信的公共关系人员会镇定自若，以稳健的姿态，凭借智慧、勇气、耐心和毅力化干戈为玉帛，使组织转危为安。

2. 热情

从事旅游公共关系工作的人员应有一种热情的态度。公共关系工作不是一种吃喝玩乐很轻松的工作，而是一个既动脑又动手且包含学识、技能的职业，它需要付出大量的智力和体力劳动的艰辛，不同于在生产线上按部就班的普通工人，公共关系需要去创造、策划，要做到嘴勤、手勤、腿勤。如果没有高昂的工作热情，就不能全身心地投入，就无法高质量地开展工作。热情的工作态度还能使旅游公共关系人员兴趣广泛，对事物的变化有一种敏感性，且充满了想象力和创造力，工作主动而富有效率。另外，旅游公共关系人员也需要凭借热情来与各种各样的人打交道，结交众多的朋友，以拓宽工作渠道。

3. 开放

旅游公共关系工作是一种开放性的、创造性很强的工作，这就要求公共关系人员具有开放的心理素质。开放的心理使公共关系人员有强烈的求知欲，更关心新事物，容易接受新知识、新观念，在工作中大胆创新。而且，具有开放心理的人，宽容大度，能接受各种各样与自己性格不同、风格不同的人，并善于"异中求同"，与各种类型的人建立良好的关系。

（五）健康的心理和身体素质

好的公关人员首先应该有热情、开放、外向等良好的心理素质；唯其如此，才能做好人际沟通和交流。其次应该有宽容、稳定、大方的心理素质；唯其如此，才能应对各种复杂环境与情况。心理素质的主要构件是气质和性格。人的气质和性格是由先天遗传和后天培养两个方面影响形成的，公共关系专业人员应该在社会实践中发扬自己气质和性格中的优点，克服缺点和弱点以适应公共关系工作的需要，努力培养自己健康的心理素质。此外，公关人员还需要健康的身体素质。公关工作不是一项按部就班的工作，不可能像其他工作一样每天是8小时的工作时间，一般都是不定期的工作。特别是在一些大型活动中，高强度长时间的突击性工作更是家常便饭了。"据中国国际公共关系协会2002年的行业调查表明，整个行业人均周工作时间为47小时，人均日工作时间超过9.4小时。"可见，作为一个公关人员，具备一个健康的身体是相当重要的。

（六）较高的思想政策水平

公共关系的一个重要工作是进行信息处理，公关人员要想在杂乱无章的信息中理出头绪来，非得有较高的政策水平不可。可以说，公关人员的理论政策水平直接决定着其工作实务的质量。有人认为，公关人员只要能说会道、能写会编，只要口与手来掌握公共关系技术就可以了，其实更重要的是用脑，是思想政策水平。具体地分析，公关人员的政策水平包括三个方面：一是要掌握国家的有关方针政策，并使自己的工作不与之相违背；二是对自己组织内部的有关方针政策要熟悉运用，并使自己的工作能为实现组织目标而服务；三是要能适当地利用其他社会组织的有关政策和方针，使自己的工作尽可能地顺利进行。也许要求每一个公关人员都有较高的思想政策水平并非十分的必要，也不现实，但是如果思想糊涂，缺乏理论，不懂政策，就无法把握公共关系时机，更无法做好社会组织决策层的参谋，充其量只能成为公共关系实务的一种辅助。

三、旅游公关人员应遵守的职业道德

道德是调整个人之间，集体之间，个人、集体与社会之间关系的行为规范的总和。道德和法律相互配合和补充，但其调整范围更广泛，伴随着社会的发展，出现了越来越多的职业和更精细的社会分工，而从事一定职业的人们在长期的社会实践中，亦逐渐形成一种特有的职业道德规范，以此来规范从业人员的职业行为。

旅游公共关系职业也有其自身的道德规范和道德准则，所有从事公共关系职业的人员在实际工作过程中，均应当始终不渝地遵循公共关系职业道德规范和行业准则。

（一）公共关系职业道德规范的必要性

旅游公共关系职业道德规范的必要性是由公共关系的性质和社会的需要这两方面决定的。

公共关系活动虽然是一种社会活动，但它同时也应当是一种道德活动。公共关系的职能之一是塑造和传播组织的良好形象，其中就包括组织的道义形象。具体承担这一职责的有关人员，理所当然地应该具有良好的道德风范，并注意处处用职业道德准则来规范自己的行为，同时，在现代社会中，任何社会组织都不是生活在真空里，都必须承担一定的社会责任，即通过提供产品或服务来满足社会的需求，在优先维护社会和公众利益的基础上实现自己的发展目标。有关人员唯有遵循职业道德规范，才有可能真正体现组织的这一宗旨。另外，公共关系活动的过程是传播、沟通和协调的过程，要让受众高效而准确地接受组织所传播的信息，达到预期的效果，其操作过程本身就必须符合法律、道德、习俗等方面的准则和要求。这也要求组织始终以职业道德规范来控制自己的行为。任何不道德、不规范的行为，都有可能导致公共关系活动的失败，一切真、善、美的东西都是在不断地和假、恶、丑的现象进行斗争中得以发展和完善。社会要进步，事业要发展，就必须强调和倡导崇高的职业道德，反对贪污、贿赂、欺骗、庸俗关系学等一切不正之风，形成良好的社会风尚，推动精神文明建设。对此，公共关系从业人员责无旁贷。

（二）公共关系职业道德规范的内容和基本要求

公共关系工作职业道德主要包括以下四个方面。

1. 恪尽职守，真诚老实

塑造组织的良好形象，为组织的生存和发展创造良好的环境，对公共关系事业的发展做出贡献，是公共关系人员的基本工作和根本任务。因此，一个公共关系人员是否具有职业道德，最重要的是看他对公共关系事业是否尽心尽责，对公共关系工作是否尽心尽责、恪尽职守，要求公共关系人员热爱本职工作，对工作极端地负责任，有强烈的职业责任感，能充分履行本职工作的社会责任、经济责任和道德责任。而不能从事任何与履行职责无关或相悖的事务，不能违背国家和政府的法纪和规章制度，不能泄露组织的机密或做有损于组织形象、信誉的事。那些玩忽职守、自由散漫、无组织无纪律的思想和行为，都是不道德的。

另外，公共关系人员在对待职业的态度上要体现出客观真实的原则。"真实"是公共关系的生命，缺乏"真实"，就不能取得公众的信任和支持，就不能有效地开展公共关系工作。公共关系的真实性原则要求公共关系人员真诚老实，讲真话，讲实话，注重透明，注重公开，不可弄虚作假、欺上瞒下、欺里瞒外。公共关系人员说话、办事、做人都要表里如一，实事求是，不可投机取巧，他们的一切行为都要经得起检查和考验。

2. 努力学习，有效工作

公共关系是实干的事业，因此，公共关系人员的职业道德水平如何，不仅要看有无自觉履行职责的愿望，而且还要看有无出色的履行职责的过硬的本领。公共关系人员干好公共关系工作凭实力，凭真才实学，凭对公关理论和实务知识的全面掌握和熟练、灵活的运用。公共关系人员只有积极钻研业务,努力勤奋学习,才能维持工作的高水准。那种不学无术,碌碌无为,工作中常出差错,甚至给公众、组织乃至整个社会带来损失的表现,都是不道德的表现。

3. 廉洁奉公,不谋私利

公共关系工作是服务于公众、服务于组织、服务于社会的工作。公共关系的工作性质和特点,决定了公共关系人员拥有较多的社会关系,且掌握着一定的权力。这些关系和权力,不仅对组织有利,而且对个人也有用。因此,廉洁奉公,不谋私利,对公共关系人员来说十分重要。公共关系人员必须始终把国家利益、公众利益、组织利益放在首位,不能利用职权营私舞弊、损公肥私、假公济私、贪污受贿、以业谋私、欺诈勒索,这都属于不道德行为。

4. 公道正派,谦虚团结

公共关系事业是高尚的事业,献身于这一事业的公共关系人员应有高尚的品德,他们要为人正直、处事公道,作风正派、公私分明、不拿原则做交易。不做背离公共关系职业道德的思想行为。

另外,公共关系工作是一种群体工作,合作、互助、团结、友爱、互相信任和互相尊重,是工作顺利、事业成功的可靠保证。公共关系人员在待人接物上,应表现出耐心、尊严、谦虚和节制,举止、言谈、衣着都应得体有分寸,应作风民主、平等待人、气度宽容、容人之短、学而不厌、诲人不倦、闻过则喜、知错必改。

综上所述,公关必须以德为本,公关的是非成败、真伪优劣与德行息息相关。实践证明,公关不以德为本、不讲职业道德、不注重社会效益和公众利益,公关就会迷失方向,失去应有的价值,事业将以失败而告终。

四、旅游全员公共关系

全员公共关系是指组织中每一位成员都要具备的公共关系意识,并将公共关系意识渗透到组织经营、管理、生产服务等每一个环节、每一个层面,在组织内部形成习惯、氛围和文化。

公共关系工作的成功不仅需要依靠组织内外的专职公共关系人员,而且有赖于组织各个部门和全体员工的整体配合。旅游业是服务性行业,在旅游组织中的每一个成员都处在生产服务的第一线,每个员工都是接触外部公众的触角。在旅游公共关系活动中,从创优质产品、提供优质服务到宣传引导公众舆论,都需要旅游组织内部员工的精诚团结和勤奋努力。因此,旅游业的全员公共关系是最突出的。可以说,在旅游组织中,上至最高领导,下至普通员工,都是专职或兼职的公共关系人员。因此,企业除了重视对专职的旅游公关人员进行专项业务培训之外,还应当加强和培养企业其他所有员工的全员公关意识,共同维护企业的形象和声誉。

职场案例　　　　　　　　　　**双树旅馆的危机**

两位在西雅图工作的网络顾问——汤姆·法默(Tom Farmer)和沙恩·艾奇逊(Shane Atchison)在美国休斯敦希尔顿酒店的双树旅馆(Double Tree Club)预订了一个房间,并被告知预订成功。尽管他们到饭店登记的时间是在凌晨两点,实在是个比较尴尬的时间段,但他们仍然很安心,因为他们的房间已经预订好了。但在登记时,他们立刻被泼了一桶凉水,一位晚间值班的职员草率地告诉他们,酒店客房已满,他们必须另外找住处。这两位住客不仅没有得到预订的房间，而且值班人员对待他们的态度也实在难以用言语表达——有些轻蔑，让人讨厌。甚至在他们的对话过程中，这个职员还斥责了客人。

这两位网络顾问当时离开了，然后制作了一个严厉的但又不失诙谐幽默的幻灯文件，标题是"你们是个糟糕的饭店"。在这个文件里记述了整个事件，包括与那名员工之间不可思议的沟通。他们把这个幻灯文件用电子邮件发给了酒店的管理层，并复制给自己的几位朋友和同事看。

这份幻灯文件立刻成为有史以来最受欢迎的电子邮件。几乎世界各地的电子邮箱都收到了这份文件，从美国休斯敦到越南河内，还有两地之间的所有地区。这份幻灯文件还被打印和复印出来，分发到美国各地的旅游区。双树旅馆很快成为服务行业内最大的笑话，成为商务旅行者和度假者避之不及的住宿地。传统媒体的评论员们也将这一消息载入新闻报道和社论中，借此讨论公司对消费者的冷漠和网络对公众舆论的影响力。

接着，法默和艾奇逊收到了3 000多封邮件，大部分都是支持他们的。对此，酒店的管理层也迅速有礼而大度地做出反应。双树旅馆毫不迟疑地向他们俩道歉，并用两个人的名义向慈善机构捐赠了1 000美元作为双树旅馆的悔过之举。双树旅馆的管理层还承诺要重新修订旅馆的员工培训计划，以确保将此类事件再次发生的可能性降到最低。另外，双树旅馆的一位高级副总裁在直播网络上与法默和艾奇逊就此事展开讨论，以证明饭店认真对待此事。

（资料来源：http://blog.sina.com.cn/s/blog_6813891f01015fz7.html）

任务实施

活动程序：
（1）确定了解企业公关职责的方法，以及企业公关工作的现状。
（2）分组分工进行任务。
活动内容：
（1）分组调查或者搜集资料，了解目前旅游企业的公关工作都有哪些内容。
（2）不同类型的旅游企业公关工作都有什么区别？
具体实施：
（1）进行资料汇总。
（2）讨论分析、汇报资料。
（3）确定旅游公关的职责。
（4）教师进行点评，并做总结。
讨论和总结：
（1）分工是否明确，是否人人都有任务？
（2）旅游公关的职责和方法是否科学、合理？
（3）旅游公关的工作职责和内容是否清晰、全面？

自主训练

从公共关系的角度来说，"诚实守信是立人之本"，但有人却认为"企业仅有诚信还不够"。你是否同意这种看法？针对这个问题，结合本次课程内容请在班级组织一次辩论会。

任务评价

工作任务考核评价表

内容			评价		
学习目标		考评项目	自我评价	小组评价	教师评价
知识目标	应知应会 20%	旅游公关的工作职责			
		旅游公关应具备的素质和能力			
能力目标	专业能力 40%	任务方案			
		实施过程			
		完成情况			
	通用能力 30%	协作精神			
		角色认知			
		创新精神			
态度目标	工作态度 10%	工作纪律			
		有责任心			
教师、同学建议：			评价汇总： 优秀（90~100分） 良好（70~89分） 基本掌握（60~69分）		
努力方向：					

工作任务三　设立旅游企业公关部

【学习目标】

1. 知识目标

（1）了解旅游企业公关部的设置条件及原则。
（2）了解旅游企业招聘的渠道。
（3）掌握公关部岗位职责说明书的撰写。
（4）掌握公关部人员培训的内容，制订旅游企业公关人员的培训计划。

2. 能力目标

（1）掌握设计旅游企业公关部的组织机构人员配置及撰写岗位职责说明书的能力、公关人员培训计划制订的能力。
（2）培养学生运用本节的知识解决公关部运作时出现问题的能力。
（3）培养学生观察问题、分析问题和解决问题的能力。

【任务导入】

某酒店近几年来发展迅速，随着企业活动发展的需求，专门成立了公共关系部，开办伊始，该部门配备了豪华的办公室、漂亮迷人的公关小姐、现代化的通信设备，万事俱备……但公关部经理却发现了很多问题：现有的员工专业素质不够，只能应付日常的迎来送往工作；新聘用的员工，是人力资源部通过招聘，选择了自认为合格的人来填补的，而这些员工远没有达到他所期望的工作效果；另外员工岗位职责不明确，常常出现推诿扯皮的现象。其实员工自己也很困惑，不知道自己在岗位上具体都该干些什么，哪些属于自己的岗位职责，怎样才能更好地开展公关部的各项工作。

【任务分析】

以该企业为背景，针对这些问题，思考根本原因到底出在哪儿，该如何解决？了解旅游企业公关部如何设置、设置条件及原则；如何明晰岗位职责，掌握公关部岗位职责说明书的撰写；如何选择与岗位相匹配的员工，了解旅游企业招聘的流程和渠道；掌握公关部人员培训的内容，制订旅游企业公关人员的培训计划。

【知识链接】

一、影响旅游企业公关部组织机构设置的因素

旅游组织机构是组织功能发挥的载体，合理的组织机构和工作分工可以保障组织运行的效率和秩序。影响旅游企业公关部组织机构设置的因素有以下六个方面。

（一）环境条件

公关部的设立首先必须考虑市场环境，具体而言，包括社会、政治、经济、文化、自然环境、目标市场、业内竞争等都对组织内部结构的形式产生影响。

（二）观念条件

公关部的设立要考虑领导者的公关观念，领导者的观念直接影响公关部职能工作的发挥及是否正常的履行，避免对公关职能误解、庸俗化。

（三）人员条件

公关专业人才是公关部设置的基本条件。没有专业人员，公关部就不能较好地发挥应有的职能作用。因此，一个旅游企业若是设置了公关部，则应充分发挥旅游公关的职能，更好地为企业形象进行策划、宣传等。

（四）规模条件

规模也是影响旅游企业组织机构的因素，一个小型的旅游公关部和大型的旅游公关部结构形态不可能完全一样，甚至没有。规模大的组织可达几千人、上万人，而规模小的组织仅有几十人、十几人。因此，大型组织可设立人数较多、门类齐全、分工细致的公共关系部；中型规模的组织可设立人数不多、具有综合性的多职多能的公共关系办公室；小型组织可以不设立公共关系部门，而任命专职的公共关系人员或从社会上的公共关系公司聘请公共关系顾问来开展本组织的公共关系工作。

（五）发展阶段

旅游公关部的设置还受到旅游企业所处的发展阶段的影响。根据组织发展的不同阶段，旅游公关部的结构形态也不一样。

（六）资金条件

资金将影响公共关系活动范围的大小和灵活性。资金越多，活动范围和灵活性越大，反之亦然。

二、公关部设置的原则

旅游企业公关部是组织内部的一个专门从事公共关系工作的部门，它的组建必须遵循一定的组织原则。公关部的工作既包括日常性的信息收集和整理分析、公众来访接待、常规公关宣传等工作，也包括一些临时性大型专题活动的组织和临时性突发事件的处理。这就要求组织在设立公关部时，充分考虑这两种不同性质工作的特点，使组织的公共关系部能适应客观环境变化和组织工作的调整，保持高度的灵活性和应变能力。

（一）专业化原则

旅游企业应将不同性质的工作分配给专业部门和专业人员去完成，同时将员工安排到与其职务和能力有关的工作岗位上，使人员任职更加合理且稳定，以便提高专业工作人员工作的熟练度，提高工作效果和效率。

（二）权责对等原则

权利和责任是相辅相成的。公关人员在获得权利的同时，也承担着相应的责任。权利越大，责任越大。在设置旅游企业公关部时，其下属机构和人员配置必须明确权利和责任，什么责任该谁负，谁该负多大的责任，做到权责对等。

（三）服务性原则

公关部必须强调服务性原则，既对内服务又对外服务。对内服务包括为决策层提供情报和决策参谋服务；为生产和职能部门服务，配合它们进行公关活动；为内部员工服务，通过公关教育，提高全体员工的公关意识。对外服务包括代表组织为外部公众服务，协调组织与公众关系，为组织发展提供良好环境。

（四）精简性原则

在满足工作需要的前提下，公关部应尽量精简组织部门和人员数量，优化组织结构。一方面，在人员选择时，坚持既看学历，又看能力，以能力为主的选择标准；在人员安排上，坚持因事设职，因职设人。另一方面，在组织设置时，推行扁平化结构，精简组织层次和下属部门数量，以提高工作效率，降低费用。

三、公关部的组织机构

根据旅游企业的整体发展战略、现代市场的需求制订各种公共关系战略和战术，及时调整公司组织各项公关活动方向。善于对客户资源的维护与沟通管理，协调合作伙伴之间的关系等进行设置。它分为四类：技术型（图1-1）、对象型（图1-2）、区域型（图1-3）、过程型（图1-4）。

(一)技术型

图1-1 技术型

(二)对象型

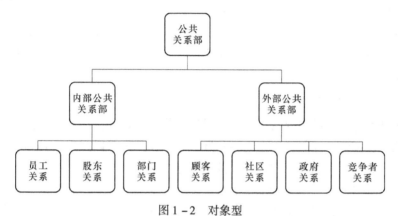

图1-2 对象型

(三)区域型

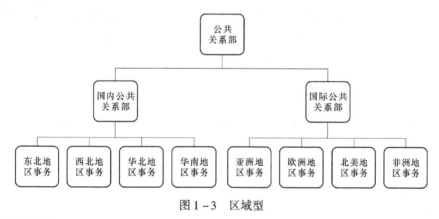

图1-3 区域型

(四)过程型

图1-4 过程型

四、公关部各岗位的工作内容

(一)对内关系的协调和处理

公关部需要与其他部门,如人事部门、销售部门、客服部门、财务部门等部门合作、沟通，使员工关系和谐，宣传全员公关意识，共同维护企业形象。

（二）专业技术制作

公关部的工作需要专门的技术方法，比如信息调研、编辑印刷、美工、新闻发布、广告制作、组织专题活动等，因此需要部分公关人员从事专业技术工作，这样有助于提高技术水平。

五、公关部的员工招聘

招聘是企业为实现其目标而对人才的需求，进行合适人选的招聘、系统的安排。为了招聘到合适的人选，物尽其用、人尽其才，旅游组织要根据岗位设置，搜集各工作岗位的信息，撰写岗位说明书，从而明确和规范工作职责，并根据岗位需求和岗位业务应具备的能力拟定招聘计划，选择合适的员工。

（一）撰写岗位说明书

岗位说明书岗位分析最主要的结果，是通过岗位分析过程，用规范的文件形式对组织中各类的工作性质、责任、权限、工作内容和方法、工作条件，以及岗位名称、层级，做出统一的规定，它一般包括岗位描述和岗位规范两部分。

岗位描述一般用来表达工作内容、任务、职责、环境等，要以"事"为中心，而岗位规范是对员工完成某项工作必备的基本素质和条件的规定，表达任职责所需的资格要求，主要以"人"为中心，从内容涉及的范围来看，岗位说明书的内容十分广泛，既包括岗位有关事项的性质、特征、程序、方法和要求的说明，也包括对承担本岗位工作人员的资格条件的说明。岗位规范的内容比较简单，主要涉及对岗位人员的任职资格条件的要求，因此，岗位规范是岗位说明书的一个重要组成部分。

岗位说明书的主要内容包括以下七部分。

1. 岗位基本信息

这包括岗位名称，直接上级岗位名称、所属部门、岗位编码、工资等级、定员人数、岗位性质。同时也可选择性地列出岗位分析人员等。

岗位名称应标准化，以求通过名称就能使人了解岗位的性质和内容，主要是命名准确、美化，切忌粗俗和冗长。

2. 岗位职责概述

即用最简练的语言说明岗位的性质、中心单元和责任。例如，公关部经理：受公司董事会委托，执行董事会的决策、决议，对公司的公关部实施全面的监控和最高行政管理。策划经理：在公共关系部经理的领导下，负责对经营性部门需要开展的活动进行策划，活动期间做好协调、提醒工作，以及主题营销活动的总结，并对印刷品进行管理，符合酒店的 VI（视觉识别）。

3. 岗位职责详述

这是岗位说明的重点之一，要列出本岗位应负的职责。较为理想的格式是首先把岗位工作内容归为几个大类，然后再分点说明。

4. 关键业绩指标

这个内容指明各项工作内容所应产生的结果或所应达到的标准，以定量化为最好。最常见的关键业绩指标有三种：一是效益类指标，如资产盈利效率、盈利水平等；二是营运类指标，如部门管理费用控制、市场份额等；三是组织类指标，如满意度水平、服务效率等。

值得注意的有两点：关键业绩指标最好同岗位职责详述对应起来；各项指标最好能够量化，从而有利于执行。

5. 岗位关系

岗位关系描述包括该岗位受谁监督，以及监督谁。可晋升的岗位或可转换的岗位、和哪些岗位发生联系及联系的密切程度，有时还应包括与企业外部的联系。

6. 岗位环境

（1）工作的危险性，说明危险存在的可能性、对人员伤害的具体部位、发生的频率，以及危险性原因等。

（2）工作时间特征，如正常工作时间、加班时间等。

（3）工作的均衡性，即工作是否存在忙闲不均的现象及经常性程度。

（4）工作环境中的不良因素，即是否在高温、高湿、寒冷、粉尘、有异味、噪声等工作环境中工作，工作环境是否使人愉快等。

7. 任职资格条件

常见的任职资格条件有：学历及专业要求；所需要的资格证书；经验——一般经验、专业经验、管理经验；知识——基础知识、业务知识、政策知识、相关知识；技能要求，即完成本岗位工作所需要的专业技术水平能力要求，如计划、协调、实施、组织、控制、冲突管理、公共关系、信息管理等能力及需求强度；个性要求，如情绪稳定性、责任心、外向、内向、支配性、主动性等性向特点。

需要注意的是，任职资格条件是指完成岗位工作所需要的最低要求，面试不应人为地提高。另外，为了体现先进的导向性，可以分为两栏：一栏是必备条件，即最低要求；另一栏是期望条件，即适度偏高的要求。

（二）岗位说明书的体例与要求

1. 岗位说明书的体例

岗位说明书没有统一固定的要求和格式，以表格的形式较为常见。表格要体现统一、协调、美观的原则。

2. 岗位说明书的编写要求

岗位说明书极为重要，不但可以帮助任职人员了解其工作，明确其责任范围，还可为管理者的某些重要决策提供参考。

阅读资料 1-2　**岗位工作说明书表格示例**

×××酒店公关部岗位说明书

岗位名称：	岗位编码：
职务：	直属上级：
下属：	编制日期：

岗位概述：
岗位职责：
1.
2.
3.
4.
5.
6.
关键绩效指标：

任职资格：

模块	必备要求	期望要求
学历及专业要求		
所需的资格证书		
工作经验		
知识要求		
技能要求		
能力要求		
个性要求		

主要关系：

关系性质	关系对象
内部沟通	
外部沟通	

岗位环境和条件：

经常性工作场所、工作设备、工作时间、工作条件

岗位说明书具备以下四个特点。

(1) 清晰。整个岗位说明书中,对工作的描述清晰透彻,任职人员读过后,可以明白其工作内容,无须再询问他人或查看其他说明材料。避免使用原则性的评价,专业难懂词汇必须解释清楚。

(2) 具体。在措辞上,应尽量选用一些具体的动词,如"分析""设计""策划"等。指出工作的种类、复杂程度,需要任职者具备的具体技能、技巧,应承担的具体责任范围等。一般来说,由于基层员工的工作更具体,其岗位说明书中的描述也更具体、详细。

(3) 简繁适宜。内容可根据岗位分析的目的进行调整,可简可繁。

(4) 人员组成合理。

（三）招聘的基本程序

1. 招聘条件的确定

招聘条件的确定是制订招聘简章的前提，更是旅游企业招聘人员的标准和依据，招聘条件主要包括以下内容：学历条件、知识结构、专业知识水平、性格特征、外貌特征、身体状况、兴趣爱好、经历与经验要求、其他特殊要求（如团队意识、创新能力等）。

2. 招聘书的撰写

招聘书又称招聘简章，它以广告的形式向应聘对象进行广泛的宣传，达到扩大员工招聘来源与渠道、促进招聘工作顺利开展的目的。同时，招聘简章也是旅游企业对外开展宣传推销的一种途径。因此，应当充分重视招聘简章的编写。招聘书的内容篇幅受到广告开支成本的限制，要求在尽量做到版面美观新颖、标题醒目突出、字体大方等的前提下，做到内容简洁清晰、求职要求明确。它一般包括六部分。

（1）标题。如"诚聘"某某饭店招聘简章。

（2）旅游企业的基本情况介绍。介绍要点包括企业名称、性质、坐落地点、经营规模。

（3）招聘职位、人数和要求。招聘要求可分为基本要求和专业要求两类，基本要求主要包括品德、容貌、个性、健康等方面，专业要求则包括年龄、性别、学历、实际工作年限、专业水准（技术等级）、外语能力、体格条件（身高、视力）等方面。

（4）甄选方法与录用条件。招聘简章应向应聘者公布应聘手续及报名方式。

（5）录用待遇。招聘简章中关于福利待遇的介绍对吸引应聘者起着重要作用。旅游企业应如实介绍，不能片面追求招聘来源而欺骗应聘者，否则其效果会适得其反。

（6）联系方式。包括企业地址、联系人、电话、传真、电子邮箱、网址等。

3. 公关人员的招聘

人员招聘（图1-5）是一项系统工程。旅游企业公关人员的招聘应与旅游企业人力资源部协同工作，共同拟定和挑选岗位合适的人选。具体过程包括招聘、选拔与测试、录用与评估等方面。

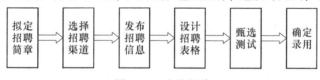

图1-5 人员招聘

阅读资料1-3　　　　　**公关部的招聘渠道**

（1）校园招聘。

大中专院校的毕业生一直是专业技术人员的主要供给者，随着人才竞争的激烈，例如一些国际酒店管理集团的校招方式也在发生变化，通过设立奖学金、建立实训室等方式由争夺现成人才发展到参与人才培养。

（2）职业中介机构。

职业中介是外部招聘的一种特殊方法。与其他方法不同的是用人单位不直接招聘，而是要委托职业中介代为初步选择所需要的人员。由于中介专业从事人员流动中介工作，因此他们联系面广，掌握的信息较多，利用职业中介招聘可以减轻招聘单位寻找、联系、筛选求职者等项工作，因此成功率比较高。针对性强、费用低廉是该渠道的优点。

(3) 现场招聘会。

现场招聘也是外部招聘的一种常见形式。在招聘会上，用人企业和应聘者可以直接进行接洽和交流，节省了企业和应聘者的时间，还可以利用很短的时间为招聘企业提供大量的有价值的信息。

(4) 媒体广告。

广告招聘是外部招聘最常用的方法。当企业出现职位空缺时，可以通过各种媒体如报纸、杂志、广播、电视，甚至街头广告将招聘信息发布出去，吸引对工作感兴趣的人员前来应聘。广告招聘的影响范围极为广大，可以吸引各类人员，在职人员、无业人员、公司客户、竞争对手的员工等都可能成为应聘者。广告招聘的好处是简单，信息传播广泛、快捷。但是，也正因如此，吸引了各式各样的申请者，合格的和不合格的，增加了选聘工作的难度。

(5) 网上招聘。

网上招聘渠道是现实应用最广的方法之一。网上招聘渠道在实际应用中表现出了三大特点：一是成本较低廉，一次招聘会的费用可以做两个月的网上招聘；二是网络本身是一层屏障，通过网络的应聘者一般在计算机使用上，甚至在英语上都具备一定的水平；三是网上的招聘广告不受时空限制，受众时效强，招聘信息还可以发布到海外。

(6) 内部招聘。

内部招聘是招聘的一个重要渠道。特别是当一些非入门岗位出现岗位空缺时，通过内部招聘，可以使较低级别的员工得到提升，使同级别的员工实现岗位轮换，使企业内部的员工得到更多的职业发展机会。

六、公关部的员工培训

(一) 了解员工的培训需求

公关人员的培训包括两种：一种是在职培训；另一种是发展培训。无论是哪种培训，都是企业对员工岗位规范的需求、员工素质的需求以及员工个人发展的内在需求。在制订培训计划前，不能单独一味以企业的想法为员工打造培训计划，而要以企业对公关部员工素质的要求和工作质量提高为目的，以公关部员工切实需求分析为基础。

进行培训需求的方法有很多，主要有访谈法、问卷调查法、观察法、关键事件法、经验判断法、专项测评法等。

(二) 制订培训计划

根据调查培训的需求，需要制订详细的员工培训计划。此计划是培训工作开展实施的前提条件，计划制订的好坏直接影响培训的效果，所以制订培训计划是开展培训组织和实施的重要环节。培训计划的内容应当包括以下三部分。

1. 培训目的

对新进公关人员培训的目的，主要是让员工尽快进入工作角色，掌握工作技能；开展公关工作对在职公关人员进行培训的目的，主要是提升公关工作能力。

2. 培训对象

可以是旅游企业新入职的公关人员，也可以是饭店的已经在职的公关人员。

3. 培训内容

关于培训内容的设计包括四个方面。

（1）知识培训。

通过教育培训，要求培训对象掌握一定的公关专业理论、公关活动知识和实务知识，以及相关的学科知识。知识培训包括公共关系的专业知识、公共关系的相关知识、公共关系的专业技能知识的培训。

（2）能力培训。

要求员工掌握相应岗位的能力要求，如信息处理能力、语言表达能力、形象管理能力、社会交往能力、创意策划能力、传播与沟通的能力等。

（3）形象培训。

形象培训包括对旅游公关人员服务礼仪培训、形象塑造培训等内容。

（4）品性培训。

品性培训主要包括对旅游公关人员心理品质培训、道德品质培训等。

4. 培训时间

培训时间主要有日常培训、定期和不定期培训，结合工作岗位和工作时间，合理安排培训时间。

5. 培训地点

可在企业在岗培训，也可以脱产集中培训，或送出去培训。

6. 培训形式

可邀请学者、行业内专家或公关部经理对公关部员工进行培训。

（三）培训组织实施

为保证培训计划得以顺利开展，在计划实施过程中，培训工作要做好相应的工作，如培训前做好培训思想工作、通知参加培训的人员、制订培训活动内容手册、组织培训的纪律问题、培训考核等事项。

（四）培训效果评估

培训效果评估是对培训全过程进行一次检验和总结，可以找出组织者的不足和受训者有哪些收获和提高，为下次更好地培训总结经验教训。培训效果评估包括三部分：第一，对培训成效评估，包括对授课内容、受训人员、培训需求、组织程度、培训成本等进行评估。第二，对培训讲师的评估。第三，培训结束后，必须建立员工培训档案，以备日后考核时作为参考资料。

职场案例

案例一：一次失败的招聘

某旅游饭店因发展需要向外部招聘新员工。其间先后招聘了两位公关部行政助理，但是都失败了。招聘结果如下：

A助理毕业于某大学电子商务专业，毕业后曾做过财务出纳职位。入职的第二天就没来上班，没有来电话，上午公司打电话联系不到本人。下午，她本人终于接电话，不肯来公司说明辞职原因。三天后又来公司，中间反复两次，最终决定不上班了。她自述的辞职原因：工作内容和自己预期不一样，琐碎繁杂，觉得自己无法胜任行政助理工作。公关经理对她的印象：内向，有想法，不甘于做琐碎、接待人的工作，对批评（即使是善意的）非常敏感。

B助理毕业于某大学工商管理专业，毕业后在两家公司曾任商务助理和行政助理。但她工作十天后辞职。B的工作职责是公关接待、广告宣传、制订活动策划和组织实施工作等。B自述辞职原因是家中有事，不能上班了。公关部经理对她的印象：形象极好，思路清晰，沟通能力强，行政工作经验丰富。总经理对她的印象：商务礼仪不好，经常做小孩姿态撒娇，需要进行商务礼仪的培训。

根据上述案例不难发现：第一，企业员工招聘应把握"人选恰当"和"恰当的信息"这两点目标，该公司在招公关行政助理的过程中，没有对该职位的具体特点、工作职责进行准确全面的描述，导致A助理产生工作内容与自己的预见不相符的情况。而B助理虽有一定的工作经验，但其家庭背景和商务礼仪训练不足的缺点导致其并不适合这一岗位。第二，员工招聘应符合"因事择人"原则。该公司招聘公关行政助理，就应当以岗位空缺为出发点，寻找沟通能力强，专业能力过硬，拥有文字处理技能和懂得公关专业知识的人才。因此，企业在招聘过程中应当注意以下五点。

(1) 以企业的战略目标为出发点。
(2) 立足于空缺职位的特点。
(3) 制订详细具体的招聘流程。
(4) 客观公正地看待应聘者以避免进入误区。
(5) 做好招聘过程中各部门各相关人员的交流沟通工作。

案例二：公关部经理招聘

岗位名称：公关部经理

任职资格：

(1) 熟悉公关行业，有2年以上公关传播、中型企业公关活动组织管理、接待等相关工作经验，年龄在25~35岁之间。
(2) 专科以上学历，公关、新闻、行政、文秘、市场营销等相关专业。
(3) 熟悉媒体，了解媒体运作规律，对企业文化的提炼与传播、公共关系的建立与维护有较深刻的理解。
(4) 思维敏捷，善于沟通，亲和力强，形象气质佳，具有良好的职业素养和团队合作精神。
(5) 具有良好的文字功底，较强的口头表达能力和逻辑思维能力，组织、协调能力和资源整合能力。
(6) 性格开朗，交际能力强，有较丰富的人脉资源，有一定的社会关系的优先考虑。
(7) 女性身高在1.63~1.70米之间，男性身高在1.70米以上。
(8) 待遇优厚，详情面议。

岗位职责：

(1) 主持制订和执行市场公关计划，配合公司对外的各项公关活动。
(2) 参与制订及实施公司新闻传播计划，实施新闻宣传的监督和效果评估。
(3) 策划主持重要的公关专题活动，协调处理各方面的关系。
(4) 开展公众关系调查，定期提交公关活动报告，及时调整公关宣传政策，并对市场整体策略提供建议。
(5) 提供市场开拓及促销、联盟、现场会等方面的公关支持，协助接待公司来宾。

(6) 建立和维护公共关系数据库、公关文档。

案例三：公关培训计划

为了打造金港湾这一高端的娱乐品牌，在优质的硬件基础上，建立一个完善的营销管理团队。针对目前公关人员的个人素质及包厢服务的水准，特制订公关培训计划，借以提高公关人员的整体服务质量。

具体培训内容有以下八个。

(1) 仪容、仪表、仪态的概念。
(2) 礼仪、礼貌、礼节的概念。
(3) 规范的试台、做台（统一化）。
(4) 如何提高上班时的服务质量。
(5) 签到的方式及台票的购买流程。
(6) 公关部的各项规章制度说明。
(7) 处理客人投诉。
(8) 关于服务质量的总结。

以上为培训计划的内容，培训时间及场所另行制订。

任务实施

活动程序：
(1) 分组接受任务。
(2) 每组根据任务要求，学习相关内容并汇报。

活动内容：
(1) 了解不同旅游公关部的组织结构设置情况。
(2) 制订岗位工作职责说明书。
(3) 熟悉招聘的工作流程。
(4) 制订员工培训计划。

具体实施：
(1) 分组领任务，进行旅游公关部的组织机构的设置、岗位职责的撰写、旅游公关部人员的招聘书撰写、旅游公关部人员的培训。
(2) 分组进行汇报。
(3) 教师进行点评，并做总结。

讨论和总结：
(1) 分工是否合理？
(2) 任务制订和撰写是否规范、准确？
(3) 任务制订和撰写是否合理、科学？

自主训练

以当地的某家旅行社为背景，经过调查、沟通了解，为该旅行社制订一份旅游公关部岗位职责说明书和旅游公关人员培训组织方案。

任务评价

工作任务考核评价表

内容			评价		
学习目标		考评项目	自我评价	小组评价	教师评价
知识目标	应知应会 20%	旅游企业公关部设立的原则			
		岗位职责说明书的撰写			
		熟悉招聘的流程			
		制订旅游公关人员培训计划			
能力目标	专业能力 40%	任务方案			
		实施过程			
		完成情况			
	通用能力 30%	协作精神			
		角色认知			
		创新精神			
态度目标	工作态度 10%	工作纪律			
		有责任心			
教师、同学建议:			评价汇总: 优秀（90～100分） 良好（70～89分） 基本掌握（60～69分）		
努力方向:					

项目二

旅游公关接待

技能目标

公关人员是旅游企业的形象代表。公关工作的主要任务之一就是做好接待工作。在公共关系工作中,能否以积极的态度、正确的方法,把握适当的时机对公众开展公共关系工作,往往是公共关系工作成败的关键。做好接待工作,使公众满意,树立旅游组织的良好形象,要求公关人员在实践过程中不断学习积累经验。本项目是通过电话接待、来访接待、会议接待、宴请接待工作任务的学习,使学生掌握旅游接待的要点和技巧。

工作任务一　电话接待

【学习目标】

1. 知识目标

(1) 掌握接待服务的礼仪要求。
(2) 了解电话接待的基本要求。
(3) 掌握接听和拨打电话的程序和技巧。

2. 能力目标

(1) 能掌握正确接听和拨打电话的要求。
(2) 能正确进行电话接待。

【任务导入】

某青年酒店要接待学术交流访问团 70 多人,经理要求公关部主管小张做好此团的接待沟通服务工作。领到任务后,小张将任务层层落实,将与学术交流团电话信息沟通、来电咨询回复等工作交给了新员工李丽。当参会人员打电话咨询乘车路线、酒店地理位置、接站联系人的联系方式等信息时,李丽回答完,参会人员并不满意,正好主管在身边,李丽挂断电话后,主管告诉她接听和拨打电话的要求及注意事项。如果你是主管,那么你该如何告诉李丽接听和拨打电话的要求,如何对李丽进行电话接待的业务训练呢?

【任务分析】

以旅游企业为背景，针对通过电话接待客人的特点，公关人员要熟练掌握旅游服务接待的特点，掌握正确接打电话的程序和技巧，实施电话接待，传递接待过程中的礼貌礼节和修养，树立企业的良好形象。

【知识链接】

一、旅游接待服务

良好的服务意识是服务者发自内心的服务本能和习惯，这种本能和习惯排除了服务结果必将受到的奖惩因素、服务组织的相关制度约束和服务岗位的职责要求等的影响，人们依然会有努力做好每一件事情的愿望。

(一) 服务的含义

在《现代汉语词典》中，对服务有这样的解释："服"，担任（职务），承当（义务或刑罚）；承认，服从，信服。"务"，事情；从事，致力。"服务"就是为集体（或别人）的利益或为某种事业而工作。

根据《现代汉语词典》的解释，我们这样来定义服务：服务就是为他人的利益或为某种事业而工作，以满足他人需求的价值双赢的活动。

服务是一种人与人之间的沟通与互动，这样的沟通与互动来源于所有人之间，来源于每一个行业。从这个角度理解我们每一个人都是在从事服务，各行各业都是服务业。有心做好服务工作，做每一个服务都要用心。

(二) 旅游接待服务的特点

旅游是一种具有较高文化层次的经济行为，又是具有较强经济性质的文化行为，而旅游接待服务是使旅游者的行为成为现实的一种必要手段。旅游接待服务是以一定的物质资料为凭借，为满足旅游者食、住、行、娱、游、购等各种消费活动所提供的服务。其特点除具有一般接待服务的共同特点外，还具有以下四个方面的特点。

1. 旅游接待服务范围的广泛性

现代旅游业是项综合性强、跨度大的服务性行业。旅游接待服务贯穿旅游活动的全过程。例如旅游者准备外出旅游时，需要宣传、咨询服务；参加团队（或散客）旅游时，需要旅行社提供服务；旅游活动开始时，需要交通服务；到达旅游目的地时，需要海关、导游、宾馆、饭店等服务；在旅游目的地的旅游活动中，又需要旅游的车（船）、景区（点）、游览、导游、购物、饮食、康乐等一系列服务，直到旅游结束，时时刻刻都离不开接待服务，服务的涉及面广。因此，只有加强行业管理，执行旅游服务质量等级标准，搞好宏观调控，注意各行业（部门）间的协调与衔接，才能适应旅游者的消费需求。

2. 旅游接待服务过程的关联性

现代旅游是以客人的旅游活动过程为主线提供服务的。旅游者在旅游活动的不同阶段和不同环节，所需求的各种接待服务是相互联系、相互依存、互为条件的。例如旅行社供客源组织和游览参观服务，旅游交通提供客运服务，宾馆饭店提供食宿娱乐服务，旅游商店提供购物服务，各游览点提供参观服务等，任何一个环节发生故障或质量问题，都影响其接待服务的对象。对于一家旅游企业，接待服务过程也是互相关联的。例如饭店前厅、客房、餐饮、娱乐、工程、保安等部门只有密切协作、相互依存和配合，才能获得最佳的服务效果。因此，在服务质量等级标准的制定和检查评定中均要从整体效果来衡量。

3. 旅游接待服务方式的多样性

现代旅游者的消费需求具有多样性的特征。这就给旅游接待服务带来接待服务方式的多样性。不仅旅游过程的"六大要素"实现过程中接待服务方式不同，就是同一要素过程的接待服务也各有不同。例如同样是"食"，就有"中吃""西吃""风味小吃"等接待服务方式的不同；同样是"住"，就有星级饭店、商业饭店、度假饭店等接待服务内容的不同；同样是"行"，就有飞机、火车、轮船和汽车的接待服务方式区别。因此，在接待服务方式、内容、特点及要求上有各种不同的接待服务程序和操作规范。

4. 旅游接待服务过程的复杂性

旅游接待服务的对象是人，他们既是消费者又是服务质量的最终评判者。这就使接待服务过程变得异常复杂。这主要受以下三个方面因素的制约。

（1）客人层次。旅游接待的客人有国家高级官员、国外游客、国内游客，他们的经济条件、消费水平及消费结构、风俗习惯和要求各有差异。

（2）客人需求变换。旅游接待服务是面对个人消费的，他们的消费需求各不相同而又多变。

（3）意外情况。旅游接待服务过程，随时可能发生意外情况。例如宾馆、饭店的电梯出故障，车船事故，餐饮食物中毒等都会引起客人身心健康乃至生命安全的问题。这些意外情况或事故，虽然不是直接的接待服务，但处理不妥，会导致整个接待过程的中断。

因此，有必要对客人提供针对性服务，体现"宾客至上"的原则。

二、旅游接待人员的礼貌修养

旅游业是一个服务行业，也是一个窗口行业，在旅游过程中，旅游业为旅游者提供的服务从本质上讲就是礼仪服务。旅游工作者在旅游全过程中的礼仪服务，既代表一个企业和行业的接待水平和服务质量，也代表一个国家的文明礼貌程度，每位旅游工作者都应予以充分的重视。礼仪服务是旅游礼仪的本质和核心，它是优质服务的关键，旅游工作者的礼貌修养应体现在五项基本原则上。

（一）律己敬人原则

从总体来看，礼仪规范由对待个人的要求与对待他人的做法两大部分构成。司马光说："礼莫大于分。"对待个人的要求，是礼仪的基础和出发点。学习、应用礼仪，最重要的就是要自我要求、自我约束、自我控制、自我对照、自我反省、自我检点，这就是自律的原则。古语云："己所不欲，勿施于人。"若是没有对自己的首先要求，人前人后不一样，只求诸人，不求诸己，不讲慎独与克己，遵守礼仪就无从谈起，就是一种蒙骗他人的大话、假话、空话。

孔子曾经对礼仪的核心思想有过一次高度的概括，他说："礼者，敬人也。"《礼记》云："夫礼者，自卑而尊人。"所谓敬人的原则，就是要求人们在交际活动中，与交往对象既要互谦互让、互尊互敬、友好相待、和睦共处，更要将对交往对象的重视、恭敬、友好放在第一位。在礼仪的两大构成部分中，有关对待他人的做法这一部分，比对待个人的要求更为重要,这一部分实际上是礼仪的重点与核心。而对待他人的诸多做法之中最要紧的一条,就是要敬人之心常存,处处不可失敬于人,不可伤害他人的个人尊严,更不能侮辱对方的人格。

(二) 真诚平等原则

礼仪上所讲的真诚的原则,就是要求在人际交往中运用礼仪时,务必待人以诚,诚心诚意,诚实无欺,言行一致,表里如一。只有如此,自己在运用礼仪时所表达的对交往对象的尊敬与友好,才会更好地被对方所理解和接受。与此相反,倘若仅把运用礼仪作为一种道具和伪装,在具体操作礼仪规范时,口是心非,言行不一,弄虚作假,投机取巧,或是当时一个样,事后另一个样,有求于人时一个样,被人所求时另一个样,则是有悖礼仪的基本宗旨的。在具体运用礼仪时,允许因人而异,根据不同的交往对象,采取不同的具体方法。但是,与此同时,必须强调指出,在礼仪的核心点,即尊重交往对象、以礼相待这一点上,对任何交往对象都必须一视同仁,给予同等程度的礼遇。不允许因为交往对象彼此之间在年龄、性别、种族、性格、文化、职业、身份、地位、财富以及与自己的关系亲疏远近等方面有所不同,就厚此薄彼,区别对待,给予不同待遇,这便是礼仪中平等原则的基本要求。

(三) 理解宽容原则

《礼记》上曾倡导君子尚宽。理解宽容原则的基本含义,是要求人们在交际活动中运用礼仪时有容乃大。既要严于律己,更要宽以待人。要多容忍他人、多体谅他人、多理解他人,而千万不要求全责备、斤斤计较、过分苛求、咄咄逼人。在人际交往中,要容许其他人有个人行动和独立进行自我判断的自由。礼仪的基本要求是尊重人。在人际交往中,尊重他人,实际上就是要尊重其个人选择。对不同于己、不同于众的行为理解容忍,不必要求其他人处处效法自身、与自己完全保持一致,实际上也是尊重对方的一种表现。

(四) 适度从俗原则

适度的原则,是要求应用礼仪时,为了保证取得成效,必须注意技巧,合乎规范,特别要注意做到把握分寸,认真得体。这是因为凡事过犹不及,运用礼仪时假如做得过了头,或者做得不到位,都不能正确地表达自己的自律、敬人之意。当然,运用礼仪要真正做到恰到好处、恰如其分,只有勤学多练,积极实践,此外别无他途。

由于国情、民族、文化背景的不同,在人际交往中,实际上存在着"十里不同风,百里不同俗"的局面。对客观现实要有正确的认识,不要自高自大、唯我独尊、以我画线、简单否定其他人不同于己的做法。必要时,必须坚持入国问禁、入乡随俗、入门问讳,与绝大多数人的习惯性做法保持一致,切勿目中无人、自以为是、指手画脚、随意批评、否定其他人的习惯性做法,遵守从俗原则的规定,会使礼仪的应用更加得心应手,更加有助于人际交往。

(五) 沟通互动原则

在人际交往中,人们通常有接触才会了解,有沟通才会互动。因此,可将沟通视为人际交往中人与人之间的互动桥。在现代礼仪中,沟通的原则要求人们:在其人际交往中,既要了解交往对象,也要为交往对象所了解。礼仪的主旨在于"尊重"。而欲尊重他人,就必须了解对方,并令自己为对方所了解。只有这样,才能实现有效的沟通。

而我们在人际交往中如欲取得成功,就必须无条件地遵守互动的原则。所谓"互动",

在此具体含义有二：一是要求人们在其交往中必须主动进行换位思考，善解人意。换位思考的基本要求就是要求人们必须善于体谅交往对象的感受。二是要求人们在其交往中要时时、处处努力做到"交往以对方为中心"。也就是说，不允许无条件地"以自我为中心"，更不允许凡事自以为是。在运用礼仪时，互动的原则永远都不允许被忽略。

服务质量是旅游业的生命线，是立足之本。服务质量不仅关系着旅游业的经营、效益、声誉，更关系着旅游业的兴旺和发展。为此，服务质量越来越受到行业人士的关注。

国际旅游界有关人士认为，"服务"这一概念的含义可以用构成 SERVICE 这个英文单词的每个字母所代表的含义来理解，其中每个字母的含义实际上就是对服务人员的行为语言的一种要求。

第一个字母 S 即 SMILE（微笑），其含义是服务人员应该对每位宾客提供微笑服务。

第二个字母是 E，即 EXCELLENT（出色），其含义是服务人员应该将每一个程序、每一次微小的服务工作都做得很出色。

第三个字母 R，即 READY（准备好），其含义是服务人员应该随时准备好为宾客服务。

第四个字母 V，即 VIEWING（看待），其含义是服务人员应该将每一位宾客都看作需要提供优质服务的贵宾。

第五个字母 I，即 INVITING（邀请），其含义是服务人员在每一次服务接待结束时，都应该显示出诚意和敬意，主动邀请宾客再次光临。

第六个字母 C，即 CREATING（创造），其含义是每一个服务人员都应该想方设法精心创造出使宾客享受热情服务的氛围。

第七个字母 E，即 EYE（眼光），其含义是每一位服务人员始终都应该以热情友好的眼光关注宾客，适应宾客心理，预测宾客要求，及时提供有效的服务，使宾客时刻感受到服务人员在关心自己。

礼貌修养是一个人道德水平的外在表现，我们就应该从自身做起，从点滴做起，注重礼貌修养的培育。从宏观上讲，为旅游行业树立良好形象奠定了良好的基础，为促进整个行业的发展提供了坚实的保障；从微观上讲，也有利于自身素质修养的提高。

三、旅游服务中的礼节规范

（一）服务心理

1. 首轮效应

这也称为第一印象或心理定式，大多是在看到或听到对方之后的一刹那形成的，通常只需 30~35 秒的时间。一个清新的微笑、一句轻声的问候，会给客人留下美好的第一印象。

2. 亲和效应

这是指人们在交际应酬的过程中，往往会因为彼此之间存在某些共同之处或近似之处，从而感到相互之间更加容易接近。

3. 末轮效应

这是指在服务的过程中，服务人员和服务单位留给服务对象的最后印象，即服务过程要"善始善终"。末轮效应在许多时候要比首轮效应做好的难度更大。它会决定客人对酒店的记忆，甚至直接影响回头率。

(二)表情礼仪

在人际交往中,表情表现出来的感情辅助人与人之间的交往,传达着人的内心情感信息。在人的面部表情都表现着人的内心情感。现代心理学家总结出一个公式:感情的表达=7%的言语+38%的语音+55%的优雅表情,可以给人留下深刻的第一印象。表情如一面镜子,真实地反映出人们的喜、怒、哀、乐。其中,目光和微笑最具有礼仪功能。

1. 目光

"眼睛是心灵之窗",从一个人的目光中可以看到他的整个内心世界。一个良好的交际形象,目光是坦然、亲切、友善、有神的。在与人交谈时,目光应当注视着对方,才能表现出诚恳与尊重。使用恰当的目光,目光区域停留在客人眼睛到双肩之间的三角区域。与人交往时,冷漠的、呆滞的、疲倦的、轻视的、左顾右盼的眼光都是不礼貌的。切不可盯人太久或反复上下打量,更不可对人挤眉弄眼或用白眼、斜眼看人。

2. 微笑

笑分为微笑、大笑、冷笑、嘲笑等许多种,每一种笑容都表达一种不同的感情。微笑是指不露牙齿、嘴角的两端略微提起的表情。发自内心的微笑是最美好的,人们的交往应是从微笑开始的,微笑是对人的尊重、理解和友善。与人交往时面带微笑,可以使人感到亲切、热情和尊重,使自己富于魅力,同时也就容易得到别人的理解、尊重和友谊。

(1)微笑的"四要"。要塑造美好的笑容,就要加强笑的艺术修养,去除不良习惯,做到微笑的"四要"。一要口眼鼻眉肌结合,做到真笑。二要神情结合,显出气质。笑的时候要精神饱满、神采奕奕。要笑得亲切、甜美。三要声情并茂,相辅相成。微笑和语言美往往是"孪生姐妹",甜美的微笑伴以礼貌的语言,两者相映生辉。四要和仪表举止的美和谐一致,从外表形成完美统一的效果。如果语言文明礼貌,却面无表情,则会让人怀疑你的诚意,只有声情并茂、热情,诚意才能被人理解,并起到锦上添花的效果。

(2)微笑的"四不要"。一不要缺乏诚意,强装笑脸;二不要露出笑容随即收起;三不要仅为情绪左右而笑;四不要把微笑只留给上级、朋友等少数人。总之,要学会控制自己的情绪,保持一张谦和微笑的脸,是每一个旅游工作者必须做到的。

阅读资料2—1

微笑服务

走在帝国饭店后场员工通道就能发现,即使是不直接面对客人的部门,也会在员工出入口放置全身穿衣镜。

员工需要整理的不只是外表,还有内心,也就是说,无论是否站在客人面前,工作的态度都必须是一样的。身为服务员,笑容非常重要,必须用镜子提醒员工面带笑容。

话务中心每位接线人员眼前都放着一面小镜子。接线人员虽然看不到对方的脸,但是希望让对方感觉到笑容。他们每人每天要接听100~200通电话,难免会疲劳或挤不出笑容,这时摆在电话机前的镜子就是很好的提醒。客人难道能感受到接电话者保持笑容与否的差别吗?"声音、语调真的完全不一样,只要满面笑容,电话的另一头听起来就很有热情,具备服务精神。"

(资料来源:时代微思)

（三）交谈礼仪

交谈礼仪是指人们在交谈活动中所应遵守的礼节和仪态。旅游服务人员应善于使用语言与他人沟通，并建立良好的人际关系。

1. 交谈的原则

（1）倾听的原则。

做一个善于倾听的人，是使交流顺利进行的一个前提。既然是交谈，就要时刻注意给别人说话的机会，不能一个人唱"独角戏"，对他人的发言不闻不问，甚至随意打断对方的发言。在交谈中，要善于倾听对方说话，这不仅是尊重对方、体现自己的修养的表现，更重要的是可以从别人的说话中得到自己所需要的信息，以促进思考和更好地交流。

（2）赞美的原则。

懂得恰当赞美别人的人往往是最受欢迎的人，因为一般来说人都是喜欢听赞美之词的，赞美是一种能引起对方好感的社交方式，它能协调交流双方的关系。创造出一种热情友好、积极肯定的交谈气氛。赞美应该有感而发，诚挚中肯，恰如其分；赞美也要因人而异，注意场合，讲究效果。

（3）专注的原则。

交谈时，双方神情要自然、专注，眼睛注视对方，避免注意力分散。迫使别人再次重复谈过的话；不要做无关的动作，如翻阅书报、打哈欠、剔牙齿、抬腕看手表等。这些动作会给人感觉心不在焉，是极不礼貌的表现。

（4）参与的原则。

听对方讲话时，可用言语做适当地参与和呼应。如用"嗯""对"或点头表示赞同，并适当插话或提问，以表明你对对方所谈内容的关心、理解，使对方有知遇之感。但不要中途打断别人的谈话，应让对方把话说完，可在对方讲话出现停顿时再表达自己的观点。

（5）幽默的原则。

幽默的言谈能给人快乐，给人意味深长的思考。即使在讨论一个严肃的问题，只要恰当地运用幽默的语言，也会让人在轻松、愉快的感受之中领略其中的含义。

2. 交谈的注意事项

（1）良好的语音。

在交谈中不讲方言土语，尽量避免使用不规范的语言，这是尊重对方的表现。普通话是我国法定的现代汉语的标准语，是交往对象能够理解的规范化语言，在交谈中要提倡讲普通话。

（2）准确的语言。

准确的语言不仅要求表达者准确地利用言词表达自己的思想，不至于发生词不达意或错传信息的问题，而且要求表达者恰当地处理好辅助语言，使语音、音量、语速、语调等恰到好处地表达自己的思想和感情。

（3）肢体语言的表达。

交谈时要善于使用表情、体态等肢体动作来配合语言的使用。除了眼睛要注视对方外，自己脸部的表情、手势的运用，都可以随着交谈内容的变化而变化，这不仅可以增强交谈的效果、活跃交谈的气氛，还有利于显示个人的风度和魅力。不过肢体语言也不宜过多、幅度过大，否则会给人以张牙舞爪、轻浮造作之感。

（4）用语文雅。

在交谈中要尽量使用尊称，并善于使用一些约定俗成的礼貌用语，如"您""请""对不起""谢谢""抱歉""打扰了"等。应当尽量避免某些不文雅的语句和说法，对于不宜明言的一些事情，尽可能用委婉的语句来表达，多用一些约定俗成的隐语。如想要上厕所时，可以说"对不起，我去一下洗手间"，或者说"不好意思，我去打个电话"。

（5）尊重隐私。

交谈时要注意遵守个人隐私，做到"五不问"：不问收入、不问年龄、不问婚姻、不问健康、不问个人经历。在与外国人交往时要特别注意这一点，不要问及他们涉及个人隐私的问题，否则会让交谈很不愉快。

4. 个人仪容仪表的礼节规范

（1）服饰基本规范。

保持工装干净，无皱褶、无污渍、无头屑；熨烫平整，纽扣齐全，衣袖不卷不挽；要慎穿毛衫，巧配内衣，少装东西。工号牌戴在左胸偏上部位。鞋内无味，鞋面无尘，鞋底无泥，鞋垫相宜，鞋面无破损。袜子以单色为宜，男士最好是深色的，女士最好是肉色的，且长筒袜无破洞。袜子要干净、完整、合脚，袜腰长短要合适。

（2）仪容基本规范。

保持良好的个人卫生习惯，坚持每日洗澡更衣。面部整洁，平时做好洁肤和护肤工作，保持眼角、嘴角的卫生。男士胡须、鼻毛及时清除。口腔无异味、无异物。发型整洁、规范，长度前不覆额、侧不过耳、后不及领；发型清新利落；发色正常。注意手部保养和清洁，指甲无污垢，不留长指甲，只能涂无色或肉色指甲油。女士上班时间化淡妆，选择接近肤色的粉底，使肤质显得细腻，重点是睫毛和唇彩；用腮红调整脸形。彩妆要自然、协调。注意不要在客人面前化妆。

5. 行为举止礼节规范

（1）站姿。

基本要求，挺胸收腹，竖颈垂臂，目光平视，面带微笑。体前交叉式：女士用体前交叉式，双手握于腹前，脚成丁字步；体后交叉式：男士用体后交叉式，两脚分开与肩同宽，双手握于体后；体前单臂式：近距离服务时用体前单臂式，一手抬至腹前。

根据客人需求选择挺拔、典雅的站姿，展示良好的精神面貌和服务态度，客人会由欣赏到喜欢、由亲近到信任，从而满足客人的情感需要。

（2）走姿。

步幅适度，前脚跟与后脚尖距离为一脚长。男士步幅在 40 厘米左右，女士步幅在 35 厘米左右为宜；步位正直，上体挺直，身体重心落在脚掌前部，挺胸收腹，目光平视。脚尖应对正前方，步速平稳，步速适中，反映出积极的工作态度；步态优美，女性步态轻松敏捷、端庄健美，男性步态协调稳健、庄重刚毅；摆臂自然，双臂前后摆动，摆幅为 30°～35°。

（3）动作礼节规范。

手势运用要正确、规范、优美、自然。手势要配合语言运用，不可太多，幅度过大。为客人指示方向，自然优雅、规范适度，准确判断客人的需要，恰当表述内心情感。接递物品以尊重对方为原则，举到胸前，双手递出，物品正面朝向客人，送到客人手中，提醒客人妥善保管；目光接触，递物品时，目视对方眼睛到下巴之间的部位；双手递接，欠身点头致意。

(4) 人际距离。

交往双方的人际关系以及所处情境决定着相互间自我空间的范围。美国人类学家爱德华·霍尔博士划分了四种区域，人们的个体空间需求大体上可分为四种距离：公共距离（361~750厘米）、社交距离（121~360厘米）、个人距离（46~120厘米）、亲密距离（45厘米以内）。在与客人交往的过程中，要注意个人空间，和人谈话时，不可站得太近，一般保持在50厘米以外为宜。

四、接打电话的基本要求

(一) 电话的开头语左右公司的形象

用清晰明快的声音向对方报上自己的公司名称："你好，感谢致电×××公司，很高兴为您服务。"对方听了之后会对公司留下极佳的印象。在电话中极小的事情会产生极大的印象差异。电话中要常常抱着"我是代表公司的一分子"的态度。

(二) 接电话时，即使对方看不见，也不要忘记自己的笑容

"人一高兴就会笑，因为笑就是高兴。"笑容可掬地接听电话，声音仿佛会把明朗的表情传递给对方。

(三) 端正的姿势，声音自然清新

电话应对时，不要疏忽了以为对方看不见自己的姿势。不要在电话中边谈边抽烟、喝茶，即使是懒散的姿态，也会被对方"听"出来。接听电话时，即使看不见对方，也要当作对方很快就会出现在眼前一样，尽可能注意自己的姿势。

(四) 电话中注意向对方行礼仪，并说一些致谢语

千万不要以为对方看不到自己，就舒舒服服地靠在椅背上，这种自尊自大会不知不觉地反映在声音中，一不小心就会给对方不愉快的感觉。因此为了把诚意真心地传给对方，重要的是姿态自然、蕴含感情，把心意传给对方。

(五) 电话中音量最好比普通聊天时稍大

美声：清脆响亮。低沉的声音：也有其魅力、力量。如果以词语明确和口齿清晰比较的话，那么响亮的声音是比较占优势的。电话中，适当的高音要比低沉的声音更让对方接受，也比较容易留给对方清晰的好印象。

(六) 重复一次电话中的重要事项，以确认对方的目的

在每一通电话结束的时候，都要和对方再确定一下所谈内容是否无误。若我们打电话给对方，则由对方诵读，在电话中相互确认所传达的内容是否正确，是不可忽视的要事。

阅读资料 2-2

接打电话的 5W、1H 技巧

1W：When（什么时候）
2W：Who（对象是谁）
3W：Where（什么地点）
4W：What（什么事）
5W：Why（为什么）
1H：How（如何进行）

电话应对要求内容既简洁又完备，运用 5W、1H 技巧不仅可以事先准备好说话的内容，也可以避免不知从何说起的困扰。接电话也要备好电话记录本，做好 5W、1H 的准备。

五、正确接听和拨打电话

（一）接听电话的方法

1. "铃声不过三"原则

在电话铃声响起后，如果立即拿起，则会让对方觉得唐突；但若在响铃超过三声以后再接听，则是缺乏效率的表现，势必给来电者留下公司管理不善的第一印象，同时也会让对方不耐烦，变得焦急。如果因为客观原因，如电话机不在身边，或一时走不开，不能及时接听，就应该在拿起话筒后先向对方表示自己的歉意并做出适当的解释，如"很抱歉，让您久等了"等。

2. 规范的问候语

在工作场合接听电话时，首先应问候，然后自报家门。对外接待应报出单位名称，接内线电话应报出部门名称。比如："您好，××旅行社有限公司。""××酒店，您好。""您好，销售部办公室，我是××。"自报家门是让对方知道有没有打错电话，万一打错电话就可以少费口舌。规范的电话用语体现的不仅是对对方的尊重，而且也反映出本单位的高效率和严管理。

3. 要找的人不在或不能接听电话时的处理

转接电话，首先必须确认同事在办公室，并说"请您稍等"。若同事不在，则一定要询问对方是否需要留言或回电，并做好详细的电话记录，同事回来后，立即转告并督促其回电。（不要随便将同事的手机号码告知别人。）谈话结束时，要表示谢意，并让对方先挂断电话，不要忘了说再见。

若对方要找的人不在，则应主动询问对方是否希望留言或转告。电话机旁应备有纸、笔，可供随时记录。按 Who、When、Where、Why、What、How 询问并记录。记录后复述内容，务必准确、全面，尤其是这里，特别要注意的是，在询问对方姓名前，先告知他要找的人不在。

4. 学会记录并引用对方的名字

在办公室工作的人员，应该有意识的训练自己的听辨能力。假如对方是老顾客，经常打电话来，一开口就能听出他的声音，那么可以用合适的称谓问好："您好，王经理。"这样一来，会给对方留下特别受到重视的感觉，增强对方对你的好感。

5. 接到错误的电话也应该礼貌应对

接到错打的电话，人们很容易忽略礼貌问题，甚至很粗鲁，这是因为人们认为错打的电话与自己没有关系。但事实上，并非打错的电话都必定与自己没有关系，有时，对方也恰恰是与自己有重要关系的人。因此，接听电话时，最好每一个电话都讲究礼貌，保持良好的接听态度。

6. 应在对方挂电话后再挂电话

当对方向你说"再见"时，别忘了你也应该说"再见"，并等对方挂了以后再挂电话，最好不要一听到对方说"再见"就马上挂电话，尤其不能在对方一讲完话，还没来得及说"再见"就把电话挂了。注意挂电话时应小心轻放，别让对方听到很响的搁机声。

7. 接电话礼仪

当电话响起时，千万别急着去接，因为你马上接的话，对方可能还没做好和你通话的心理准备。而接上时，第一句说您好！说话的语气不可以太快，要做到说话送字清楚，说话千万别急躁！注意听清楚对方说的话再回答。

有效接听电话的一般顺序、注意事项

顺序	基本用语	注意事项
①拿起电话听筒，并告知公司的名称及自己的姓名	"您好，××公司，我是××。""您好，××公司××部门××。"电话铃响三响之后，说："对不起，让您久等了，我是××公司××部门的××。"	①准备相关资料 ②一定要有耐心 ③铃响三声之内接听，三声之后应给对方道歉 ④音量适中，比平时谈话时稍高
②确认对方	"××先生吗？您好！""××经理，您好，非常感谢您的来电。"	①必须确认对方 ②如果是则要表达感谢之意
③询问并听取来电缘由	"您好，请问您找哪一位？""请问我有什么可以帮您的？""是，好的，我知道，我明白"等回答	①详细询问顾客来电的原因 ②必要时做记录 ③谈话时回应顾客，专注于电话
④进行确认	"今天上午十点三十分要他准时打电话给您是吗？"	①对重要的时间、地点、对象等要加以确认 ②如须传言则必须记录下准确的通话时间及对方的姓名 ③语速不宜过快
⑤结束语	"我非常清楚。""请放心，我一定给您转达……""再次谢谢您的来电！"	语言诚恳、态度友善
⑥放回电话	—	等对方放下电话后再轻轻放下听筒

（二）拨打电话的方法

1. 确定合适的时间

当需要打电话时，首先应确定此刻打电话给对方是否合适，也就是说，要考虑此刻对方是否方便听电话。应该选择对方方便的时间打电话，尽量避开在对方忙碌或休息的时间打电话。

一般来说，有几点应该注意：避开对方吃饭和休息的时间。总的来说，早晨 8 点以前，晚上 10 点以后，给对方家里打电话是不合适的。除非有紧急的事。当然，当对方有可能非常忙碌的时候打电话过去，也是不合适的。比如，在对方准备出门上班前几分钟打电话，可能会使对方迟到。而且工作上的事情，也尽量不要打电话到别人的家里。如果是打电话到工作单位，则最好不要在星期一一大早打过去，因为经过一个周末，对方要处理的公务也许会很多。当然，在对方快要下班的前几分钟打电话，也是不太适合的，因为快要下班了，大家也许有些事情要处理，处理完后直接回家。如果因为你的电话而耽误了对方的私人时间，那么也许对方会不快。在一般情况下，也不要为私人的事情打电话到对方的单位，除非对方不介意。如果因为私人的事情打电话到对方的单位，则最好问一声："您现在方便听电话吗？"即使得到对方的肯定回答，也要尽量简短，因为占用对方的工作时间，可能会影响对方工作单位的正常业务往来。

2. 开头很重要

无论是正式的电话业务，还是一般交往中的不太正式的通话，自报家门都是必需的，这是对对方的尊重，即使是你熟悉的人，也应该主动报出自己的姓名，因为接电话方往往不容易通过声音准确无误地确定打电话的人的身份。另外，自报家门还包含着另外一层礼仪内涵，那就是直接将你的身份告诉对方，对方就有是否与你通话的选择权，或者说，有拒绝受话的自由。

在打电话之前，确定打内线或打外线是很重要的。具体的做法是：打外线——不认识对方时，应该做详细的自我表现介绍，如："您好，我是××，××公司销售部经理的秘书。"若你认识对方，而且你也有个好记性，对方一接听电话时就马上能确定听话人是谁，那么不妨直接说出这个人的名字或正确的称呼，这样会使对方感到被重视的荣幸，可以这么说："王经理，您好，我是××，××公司销售部经理的秘书。"打内线——可以有几种方式，如："我是××，王经理的秘书。""我是销售部的××。""王先生，您好，我是××。"

3. 通话尽量简单扼要

在做完自我介绍以后，应该简单扼要说明通话的目的，尽快结束交谈，因为随意占用对方的电话线路和工作时间是不为对方考虑的失礼行为。在业务通话中，"一个电话最长三分钟"是通行的原则，超过三分钟应改换其他的交流方式。如果估计这次谈话要涉及的问题较多、时间较长，那么应在通话前询问对方此时是否方便长谈。如果对方不方便长谈，就应该有礼貌地请对方约定下次的通话时间。

明明需要占用一刻钟的时间，却偏偏说："可以占用您几分钟时间吗？"这就很不合适了，应该说："王先生，此次我想和您谈谈分配方案的事宜，时间大约需要一刻钟，您现在方便吗？"

4. 你要找的人不在时的处理方式

如果你要找的人恰巧不在，那么你可以有以下三种应对方式。

（1）直接结束通话。

在事情不是很紧急，而且自己还有其他联系方式的情况下，可以直接用"对不起，打扰了，再见"的话结束通话。

（2）请教对方联系的时间或其他可能联系的方式。

通常在比较紧急的情况下采用，具体的做法是："请问我什么时候再打来比较合适？"或"我有紧急的事情，要找王经理，不知道有没有其他的联系方式？"不管对方是否为你提供了其他的联系方式，都应该礼貌地说"再见"。

（3）请求留言。

若要找的人不在，或恰巧不能听电话，则最好用礼貌的方式请求对方转告。留言时，要说清楚自己的姓名、单位名称、电话号码、回电时间、转告的内容等。在对方记录下这些内容后，千万不要忘记问："对不起，请问您怎么称呼？"对方告知后要用笔记录下来，以备查找。

5. 适时结束通话

通话结束时，要礼貌地道谢后轻放话筒。一般来说，应是打电话的人先放下话筒，接电话的人再放下话筒。在比较正式的场合打电话应该由地位高的人先挂电话，不宜"越位抢先"。不可只管自己讲完就挂断电话，那是种非常没有教养的表现。

有效拨打电话的一般顺序、注意事项

顺 序	基本用语	注意事项
①准备阶段	—	①详细准备相关资料、文件、纸和笔 ②设计通话时间不要过长 ③确认顾客姓名、电话号码、职位等一切有关的信息资料
②问候对方并告知自己的姓名	"喂，您好！我是××公司××部的×××。"	①一定要先报出自己的公司名称，然后再报自己的姓名 ②讲话真诚、友好、热情、有礼貌
③确认对方	"麻烦您帮我找一下××先生，好吗？""××经理吗？您好！"	①确认接电话的对方是否是自己要找的人 ②与对方接通电话后，再次热情地问候，"您好"最好重复两次以上，以建立亲和力
④询问对方此时通话是否方便	"××经理，请问您现在说话方便吗？""××先生，请问您旁边有座机吗？我打旁边的座机吧！"	①尊重顾客的时间安排 ②如拨打对方手机最好询问旁边是否有座机，并提议用座机联系
⑤通话内容	"听起来您现在非常忙，那么我是上午十点打过去，还是下午五点打过去您比较方便接听呢？"	①如对方不方便接听，则应锁定下次通话时间，并加以重复确认 ②语言一定要言简意赅，少说多问，把自己要说的结果告诉对方 ③注意选择用语，用简单的语句，避免使用省略语或者行话 ④尽量使用与顾客相同的语言
⑥结束语	"谢谢您抽出时间接听我的电话。""那就拜托您了。"	语言诚恳、态度友善
⑦放回电话	—	确认对方放下电话，再轻轻放回电话，切忌放下电话后就责骂顾客

阅读资料 2-3　　**态度冷淡，丢掉客户**

某公司的业务主管打电话给甲公司，想要谈一笔大业务，但拿起电话却不小心口误说成了乙公司。甲公司的接话人一听要找的是自己的竞争对手，没好气地说"你打错了"，然后啪的一下就挂断了电话。这位业务主管半天才回过神来，发现是自己口误说错了，但同时他也觉得十分不舒服。因为以前和这位接电话的员工联系过几次，对方的语言都是温文尔雅的，但现在看来那些表面功夫都是装出来的。于是，这位主管打消了和甲公司再打电话的念头，也不想再和这家公司合作了。

职场案例

案例一：晋祠国宾馆前台员工电话接待服务规范

本酒店为了规范前台员工的电话接待服务，特制定以下规定。

（1）响铃时。电话铃声响起之后，应尽快拿起话筒。在电话铃声响起三声之内接听电话，以免引起顾客失望或不快。

（2）找人时。来电话指名找人时，应问清对方姓名，如找员工，则应礼貌告知对方，上班时间不能转接电话，如有急事，则让对方留言并及时转告；如是业务电话，则请对方留下电话、姓名、公司名称，并做好详细记录，及时转交给经理。

3．接听时。一般由前台人员接听，其他人员一律不准接听电话，新员工对酒店情况知之不多时，不要抢接电话，以免一问三不知，给顾客留下不良印象。

4．声音小。对方说话声音小时，不能大声叫嚷，而要有礼貌地告诉对方"对不起，您声音有点小"。

5．通话时。通话时，如果有其他客人进来，则不得置之不理，应该点头致意；如果需要与他人讲话，则应礼貌地说"请您稍等"，然后捂住话筒，小声交谈。

6．中断时。通话突然中断，应立即挂上电话，再次接通后要表示歉意，说明原因。

7．挂断时。打完电话，不得自己先挂电话，应该等对方挂断之后再轻轻放下话筒。

8．高峰时。在业务通话高峰时，尽量不要往外打电话，不要占线时间太长。

（资料来源：谢红霞．旅游公共关系（第2版）[M]．北京：北京师范大学出版社，2015．）

案例二：如何面对"挑剔"的客人

在某家宾馆，一天来了几位美国客人。或许是不了解中国，或许是抱有偏见，他们对宾馆的客房设施和饭菜质量都有微词。在短短5天的住宿时间内，他们几乎每天都给宾馆的公关部打电话反映问题。开始该公关部的接待人员还能够心平气和地倾听他们的意见，并给予回答和解释，可在以后接二连三的电话和毫不客气的指责下，这位接待人员终于耐不住性子了。当几位客人要离开宾馆回国时，他们又拿起了电话打到公关部，说："我们这几天要求您解决的问题，您一件也没能解决，真是太遗憾了。"听了这话，这位接待人员反唇相讥："倘若你们以后再来中国，就请到别的宾馆试一试！"于是一场激烈的舌战在电话里爆发了。当美国客人离开宾馆后，客房服务员在他们住过的房间的写字台上发现了一张纸条，上面用英文写着"世界第一差"。

现代饭店管理崇尚CS（Customer Satisfaction）理论。规范化服务、超前服务如果违背了客人的意愿，说明服务还不到家，还不能让客人满意。客人对服务的要求越来越高，服务永无止境。酒店全体员工都应该具备公关意识，把"宾客至上"的服务宗旨落实到行动上，应站在客人的立场上，为宾客着想，认真揣摩客人的心理，服务到位，真正做到使客人满意。

（资料来源：李敏．旅游公共关系学（第2版）[M]．成都：西南财经大学出版社，2014．）

任务实施

活动程序：
（1）分组模拟接听、拨打电话。
（2）每组模拟时间为 5 分钟。

活动内容：
（1）如何接听电话？
（2）如何拨打电话？

具体实施：
（1）接听、拨打电话的脚本设计。
（2）分组进行接听、拨打电话的练习。
（3）分组进行汇报表演。
（4）教师进行点评，并做总结。

讨论和总结：
（1）脚本设计是否科学、合理？
（2）接听、拨打电话的程序是否规范？
（3）电话技巧运用是否恰当？

自主训练

青年旅行社有限公司在 2017 年度被评为省级业绩突出旅行社，旅行社的员工张昕被评为省级十佳导游员。这引起了媒体和客户的高度关注，当地旅游学院要请优秀学生张昕回学院做报告，媒体也要采访公司，更有公众直接致电公司表示祝贺，还希望让十佳导游员带团跟他们一起出游，纷纷打电话给公司公关部，这下可忙坏了公司公关部。

（1）电话咨询张昕导游近期带团出行的行程的。
（2）媒体预约采访公司总经理的。
（3）公众致电祝贺的。
（4）旅游学院邀请优秀学生张昕回学院给学弟学妹做报告的。

如果由你来处理这些情况，那么你如何进行电话接待呢？

任务评价

工作任务考核评价表

内容			评价		
学习目标		考评项目	自我评价	小组评价	教师评价
知识目标	应知应会 20%	电话接待基本要求			
		接打电话的方法和流程			

续表

内容			评价		
学习目标		考评项目	自我评价	小组评价	教师评价
能力目标	专业能力 40%	任务方案			
		实施过程			
		完成情况			
	通用能力 30%	协作精神			
		角色认知			
		创新精神			
态度目标	工作态度 10%	工作纪律			
		有责任心			
教师、同学建议:			评价汇总: 优秀（90~100 分） 良好（70~89 分） 基本掌握（60~69 分）		
努力方向:					

工作任务二 来访接待

【学习目标】

1. 知识目标
（1）熟悉当面接待的流程与注意事项。
（2）掌握当面接待的礼仪。

2. 能力目标
（1）能准确运用来访接待的流程和礼仪服务客人。
（2）能灵活运用不同接待方式应对接待各类客人。

【任务导入】

十一黄金周前夕，青年旅行社针对十一黄金周推出了一系列的线路产品，正是紧张的预订时间。青年旅行社五一路门市部近期迎来了许多的线路咨询、预订、缴费客人。小赵是门市部的一名员工，迅速地接待了客人，面对不同的客人，她灵活应变、业务娴熟，客人都满意而归。在短短几天的接待中，她就拿了几单业务。小李是新到门市部入职的员工，虽然也是学习旅游管理专业的，但刚刚毕业没有工作经验。看到小赵出色的表现，她也非常想学习，因此向小赵请教，针对来访客人，应该如何进行接待？如果你是小赵，那么你将如何来帮助小李学习提高？

【任务分析】

以旅游企业为背景，针对来访客人的特点，公关人员要熟练掌握旅游服务接待的特点，接待工作中应采用不同的接待方式，注重接待过程的礼仪和形象，把握不同客人的接待流程和注意事项，树立企业的完美形象。

【知识链接】

一、旅游接待服务见面礼仪

（一）介绍礼仪

介绍是一种最基本、最常规的沟通方式，同时也是人与人之间相互沟通的出发点。作为旅游服务人员所应掌握的介绍主要有以下三种形式。

1. 介绍自己

介绍自己，即自我介绍，它指的是由本人担任介绍人，自己把自己介绍给别人。在介绍自己时，通常注意内容要真实、时间要简短和介绍方法要标准这三项。内容要真实是指旅游服务人员介绍自己时，首先应当实事求是，真实无欺，既不要自吹自擂、吹牛撒谎，也不要过分自谦、遮遮掩掩。时间要简短是指在介绍自己时，旅游接待人员应当抓住重点，言简意赅，半分钟为最佳时间，若无特殊情况，则不宜超过 1 分钟。介绍方法要标准是指旅游服务人员要根据所处环境，判断所适用的自我介绍，一般分为两种。第一种是应酬型的自我介绍，仅介绍本人姓名这一项内容，主要适用于泛泛之交、不愿深交者；第二种是公务型的自我介绍，适用于正式的因公交往，通常介绍本人的单位、部门、职务和姓名等内容。

2. 介绍他人

介绍他人指经第三方为彼此之间互不相识的双方所进行的介绍。介绍他人时，注意被介绍双方的先后顺序。一般而言，在介绍他人时，标准的做法是"尊者居后"。先要具体分析被介绍双方的身份高低，首先介绍身份低者，然后介绍身份高者。具体而言，介绍女士与男士相识时，应当先介绍男士，后介绍女士；介绍长辈与晚辈相识时，应当先介绍晚辈，后介绍长辈；介绍外人与家人相识时，应当先介绍家人，后介绍外人；介绍客人与主人相识时，应当先介绍主人，后介绍客人；介绍上司与下级相识时，应当先介绍下级，后介绍上司。

3. 介绍集体

介绍集体指被介绍的一方或者双方不止一人的情况。介绍集体必须注意被介绍双方的先后顺序。具体来说，介绍集体可分为两种基本形式——单向式和双向式。单向式指当被介绍的双方一方为一个人、另一方为由多人组成的集体时，仅将个人介绍给集体，而不必再向个人介绍集体。双向式指被介绍双方均为由多人所组成的集体。在进行介绍时，双方的全体人员均应被正式介绍。其中，公务交往出现此种情况比较多。一般而言，首先，由主方负责人出面，按照主方在场者的职务高低，自高而低地依次进行介绍。其次，由客方负责人出面，按照客方在场者的职务高低，自高而低地依次进行介绍。

（二）称呼的礼仪原则

在通常情况下，"先生"一词是用来称呼男性的，而且不论年龄的大小。"太太"一词一般是用在已知对方已婚情况下对女子的尊称。"小姐"一词则主要是对未婚女子的称呼，有时在不了解女方婚姻状况时也可使用，但千万不可仅凭印象便贸然称未婚女性为"太太"或"夫人"，这很容易被视为无礼，引起对方的恼怒。

1. 敬称

通常所用的词如"您""您老""您老人家""君"等，都表明说话人的谦恭和客气。多用于年岁较大的人以及正式的礼仪场合等。

2. 通称

通称是一种不区分听话人的职务、职业、年龄等而广泛使用的称呼。

3. 职业称谓

在比较正式的场合，往往习惯于采用职业称谓，这带有尊重对职业和劳动的意思，同时也暗示了谈话与职业有关。如"师傅""医生""老师""律师"等。

4. 职务称谓

如书记、工程师、校长、主任、经理、老板等，并在前面冠以显示了说话人对对方地位的熟知和肯定。这种情况多用于工作单位之中谈论公事，而在日常生活或其他场所可以用别的称谓。

（三）名片礼仪

1. 索取名片的四个常规方法

第一个办法是交易法。就是把自己的名片递给对方。所谓将欲取之，必先予之，来而不往非礼也。比如，想要李教授的名片最省事的办法是把名片递给李教授，不管李教授愿意不愿意他都得回你一张。来而不往非礼也，这是规则。

第二个办法是谦恭法。倘若这个人地位、身份比较高，你可以给他先做个铺垫："李教授，听您刚才这个讲座很受启发，我本人也深感自己在交往艺术方面有待提高，跟您相见恨晚，现在知道您很累了，不便打扰，您看以后有没有机会继续向您请教？"或"以后有没有机会继续向您请教"，实际上就是暗示"李教授，能不能把电话留下来"，就等于向他要名片，他想给你就给你，他若不想给你，那么你也有面子。

第三个办法是明示法。明示法就是明着说明自己的本意："李教授，认识您很高兴，能换一下名片吗？"

第四个办法是联络法。要跟一个晚辈或者平辈要名片，就可以说："认识你很高兴，希望以后能够保持联络，希望下次到郑州来还能与你再见，不知道怎么跟你联系比较方便。""不知道怎么跟你联系比较方便"，言下之意就是向你要名片，你要愿意给我，我谢谢，不愿意给我，双方都不伤面子。如果不想给对方名片，则可以这样讲："以后还是我跟你联系吧。"言下之意就是"我以后就不跟你联系了"。这就是交往艺术，大家都不伤脸面。

2. 交换名片的注意事项

交换名片有一个先后尊卑的问题。一般的做法是，位卑者应当先把自己的名片递给他人，应立正，面向对方，双手执名片的两角，态度恭敬地递给对方。名片的正面要朝上，名片上文字的正面朝向对方。这样，对方不必翻转就可以阅读名片的内容了。递上名片后，还应说一声"敬请指教""请多关照""希望今后保持联络"等。不可一言不发，用单手递，或随手一扔。接收名片的人要及时起立，态度恭敬地双手接过名片。要说声"谢谢"，然后双手接过来，浏览一遍，以示恭敬。也可以把送名片者可能引以为荣的部分念出来。最后，要把名片当着送者的面,妥善地放置在名片夹中。最忌讳的是接过他人名片以后,看也不看,顺手一塞。

特别强调的是,禁止将他人名片塞进裤子后边的兜里。忌胡乱随意散发自己的名片,忌逢人便要名片。名片和存放名片的夹子应避免放在臀部后面的口袋里。在交谈时,不要拿着对方的名片玩耍。男士不宜主动给自己朋友的夫人或女朋友留下名片,以免发生不必要的误会。

二、接待来访流程

(一)接待来访个人的流程

接待来访客人时的基本要求是热情、周到、礼貌。具体来说,有以下11点。

(1)起身保持站立姿势,微笑致意并问候,使用礼貌用语。
(2)让座倒茶。
(3)询问来访人的姓名、单位、身份、来访目的、是否预约。
(4)仔细倾听来访客人的要求、任务和目的。
(5)如果来访者的来访事项在自己的权限范围内,则应当场答复,迅速办理;如果不在自己的权限范围内,则应安排他人继续接待或采取电话联系等其他接待方式。
(6)在接待过程中,如果有来电或新的来访者,为避免中断正在进行的接待,则可以由助理或他人接电话或接待新的来访者。
(7)对来访者的错误意见或超出本人权限范围的无理要求,接待者应礼貌、委婉地解释,拒绝或提交有关部门处理,并用善意的借口或姿势语言结束本次接待工作。
(8)是否安排工作餐或宴请订餐。
(9)接待完毕,礼貌送客。
(10)按宾客身份分别送至办公室门口、楼(电梯)口、公司大门口。
(11)填写访客记录,必要时向领导汇报。

阅读资料2—4　　**接待规格的级别问题**

根据主要来宾的身份、地位确定级别。

它一般有以下几种。

同等接待:这是接待工作最常见的,即陪同人员与客人的职务、级别等身份大体一致的接待,一般来说,客人是什么级别,本单位就派什么级别的人员陪同。

高规格接待:即陪同人员比来客职务高的接待。一般来讲,这是由于重要的事情或重要的人物需要有关负责人直接出面。这类接待安排一般是基于以下几种情况:上级领导机关派工作人员来检查工作情况,传达口头指示;平行单位派工作人员来商谈重要事宜;下级机关有重要事情请示;知名人物或先进人物来访或来做报告。

低规格接待:即陪同人员比来客职务要低的接待。这种接待方法要慎用,不得已用之时要特别注意热情、礼貌。

(二)接待来访团体的流程

(1)接待准备。了解客人基本情况,确定迎送规格,布置接待环境,做好迎宾安排。

（2）食宿安排。在客人尚未抵达前就安排好食宿，根据客人的民族习俗、身份及要求等，本着交通便利、吃住方便的原则，制订具体安排计划。

（3）迎接客人。一般客人由业务部门或办公室人员去车站（机场、码头等）迎接，重要客人应安排有关领导前往迎接。迎接时应率先向来宾握手致意，表示欢迎。

（4）安顿客人。客人抵达后，应先安置其休息。如果是本地来宾，则可在单位会议室或接待室稍做休息，并提供茶水等；若是远道而来的客人，则应先把客人引进事先安排的客房休息。

（5）协调日程。客人食宿安排就绪后，对一般客人可由接待人员出面协调活动日程。接待人员向来宾告别前，应把就餐地点、时间告诉客人，并留下彼此的联系方式，以便随时联系。

（6）组织活动。按照日程安排精心做好各项工作和活动，对客人提出的意见要及时向领导反馈，客人提出的要求要尽可能满足。

（7）安排返程。了解客人离程时间后，要及早预订机票、船票、车票，安排送行人员和车辆。到达车站（机场、码头）后，要妥善安排好客人等候休息，等客人登车（机、船）后方可离开。

（三）涉外接待流程

（1）前期准备。确定来访人员的人数、姓名、性别、职务、停留时间等（必要时为其出具邀请函）；根据来访人员的情况确定参加接待领导，并制定接待日程；客人到达后及时将外文日程发给来访客人。

（2）接站。根据来访人员及行李情况预订车辆，并根据客人姓名准备接机牌，确认来访人员抵达的准确时间。

（3）住宿。选择适宜的宾馆，确定房间标准、房号，确认水果准备好及早餐预订。

（4）宴请。确认参加宴请的单位领导及有关负责人。核清人数，准备台签；预订宴会时间、地点、标准，根据客人需要确认饮食禁忌；准备向来宾赠送的礼品。

（5）会谈。定做并悬挂横幅，利用投影制作迎宾标语；准备接待室，包括卫生、通风、空调、座位等；确认参加会谈的领导，准备茶水、水果、光盘、国旗、企业画册、礼品、相机、桌签及出席人员名片等；如签署协议，则另外准备中外文协议书、协议夹、签字笔等；查阅来访人员所在公司或机构的基本情况，制定会谈提纲供出席领导参阅；联系宣传部门（电视台、校报）及其他有关部门与会；翻译工作（纸、笔及与会谈有关的背景资料）。

（6）参观。确定公司内参观路线，通知具体各职能部门联系人；确定省、市内参观景点；订车，并确定用车计划。

（7）送站。预购机票、火车票；订车送站。

（8）总结。将来访团组的情况进行登记，并记录送出和接收礼品的信息；拟定来访团组接待报道，发新闻报道。

案例分享2-1　**细致服务**

英国前首相撒切尔夫人1982年来北京时，按惯例住进了钓鱼台国宾馆，当中国的服务小姐为她送上一杯浓咖啡和两片维生素C时，撒切尔夫人很惊奇地说："中国人怎么知道我的生活习惯呢？"

三、接待中的注意事项

（一）热情接待

无论来访者身份如何、目的如何，"来者是客"，都应热情接待。这不仅涉及企业的形象问题，同时对工作能否顺利开展也有很大影响。切不可让客人坐"冷板凳"，或以貌取人，言辞不周。客人到来时，接待者要起立，主动握手，表示欢迎。

（二）善于倾听

在接待过程中，要善于倾听客人的谈话，在客人讲话过程中，正视对方，适时地以点头表示尊重，且一举一动都要表示出在认真听对方的陈述，切忌让客人有被怠慢的感觉。

（三）尽可能不接电话

在接待客人时，不停地接听电话、打断对方讲话都是不礼貌的行为，所以要尽量避免。如有重要电话，则应先向客人说"对不起"，在得到客人谅解后再接听，且要长话短说。

（四）尊重与沟通

在交谈过程中，不要随意打断、驳斥对方，也不要轻易许诺。不同意对方的观点，要克制情绪，委婉地表达自己的意见。意见一致时也不要喜形于色。能马上答复或解决的事不要故意拖延时间；暂不能解决的，应告诉对方一个解决方案，约定时间再联系。

（五）难题的处理

如果在交谈中出现某些使自己为难的场面，则可以直截了当地拒绝某一要求，也可以含蓄地暗示自己无法做到，请求对方理解。但要注意方式和态度，尽量不要让对方误认为是瞧不起或有能力而不愿意帮忙，如果想结束会见而对方又未察觉，则可以婉言告之"对不起，我还有个十分重要的会议"等，也可以用身体语言提示对方，如间隔性地看表等。

职场案例

案例一：旅行社门市部接待流程

（1）热情，耐心接听，解答客户的咨询。门市部前台员工必须拥有五大素质：好学与自学、热情与微笑、耐心、细心、沟通能力。

（2）记录客户资料。详细记录客户的联系方式、出游线路、出游日期、旅游人数、特别需求。

（3）编制行程及报价。根据客户的要求，联系优秀的地接社或办事处，然后编制线路最优、价格实惠的行程，在24小时内及时反馈给游客。

（4）跟踪及反馈。保持一定频率与客户联络，跟踪客户最新出游信息，尽可能按客人需求调整旅游线路、报价，督促客户及早下单、签约。

（5）接受报名。详尽、如实地向游客说明行程安排、行程标准、注意事项、自费项目等。解释合同条款，签订组团旅游合同，正确核对客户姓名及身份证号码。发放旅游包（长线团），全额收款，交财务部入账，填写交款记录，成团。

（6）团体确认。根据客户需求，再次落实团体计划（机票、车辆、住宿、用餐、地陪导游等）并及时确认团体计划。

A. 机票情况：往返时间、折扣、机型、是否中转、航程、航空公司、机餐。

B. 本辆情况：车型、车龄、车况、正座数、车队、司机情况、接送时间地点、车价。

C. 住宿情况：星级、地段、最近装修时间、硬件标准、软件管理水平、同级竞争情况、经营者特点、经营状况、沟通和讨价还价的能力、各季节的价格及变化情况。

D. 景区情况：门票、折扣情况、自费景点、索道价格、资源品位、特点。

E. 用餐情况：餐标、卫生、地理位置、风味（特餐）、结算、配合、早餐（桌餐或自助餐）。

（7）选派导游。向导游交代接待计划，确定团队接待重点及服务方向。前台接待人员要熟悉导游的年龄、外形、学历、质量反馈、性格、作业特点、责任心、平常心、金钱观念、突发事件的处理能力、适合的团型，并了解社内导游的安排情况，以便针对客户做出最合适的导游安排。

（8）出游准备。特殊团体要约定时间召开见面会；一般团体在出发前一天，通知客户出发时间、地点、出游准备、目的地注意事项、自费项目、送机人联系方式、导游联系方式等。

（9）最终确认。出发前24小时与对方核对计划，对游客特殊要求重点落实，要求对方最终确认。做好保险单，传真给保险公司。

（10）导游出团。要带好以下东西：导游任务单、团体行程表、质量反馈表、游客名单表、旅游帽（短线团）、旅游包、旅游帽（长线团）；及时通知司机、领队集合时间、地点，以及出国注意事项；凭任务单核算，向财务领备用金；第一时间核对机票出发时间、游客姓名、身份证号码；了解当地民俗风情、风景特色。

（11）服务跟踪。细心问候行程中的游客，如有质量投诉情况，则及时调整，尽最大努力，为游客提供一个舒适、愉快的旅游环境。

（12）报账归档。团队行程结束，一周内清账。整理该团的原始资料，每月底将该团队资料登记存档，以备查询。

（13）定期回话。建立客户档案，定期以电话、短信、登门拜访等形式回访客户，建立一个良好的客户群。

（14）总结回顾。团团有总结，认真对待客户的建议，并对建议进行分析、评价、解释；年年有回顾，吸取教训，秉承优良工作经验。

（资料来源：谢红霞. 旅游公共关系（第2版）[M]. 北京：北京师范大学出版社，2015.）

案例二：诚恳的接待员

一天下午，一位香港客人来到上海某饭店总台问询处，怒气冲冲地责问接待员："你们为什么拒绝把我留下的一双皮鞋转交给我的朋友？"当班接待员小祝连忙查阅值班记录，未见有关此事的记载，便对客人说："对不起，先生，请您先把这件事的经过告诉我好吗？客人便讲述了此事的原委。原来他两天前住在这家饭店，在其离店期间他朋友某先生会到这儿来取皮鞋，因此希望酒店代为保管、转交，而且服务员满口答应了，但这位服务员却未在值班簿上做记录。第二天当客人的朋友来取皮鞋时，另一位当班服务员见没有上一班的留言交代,虽然找到了那双皮鞋,但还是没让他取走,而是请他等那位服务员上班后直接向他领取。香港客人回店后知道此事,十分恼火,认为酒店这样做是言而无信的,于是便有了本案例开头的场面。小祝听了香港客人的陈述,对这件事有了一个基本判断,对客人说:"很抱歉,先生,这件事的责任在我们饭店。当时,值台服务员已经答应了您的要求,但他没有把此事在值班簿上记录,造成脱节,使您的朋友没有领到代为转交的皮鞋,实在对不起,请原谅。"客人听到小祝道歉,气也消了。小祝接着说:"先生,不过后来那位服务员不肯把那双皮鞋交给您的朋友,完全是出于保护客人的托管财物,尽自己岗位应尽的职责,因为在没有得到上一班交代的情况下,如果贸然把皮鞋交出去,那就是对客人财物的不负责任,您说是吗?"客人点头表示同意。小祝随后便到储存柜里找出了那双皮鞋,问客人道:"先生,这双皮鞋是继续放在这儿等您朋友来取呢,还是您现在拿回去?"客人答道:"不必留下了,还是让我拿走吧。"小祝遂将皮鞋交给了客人。客人见小祝态度诚恳,说的话也在理,心情完全平静下来,也就打消了投诉的念头。

(资料来源:任杰玉.酒店服务礼仪[M].上海:华东师范大学出版社,2009.)

任务实施

活动程序:
(1) 分组抽签决定模拟散客、团队和外宾接待。
(2) 每组模拟时间为5分钟。

活动内容:
(1) 如何接待散客?
(2) 如何接待团队?
(3) 如何接待外宾?

具体实施:
(1) 各组完成抽签的接待内容的角色分工和脚本设计。
(2) 分组进行散客、团队、外宾的接待训练。

讨论和总结:
(1) 脚本设计是否科学、合理?
(2) 接待程序是否全面、规范?
(3) 是否注意接待中的注意事项?
(4) 教师进行点评,并做总结。

自主训练

汤姆所在的美国公司总经理偕夫人一起来青年旅行社有限公司进行考察。公关部王丽陪同业务部经理去机场接机。由于之前做了详细的准备,王丽在人群中辨认出来宾。在确定身份之前,王丽进行了自我介绍,表明了身份,并简单介绍了考察的流程。

(1) 如果让你来制订本次接待的流程,那么你从哪些方面制订?
(2) 收集旅行社、酒店、旅游景区的接待服务工作规范,并撰写总结报告。

任务评价

工作任务考核评价表

内容		评价		
学习目标	考评项目	自我评价	小组评价	教师评价
知识目标　应知应会20%	来访接待流程			
	接待中的注意事项			
能力目标　专业能力40%	任务方案			
	实施过程			
	完成情况			
能力目标　通用能力30%	协作精神			
	角色认知			
	创新精神			
态度目标　工作态度10%	工作纪律			
	有责任心			
教师、同学建议：		评价汇总： 优秀（90~100分） 良好（70~89分） 基本掌握（60~69分）		
努力方向：				

工作任务三　会议接待

【学习目标】

1. 知识目标

（1）了解会议准备工作的内容。

（2）掌握会议接待工作的流程和方法。

2. 能力目标

（1）能熟悉会议接待的流程。

（2）能掌握会议接待的技巧。

（3）能规范、高效地接待各种类型的会议。

【任务导入】

某青年旅行社有限公司（旗下有酒店、旅行社）决定于2017年年底召开公司年会暨年度优秀员工表彰大会，以表彰先进，落实2018年公司年度计划。参加表彰大会的人有公司邀请的省市有关领导、公司董事会成员、分公司领导、各区域优秀员工、旅行社中高层管理人员、旅行社同行代表等。会议由公关部经理王美协助总经理策划组织。总经理让王美经理拿出会议接待方案及具体日程安排。王美经理将如何完成此项工作呢？

【任务分析】

会议接待方案应该包括会议的准备、会议的议程、接待礼仪、会议的善后工作安排。会议议程应根据到会主要领导的情况，确定会议主持人；根据会议主题，确定会议发言人；围绕会议主题，确定题目和方式；根据会议目的，安排主要领导做会议的总结；做好会议会场布置和服务等。

【知识链接】

一、会议接待准备工作

根据参加会议的人数不同、会议接待的准备工作的内容以及会议接待的方式不同，对会议的组织方法、礼仪要求也不同。

（一）根据会议规模，确定接待规格

认真研究客人的基本资料，准确了解客人的名字，弄清楚客人的身份、与本组织的关系性质和程度，以及其他背景材料。结合本组织的具体情况，确定迎送规格。对较重要的客人，应安排身份相当、专业对口的人士出面迎送；亦可根据特殊需要或关系程度，安排比客人身份高的人士破格接待，或安排副职、助理出面。对于一般客人，由公关部派员迎送即可。

（二）发放会议通知和会议日程

会议通知必须写明召集人的姓名或组织、单位名称，会议的时间、地点，会议主题，会议参加者，会务费，应带的材料，联系方式等内容。通知后面要注意附回执，这样可以确定受邀请的人是否参加会议，准备参加会议的是否有其他要求等。对于外地的会议参加者还要附上到达会议地点和住宿宾馆的路线图。这个路线图避免了与会者问路的许多麻烦。

会议日程是会议活动在会期以内每一天的具体安排，它是人们了解会议情况的重要依据。它的形式既可以是文字的也可以是表格的。它可以随会议通知一起发放。

（三）选择会场

选择会场，要根据参加会议的人数和会议的内容来综合考虑。具体会场的选择还不能忽视会议风格这个因素。不同风格和性质的会议选择相应的会场才能相得益彰，取得理想的会议效果。如果举办的是非常严肃的大型学术型会议，那么应尽量选择大气、庄重、宽敞的会议场所；如果举办的是轻松的学术沙龙，那么一处格调高雅、服务周到的会所或者有特色的风景区休养馆将是不错的选择。总之，合适的就是最好的，会场选择亦是如此。

1. 大小要适中

所选择的会场要保证能容纳预计的全体参会人员，工作人员以及媒体记者等，但也不宜过大，这样会显得会议现场空荡。比如说，会议预计邀请的所有参会人员为100人，那么该会场容纳人数应该在120~140人之间为宜。另外，如果会议议程安排了不同的议题同时进行，就要安排两个或两个以上的会场。并且，这些会场最好是相邻的，方便参会人员根据自已感兴趣的议题选择会场。对于有领导出席的会议，需要安排一间大小适中的贵宾会见室，并且会见室到会场的距离不宜过远。

2. 地点要合理

选择会场不能不考虑其交通便利性。理想的情况是会场与嘉宾入住的房间为同一家酒店，或者是与酒店相连的会展中心，嘉宾可以很方便地与会。但如果会场离嘉宾入住的酒店、宾馆有一定的距离，就必须考虑到会场的交通是否便利，嘉宾能否在较短时间内步行、乘坐公共交通工具或者开车到会场，会场周围是否有足够的停车位等诸多问题。

3. 附属设施要齐全

会场内的设备设施也是一个需要考虑的方面。建议组委会成员到会场进行实地勘察，确保会场具备会议举办时所需的通风、卫生、灯光、音响、背板架、投影仪、LED屏、扩音、录音、桌椅等设备。同时，也可以要求对方提供备用设备以备不时之需。

（四）会场的布置

1. 会场布置的意义

会场形式的安排，要根据会议的规模、性质、需要来确定。不同的会场布置形式，体现不同的意义、气氛和效果，适用于不同会议的目的。

会场的布置包括会场四周的装饰和座席的配置。一般大型会议，根据会议内容，在场内悬挂横幅。门口张贴欢迎和庆祝标语。可在会场内摆放适当的轻松盆景、盆花；为使会场更加庄严，主席台上可悬挂国旗、党旗或悬挂国徽、会徽。桌面上如需摆放茶杯、饮料，应擦洗干净，摆放美观、统一。座席的配置要和会议的风格和气氛统一，讲究礼宾次序。

2. 会场布置的内容

（1）会场布置形式：相对式、全围式、半围式、分散式。

（2）主席台布局：主席台座位、讲台。

（3）会场美化与环境：会标和会徽、旗帜和标语、花卉与饰物、灯光和色调。

（4）安排座次：主席台座次安排、与会人员座次安排（横排、竖排、左右排列法）。

3. 会场布置的形式

（1）相对式：主席台与代表席采取上下面对面的方式，突出主席台的位置。优点：整个会场气氛严肃、庄重。不足：容易给主席台发言者造成一种心理压力。相对式主要包括以下三种形式：①礼堂形：适合召开大中型的报告会、总结表彰大会、代表大会等。②教室形：一般安排在形式不固定的多功能厅，形式灵活，能最大限度地利用会场，有利于与会人员集中注意力。③弦月式：房间内放置一些圆形或椭圆形桌子，椅子只放在桌子的一面，以便所有观众都面向屋子的前方。

（2）全围式：不设专门的主席台，会议的领导、主持人、与会者均围坐于一起。常见有圆形、椭圆形、长方形、多边形等。优点：容易形成融洽、合作的气氛，体现平等、尊重的精神，有助于与会者之间不拘形式的发言，便于主持人观察每位与会者的意向、表情，及时准确把握与会者的心理状态，保证会议取得成果。不足：只适用于召开小型座谈性、协商性等类型的会议。

（3）半围式：介于相对式与全围式之间，设有主席台，但在其正面和两侧安排代表席。常见有马蹄形、T字形、桥形。特点：既突出主席台的地位，又有融洽的氛围，比较适合中小型工作会议。

（4）分散式：将会场分为若干个中心，每一中心都有一个主桌。常见有圆桌形、方桌形、V字形。特点：在一定程度上，既能突出主桌的地位和作用，又给与会者提供多个交流的机会，气氛较为轻松和谐，适合一些大中型的会议。

（五）准备会议资料

会务组应该准备有关会议议题的必要资料，这些资料在整理后放在文件夹中发放给与会者，方便与会者阅读和做好发言准备。

（六）会议前的接待礼仪

重大会议接待的时候，要求着装、仪容和举止正式规范，它既反映了员工的个人修养，又代表企业的形象。只有规范的仪表、举止，才能给现场与会人员留下良好的印象。具体要求：着装规范、仪容整洁、发型标准、化妆淡雅。

（七）会前检查

这是对在准备工作阶段考虑不周或不落实的地方进行的补救。比如检查音像、文件、锦旗等是否准备齐全。

（八）提前进入接待岗位

接待人员应该在与会者到来之前提前进入各自的岗位并进入工作状态。一般的接待工作分为以下三个岗位。

1. 签到

设一张签字台，配上1~2名工作人员，如果要求接待档次比较高，则可以派礼仪小姐承担。签字台放有毛笔、钢笔和签到本。向客人递钢笔时，应脱下笔套，笔尖对自己，将笔双手递上。如果签到者用毛笔，则应蘸好墨汁后再递上。签到本应精致些，以便保存。如果需要发放资料，则应礼貌地用双手递上。接待人员应经常向会议组织者汇报到会人数。

2. 引座

签到后，会议接待人员应有礼貌地将与会者引入会场就座。对重要领导应先引入休息室，由企业领导亲自作陪，会议开始前几分钟再到主席台就座。

3. 接待

与会者坐下后，接待人员应递茶，或递上毛巾、水果，热情地向与会者解答各种问题，满足各种要求，提供尽可能周到的服务。

阅读资料2-5　　　　　　　　　**主席台颁奖**

将领奖人员安排靠前相对集中就座，便于组织领奖。

对礼仪小姐进行彩排。礼仪小姐从主席台一侧手捧奖品依次上台，前后两人距离相等，走到第一排主席台前，先自然转向台下，展示奖品，然后，转向主席台，将奖品交给发奖领导，自然转身，从另一侧离开主席台。

对领奖人员进行彩排。确定每批领奖人数。按照主席台上第一排所坐发奖领导的人数，确定每批上台领奖的人数，要注意领奖人数一般不要超过发奖领导人数，尽量避免一位领导同时颁发2个以上奖项，减少失误的可能。

将发奖人姓名与领奖人姓名一一对应排列打印，发到每一位领奖人员手中，让其记住自己走到哪位领导面前领奖。

正式上台领奖前,由礼仪小姐引导领奖人员走上主席台,走到对应的发奖领导面前后,所有领奖人先转向台下,约停顿5秒钟,然后向后转向主席台,面带微笑从对应的领导手中领奖,领奖后,再次向后转向台下,约停顿8秒钟,展示奖品,让摄影摄像记者摄影摄像。最后,从另一侧回到座位上。

二、会议中的服务礼仪

会议进行中的服务要做到稳重、大方、敏捷、及时。

1. 倒茶服务

服务人员注意观察每一位与会者,动作轻盈、快捷、规范。杯盖的内口不能接触桌面,手指不能按在杯口上,不能发生杯盖碰撞的声音。一般是左手拿背盖,右手将热开水准确倒入杯里,不能让茶水溅到桌面上或与会者身上。杯子放在与会者桌子右上面。如果因操作不慎出了差错,则应不动声色地尽快处理,不能惊动其他人,不能慌慌张张来回奔跑,将与会者的注意力引到自己身上,否则,这将是极大的工作失误。

2. 颁奖和引领等服务

其他服务会议按拟定的程序进行,应紧凑,不要出现冷场的局面。这就要求各个工作人员"严阵以待",做好各项准备工作。如,会议进行第一项:全体起立、奏国歌。这时音响应立即播放出国歌。又如,大会宣布颁发荣誉证书,组织人员应迅速安排受奖人员排好队,礼仪小姐把领导从主席座席上引出来,另有礼仪小姐将证书一一递上,由领导颁发给受奖者。为使会场上的活动有条不紊,必要时应将有关人员组织起来进行模拟训练,避免会场出现混乱。

如果与会者有电话或有人要相告特别重要的事,则服务人员应走到他身边轻声转告他。如果要通知主席台上的领导,则最好用字条传递通知,避免无关人员在台上频繁走动和耳语,分散与会者的注意力。

3. 做好会后服务的准备

会议进行中,就应为会后服务做好准备。如会后要照相,就应提前将场地、椅子等布置好,摄影师做好摄影的准备。另外,会后的用车也应在会议结束前妥善安排。

案例分享 2-2　　　　　　　　　**会议闭幕词**

女士们、先生们:

这一年一度的国际科学与和平周活动,经过几天的发言、讨论,针对发展自然科学和社会科学作为维护世界和平的工具而进行了交流。这种观念从未像今天这样具有如此的实际意义。大家都开始认识到没有一个国家是能够仅仅依靠自己站稳脚跟的。我们只有通过合作和交流,才能保证创造一个使我们的后代能够和平、安全生存下去的经济环境和技术环境。

国际科学与和平周集中体现了全球许多人在从事的日常活动,得到了广泛的支持,取得了光辉的成就,使大会圆满成功,我表示衷心的感谢,并希望我们在下一届大会再相会。谢谢大家!

阅读资料 2-8　　　　　**会议准备工作的注意事项**

在会议前的准备工作中，我们需要注意以下几方面。

When——会议开始时间、持续时间。你要告诉所有的参会人员，会议开始的时间和要进行多长时间。这样能够让参加会议的人员很好地安排自己的工作。

Where——会议地点确认。这是指会议在什么地点进行，要注意会议室的布局是不是适合这个会议的进行。

Who——会议出席人。会议有哪些人物来参加，公司这边谁来出席，是不是已经请到了适合外部的嘉宾来出席这个会议。

What——会议议题。就是要讨论哪些问题。

Others——接送服务、会议设备及资料、公司纪念品等。会议物品的准备，就是根据这次会议的类型、目的，需要哪些物品。比如纸、笔、笔记本、投影仪等，是不是需要用咖啡、小点心等。

三、会后服务

会议结束后，全部接待人员应分工明确地做好善后处理工作。

（1）组织活动会议结束后，有时还会安排一些活动。如联欢会、会餐、参观、照相等，这些工作很烦琐，应有一位领导统一指挥和协调，而且这位领导要有很强的组织能力才能胜任，同时其他接待人员要积极配合，各负其责，做好自己分担的工作，以保证活动计划的顺利实施。

（2）送别根据情况安排好与会者的交通工具，使其愉快、及时地踏上归程。

（3）清理会议文件：①根据保密原则，回收有关文件资料。②整理会议纪要。③新闻报道。④主卷归档。⑤会议总结。

职场案例

案例一：旅行社会议接待流程

一、会议资料准备

（1）会议资料：由主办单位提供，其中，文字资料由承办单位按会务组要求根据参会人数印刷。

（2）会议资料（主办单位提供）。

（3）领导发言稿（主办单位提供）。

（4）报到册、会议指南、会议日程、参会者到达消息。

（5）项目执行情况资料（主办单位提供）。

（6）展板所属图片（主办单位提供）。

（7）广告牌设计稿。

（8）欢迎布标、会议室布标。

（9）会议礼品（按参会人数准备）。

（10）会议代表证。

（11）会议用餐券。

二、设备及设施准备

（1）投影仪、多媒体电脑各一台。

(2) 广告牌按设计稿制作好，根据要求准备。
(3) 会议室一间（根据参会人数）。
(4) 车辆准备。
(5) 麦克风3个。
(6) 订制领导座次牌（名单由主办单位提供）。
(7) 会议形式：座谈及课桌形式。
(8) 照相机一台。
(9) 摄影机一台，由专业人员操作。

三、会前准备工作程序

(1) 根据会务组要求，代表报到前两天，会议室会场布置（或分组讨论）（会标、广告牌、灯光、音响、多媒体、投影仪、电源、桌椅、茶杯及服务员安排）按部落实到位。
(2) 据酒店提供的房况表，报到前两天与先到达的会务组人员协商确定会务组房间，选定领导、专家及主要代表入住的楼层、房间类型、房号、需要放置的水果种类及特殊安全保卫工作。
(3) 提前两天检查餐厅环境卫生、桌椅摆设、餐具的完好程度，再次落实菜单及服务到位情况。
(4) 提前两天完成会议所需的代表证、发放的资料、签到表、就餐卡、广告牌、商家展板及宣传设备的摆设位置、电源、灯光亮度、通道畅通等情况，会间摄影、摄像设备、人员的准备。
(5) 与酒店保安部组成会议安全组，在会议期间加强门卫、楼层巡查，杜绝安全隐患的发生。
(6) 在大堂、楼层、餐厅、会议室、电梯等处贴上会议指示箭头。

四、会议其他费用开支预算

(1) 代表证：1~3元/张。
(2) 广告牌：万通板，1米×2米板，17元/块；会议室主席台背景1.9米×5.7米，需用万通板6板；徽标、刻字按字数、尺寸、颜色收费，制作费为500元左右。
(3) 展板：根据主办方要求，由我方代办，费用按实际结算。
(4) 临时用车：别克商务车（900元/天）、瑞风商务车（700元/天）、桑塔纳（450元/天）、11座金杯车（500元/天）。
(5) 宴会标准（由贵公司订标准）。
(6) 水果。
(7) 纪念品。
(8) 资料打印、复印。
(9) 照相、摄像。
(10) 其他。

五、会场布置

(1) 布标。
(2) 按会议规定的摆放形式及要求布置好会场。
(3) 设立会务人员发放会议用品及文件。
(4) 确定会场摄影点和时间。

六、人员安排

(1) 根据会议人数需求安排会务接待小组，如住房登记员、财务人员、票务、考察咨询人员、引导人员（至房间、餐厅、电梯、会议室）。

（2）会议全程督导人员，负责落实会议室布置、茶水供应及服务。

（3）摄影组：根据会议需求，安排摄影人员。

（4）车辆小组：根据会议实到人数，落实车况好、驾驶技术好的配套车辆。此小组负责会议临时接待服务工作，如专家、领导临时出行，就餐、会见等活动的车辆。

（5）旅游接待小组：根据参加考察人数安排每车一位优秀导游，负责代表的服务。

（6）生活小组：此小组负责会议用餐的时间、人数及相关的一些服务，确保代表会议期间的生活服务。

七、发票的开具

在会议通知上注明由我方承办，会议期间我方根据代表需要，开具正式发票及酒店的住宿发票。

八、会议接站

（1）会议报到当天，安排全天候接站，机场设立两块醒目接站牌，一块设在正门出站口，一块设在提取行李出口处。火车站设一块醒目接站牌。

（2）人员及车辆安排：①人员：机场设1~2人（领导、专家除外）。②接站车辆：根据会务组要求派车。③领导、专家由会务组统一安排，根据航班、车次，派专人专车接送，需要送花、护照的提前安排，保证准确安全接待。

九、会议报到

（1）在酒店大堂设"报到处""收费处""考察咨询处""票务处"。

（2）报到登记时，填写姓名、单位、职务、身份证号码、通信地址、电话、收费金额、入住金额、入住天数、房间号、考察线路等。

（3）提醒代表贵重品免费寄存总台、保管好个人财物，耐心、细致地解说会议报到须知及有关事宜，及时妥善处理好代表要求。

（4）根据会务组要求传达通知、指示，准确发放会议资料、纪念品、餐券、考察乘车券。

（5）代表报到后，由行李员引导入住，同时办理行李寄存。

（6）当天打印会议通信录并与会务老师校对，及时发给代表。

（7）会务组24小时有专职会议，随时接待安排参会代表。

十、会议期间

（1）要求酒店落实叫早服务。

（2）准确统计用餐人数并安排代表用餐，及时解决会议期间临时发生的问题，确保会议正常进行。

（3）会议室布置情况落实。

（4）安排好旅游选种，落实返程机票、车票的登记。

（5）及时统计票务预订情况、考察人数、行程立即同旅行社计调反馈。

（6）与酒店财务人员协调好票据的开取。

（7）准备统计返程的人数、时间、日期，确定代表返程。

十一、会议考察

（1）考察期间为每位代表办理10万元的人身保险。

（2）考察的整个行程中，我方派人员全程陪同，确保考察顺利进行。

（3）要求每个环节的接待人员做到严格保密，确保代表的人身安全。

(4) 我中心承诺确保代表返程机票、车票，并根据返程时间及方向分批送行，确保顺利返程。

十二、会议结束工作

1. 会议结算

(1) 我方向会务给出书面报告，交会务组审核。并列出会议结算清单，包括此会议的实际人数、天数、实际用餐人数、用餐标准、考察人数及会议期间其他费用开支，我方承诺快捷、准确无误。

(2) 向会务组提供所需发票。

(3) 返还会务组附加的会议利润。

(4) 我方本着多年的办公经验，为会务组在各项费用开支中争取最大的利益。

2. 会议返程

(1) 我方根据代表返程机票、车票时间及方向，分批送站，我方承诺确保代表顺利返程。

(2) 我方可根据会务组需要派专人、专车，提供满意的送站服务，并向会务组赠送精美礼品。

(3) 我方向代表全面征求意见，了解此会议的满意程度，并向会务组反馈。

案例二：名山公司年度总结大会

名山公司要召开2003年度总结大会，作为大会工作人员的王琴主要负责会议文件材料工作。会前王琴进行会议筹备有关信息的搜集，为会议议题的确定及大会会议材料的形成做好准备。年度大会的工作报告非常重要，包括一定时期的工作总结、体会或者经验，对目前情况的分析和下一步工作的思路、要求及具体措施等内容。为此，王琴有针对性地广泛搜集一段时间以来各方面工作的进展情况。会议期间，王琴认真做好会议记录，力求会议记录准确、完整，忠实发言人的原意，并进行会议发言录音和录像。为了使会议信息尽快传递给与会者，她及时编写会议简报，使会议达到良好的效果。会后王琴认真编写会议纪要，作为与会代表贯彻执行的依据，推动会议精神的贯彻落实，她还搜集齐会议期间所有文件材料，及时整理有关会议文件，为会议文件的归档打下基础。王琴大会期间的表现赢得了大家的一致好评。

点评：会议信息流动和处理是否科学、务实、有效，直接影响会议的质量和效率，影响会议的实际效果。王琴的会议信息工作实际上是确保会议信息有效流动、实现会议目的的工作。

任务实施

活动程序：

(1) 以组为单位制定会议接待方案。

(2) 分组抽签决定分组实施：会前准备组、会中服务组、会后收尾组的会议接待。

(3) 每组汇报及模拟时间为5~10分钟。

活动内容：

(1) 如何制定会议接待方案？

(2) 如何确定会议议程？

具体实施：
（1）分组制定会议接待方案。
（2）分组角色扮演模拟会议接待工作。
讨论和总结：
（1）会议接待方案是否科学合理？
（2）会议议程是否规范？
（3）会议接待工作是否科学高效？
（4）教师进行点评，并做总结。

自主训练

青年旅行社有限公司将于 2016 年 2 月举行销售团队会议，研究销售工作下一季度的目标以及人员招聘、销售二部经理人选等问题，在会上，还将进行东部地区销售情况的总结、销售一部关于内部沟通问题的发言。
（1）公司公关部经理将工作落实给你，请制定一个会议议程表。
（2）销售团队会议因为有集团东部地区销售经理和代表参会，请制定一份会议接待方案。

任务评价

工作任务考核评价表

内容			评价		
学习目标		考评项目	自我评价	小组评价	教师评价
知识目标	应知应会 20%	如何制定会议接待方案			
		如何确定会议议程			
能力目标	专业能力 40%	任务方案			
		实施过程			
		完成情况			
	通用能力 30%	协作精神			
		角色认知			
		创新精神			
态度目标	工作态度 10%	工作纪律			
		有责任心			
教师、同学建议：			评价汇总： 优秀（90～100 分） 良好（70～89 分） 基本掌握（60～69 分）		
努力方向：					

工作任务四　宴请接待

【学习目标】

1. 知识目标
（1）掌握宴会形式。
（2）掌握宴请的桌位、座次排序。
（3）掌握宴请接待方案流程。

2. 能力目标
（1）能撰写宴会接待邀请函。
（2）能确定宴会形式。
（3）能制定宴会接待的方案。
（4）能接待不同规格、不同类型的宴会。

【任务导入】

某青年酒店要召开10周年庆典活动，公司决定让公关部来承担此项任务，具体负责编印酒店宣传册，召开庆典大会、新闻发布会、联欢晚会等。这期间，有一项重要的任务由酒店的公关部人员来协作完成，具体负责人为龚艳，负责活动期间所有的宴请接待安排。龚艳首先向庆典活动负责人要了一份庆典活动安排，然后根据活动的内容挑出那些需要宴请的项目，打印出一份清单，并提出了相关建议，提交给了公关部的经理，经理看完宴请清单，好好将龚艳表扬了一番，其中不乏"肯动脑子""工作认真""很有主动性、创造性"之类的评语，龚艳的积极性大增。根据邀请回执，她安排好了宴会席次、桌次，考虑到有少数民族代表出席，还专门审查了菜单，并察看了宴会大厅的面积、音响设备、贵宾休息室等。你认为龚艳宴请工作做得如何？如果你是龚艳，那么你会如何做？

【任务分析】

以旅游企业为背景，针对接待宴请客人的目的等多方面因素，公关人员要能够制定宴请接待方案，做好宴请接待工作的筹备工作，安排好宴请接待的程序，自如运用宴请接待的礼仪规范和技巧，树立企业的完美形象。

【知识链接】

宴请接待是旅游公共关系活动中最常见的形式之一，以国际交往、情感联络信息沟通为主要内容，是表示欢迎、答谢、祝贺、喜庆等而举行的隆重正式的餐饮活动，成为旅游企业树立形象，与公众进行直接沟通的重要手段。宴请接待是旅游企业公关人员的重要工作任务之一。特别是对外宾的宴请更要注意宴请形式，组织好宴请接待任务。

一、常见的几种宴请形式

宴请是国际交往中最常见的交际活动形式之一。国际上通用的宴请形式有宴会、招待会、茶会、工作进餐等。各国宴请又都有自己国家或民族的特点和习惯。采用何种形式进行宴请，主要是根据宴请活动的目的、邀请的对象、经费的开支等各种因素来决定的。以下仅介绍国际上通用的几种宴请形式。

（一）宴会

宴会是正餐出席者按主人安排的席位入座进餐，由服务员按专门设计的菜单依次上菜。宴会分为国宴、正式宴会、便宴几种。在一般情况下，多数正式的宴会安排在晚上举行。

1. 国宴

这是国家元首或政府首脑为国家的庆典，或为欢迎来访的外国国家元首、政府首脑而举行的一种正式宴会，其规格是各种宴会中最高的。举行国宴的宴会厅内要悬挂宾、主两国国旗，乐队要演奏两国国歌和席间乐，宴会过程中有致辞、祝酒。

2. 正式宴会

安排上与国宴大致相同，但不用悬挂国旗和演奏国歌，宴席的规格也不同。正式宴会也有讲究，出席者必须注意仪表。从宴会场地的布置，到使用的餐具、菜肴的设计和服务员的服饰等均有一定的规格和要求，正式宴会又分为中餐宴会和西餐宴会。

3. 便宴

又称非正式宴会。这种宴会形式简便，可不安排正式讲话，菜肴道数比正式宴会可酌减，气氛也较随便亲切。

（二）招待会

招待会是指一些不备正餐的宴请形式，备有食品饮料，一般不排固定的席位，宾主也不拘泥于形式。

1. 冷餐会

这种宴会举办的时间通常为中午12时至下午2时、下午5时至7时，适宜招待人数众多的宾客。其特点是不排席位，菜肴以冷食为主，餐桌上同时陈设各种餐具，供宾主随意自取。冷餐会举行的地点可视情况在室内或室外花园里，可不设座椅，站立用餐。也可设少量小桌、椅子供需要者使用。冷餐会上供应的酒水一般单独集中在一处，宾主既可以自己上前各取所需，也可由服务员用托盘送上。

2. 自助餐

自助餐和冷餐会大致是相同的，但是现代自助餐比较丰富，有时候有比较多的热菜，甚至有厨师当场煎炒。

3. 酒会

又称鸡尾酒会。这种招待会形式较为活泼。酒会主要有酒水，略备小吃，一般不设座椅，参加者可广泛随意交谈，而且到达和退席时间不受限制。

（三）茶会

茶会是一种简便的招待形式。茶会顾名思义是请客人品茶，因此要准备较为讲究的茶具和上乘的茶叶，着重照顾客人的需要。同时略备点心或风味小吃。茶会举行的时间一般在下午4时左右（亦有上午10时左右），不安排席位，入座时有意将主宾和主人安排坐到一起，他人随意就座。

（四）工作进餐

工作进餐可分为工作早餐、工作午餐、工作晚餐三种，这是现代国际交往中经常采用的一种非正式宴请形式，常因日程安排不开而采用这种形式。它省时简便，利于边吃边谈、交换意见。这种形式的宴请纯属工作性质，为此，此类活动只请与工作有关的人员，不请配偶。如果是双边工作餐则可利用长桌排座位，以便对等交谈，其座位排法与会谈席位安排相似。宴请的菜肴、酒水的程度从简，甚至采用快餐或配餐的形式。

当前无论是国际还是国内，礼宾招待宴请工作都在简化，宴请的范围趋向缩小，形式更为简便，更注重实际效率和成果，比如用酒、冷餐会代替宴会等。

二、宴请活动的组织

（一）宴请的确定

宴请目的不尽相同，可为某件事，也可为某个人，在国际交往中，还根据需要举办一些日常的宴请。

确定以谁的名义邀请和邀请对象的主要依据是主、宾双方的身份应该对等。我国大型正式活动常以个人名义发出邀请，日常交往的小型宴请可根据具体情况以个人名义或夫妇名义出面发出邀请。

邀请范围要从宴请的性质、主宾身份、国际惯例、双方关系及当前的政治气候等方面加以考虑，如邀请哪方面人士、什么级别请多少人、主办方多少人作陪等。

宴请采取何种形式主要取决于惯例。正式的、高级别的、小范围的以举行宴会为宜，人数多适宜采用冷餐会或酒会，妇女界多采用茶会形式。

宴请的时间安排应考虑定在主宾双方都认为方便适宜的时候。在对方已有重要活动安排或当地风俗习惯的节日时，应主动回避。

宴请地点的选择是根据邀请的对象、活动的性质、规模大小及形式等因素来决定的，官方正式隆重的宴会安排在政府、议会大厦或酒店大厅内举行，小型宴会多安排在当地知名酒店的宴会厅。

（二）邀请

各种宴请应发出请柬或邀请卡诚邀宾客。既是礼貌，也是对来宾的提醒备忘。便宴确定后可不发请柬，工作进餐一般不发请柬。

请柬或邀请卡应提前至少三天或一周发出，以便被邀请人及早安排。经口头约妥的活动，应补送请柬。请柬或邀请卡分为两种：

一是酒会、茶会的请柬或邀请卡。这种宴请只碰面，且仅备点心或小吃，应写明的内容包括邀请事由、日期、时间、活动项目、主要请了什么人，为表诚意可加上"如蒙造访，深感荣幸"之类的字样。

二是宴会的请柬或邀请卡。写在上面的内容包括：宴会的性质、目的；邀请的贵宾有哪些人；日期、时间（具体到几点几分）；地点（要具体写明某酒店某厅）；恳切希望对方能准时光临。

请柬行文一般不用标点符号，文中的单位名、节日名、人名等须用全称。中、外文本的请柬格式与行文形式有所不同，应加以区别，按不同语言的习惯正确使用。

只是起到提醒作用而不必回复的请柬，只要在请柬的右上方或左下方注上"To Remind"（备忘）的字样。需要排座位的宴请活动，为确切掌握出席的情况，往往要求被邀请请者答复能否出席，因而在请柬上注上"R. S. V. P"（请答复）的字样。

案例分享 2-3　　　　　　　　**邀请函范例**

××小姐/先生：

仰首是春，俯首成秋，××公司又迎来了它的第×个新年。我们深知在发展的道路上离不开您的合作与支持，我们取得的成绩中有您的辛勤工作。久久联合，岁岁相长。作为一家成熟专业的××公司，我们珍惜您的选择，我们愿意与您一起分享对新年的喜悦与期盼。故在此邀请您参加××公司举办的新年酒会，与您共话友情、展望将来。如蒙应允，不胜欣喜。

地点：××××

时间：××××

（三）制定菜单

宴请菜谱要根据宴请规格，在规定的预算标准内安排，应遵循以下五条原则。

1. 选菜要考虑来宾

为使来宾对菜肴满意，宴会前酒店应与宴会的主人商量菜单，改变菜单应在宴会前而不是在宴会中。

2. 搭配合理

包括荤素搭配、营养构成搭配、时令菜与传统菜肴的搭配及菜点与酒品饮料的搭配，力求合理，照顾到各方面。

3. 营养平衡

以西餐为例，若主菜是鱼，前面就不宜是扇贝类；奶油浓汤后，不宜用奶油淋子鸡。

4. 量力而行

"力"包括经费开支、财力和切配、烹饪、服务的技术力量等。菜谱一经确定，即可印制。菜谱一桌备2至3份，至少1份，讲究的人手一份。菜肴不要以名贵取胜，要以精致、干净、卫生、可口取胜。

5. 尊重风俗习惯

世界各国、各地的来宾都有本民族、本地的风俗，在宴会预订时，应向来宾了解清楚，并在预订单上注明，以免产生不必要的误解与纠纷。

（四）宴请的桌次安排

按国际习惯，桌次高低以离主桌位置远近而定，也遵循主桌居中、右高左低的原则，称为"近高远低，右高左低"。主桌应安排在餐厅的重要位置，以面门、面南为好。桌次多时要摆桌次牌，这样既可方便宾、主，也有利于管理。宴会可用圆桌，也可用长桌或方桌。一桌以上的宴会，桌子之间的距离要适当，各座位之间也要距离相等。团体宴请中，宴桌排列一般以居中、最前面的桌子为主桌。

案例分享 2-4　　　　　　　　**尴尬场面**

天地公司年底为表示对客户的谢意，召开了客户联谊会，会后共进晚餐。负责接待工作的秘书钟苗根据上司的指示和宴会惯例，安排桌次座位。这次宴会共设3桌，餐厅正面靠墙为主桌，编1号桌，靠入口处为2、3号桌，摆成三角形，突出主桌。重要客户在主桌。为方便来宾入席，钟苗特意做了座位名签，并摆在桌上。但由于这次联谊会时间紧，与会人员名单确定得晚，钟苗在抄写时漏了应安排在主桌的一位重要客户，结果致使该客户入席时找不到座位，出现了十分尴尬的场面。

（五）宴请的座位安排

凡正式宴会，一般均排座位，也可只排部分来宾的座位，其他人只排桌次或自由入座。无论采用哪种做法，都要在入席前通知每位出席者，使大家心中有数，现场要有人引导。

大型宴会最好先安排座位，以免混乱。席位高低以离主人的座位远近而定。礼宾次序是安排座位的主要依据。按外国习惯，主桌上男女穿插安排，以女主人为准，主宾在女主人的右上方，主宾夫人在男主人的右上方。我国习惯按个人本身职务排列，以便交谈。如夫人出席，通常把女方安排在一起，即主宾坐在男主人的右上方，其夫人坐在女主人的右上方。两桌以上的宴会，其他各桌第一主人的位置一般与主人桌上的位置相同。

具体安排席位时还需考虑其他因素。多边活动需注意来宾之间的关系或政治关系，政见分歧大两国关系紧张者，尽量避免安排在一起。适当照顾各种实际情况。身份大体相同、使用同一语言或从事同一专业者可安排在一起。译员一般安排在主宾右侧。许多国家，译员不上席，为便于交谈，译员坐在主人和主宾的背后。

正式宴会，席位排妥后着手写座位卡。比如，由我方举行的宴会，中文写在上面，外文写在下面。座位卡上的字形要工整，字体宜大些，以便辨认。

（六）现场布置

宴会现场布置由宴会的性质和形式决定。官方的正式宴会布置应该严肃、庄严、大方，可以少量点缀鲜花、刻花。酒会现场布置可以多些装饰，让气氛轻松浪漫。

冷餐会的桌台用长方桌，通常靠四周陈设，也可根据宴会厅场地情况摆在房中间。如坐下用餐，可摆四五人一桌的方桌或小圆桌，座位要略多于全体来宾数，以便来宾自由就座。

酒会一般摆放小圆桌或茶几，以便放花瓶、牙签盅、一盘小毛巾、烟缸、干果、小吃等；四周也可放一些椅子，供妇女和年老体弱者就座。

阅读资料2-7　**宴会接待就餐席间礼仪**

就餐席间的礼仪包括入座礼仪、进餐礼仪和离席礼仪。入座礼仪指先请客人入座上席，再请长者入座客人旁，然后其他人依次入座。入座时，要从椅子左边进入，坐下以后要端正身子，不要低头，使餐桌与身体的距离保持为10~20厘米。入座后不要动筷子，更不要弄出什么响声。先请客人、长者动筷子。喝汤时不要发出声响，用汤匙小口小口地喝，汤太热的话，等凉了以后再喝，不要一边吹一边喝。当上菜时，应让客方先品尝，以表示对他们的尊重和重视。就餐时要适时地抽空和左右的人聊几句风趣的话，以调和气氛。就餐时不宜接听电话，如果必须接听，则要离席到门外接听。不要在餐桌上剔牙，如果要剔牙，则要用餐巾挡住自己的嘴巴。离席礼仪指当主人正式宣布宴会结束时，客人才能离席。首先应是主人和主宾离席，离席时应向主人方表示感谢。

（七）宴会接待的一般程序

宴会接待程序一般可分为迎宾、入座、致辞、席间主持、宴会结束几个阶段。恭候宾客就是在宴请开始前，主办方接待人员应在门口迎候来宾。客人抵达后，宾主相互握手问候，随即由工作人员将客人引进休息厅或直接进入宴会厅，由专人接待。引导入座是指先把非主桌上的宾客引入宴会厅就座后，再领主宾进入宴会厅。主宾入座时，全体客人起立，鼓掌欢迎。如发现有坐错位置的客人，若无大碍，则一般将错就错、不做更正。必须调整时，应讲究方法，不可伤害客人的自尊心。致辞敬酒指在宴会开始时，主人先致祝酒词。致辞时可以在主桌旁起立讲话，也可以到布置好的讲台上讲话，时间要短。席间主持指宴会的气氛主要体现为席间的感情交流。宾主可以举杯互致敬意。在席间忌谈政治评论、单位内情、他人隐私。

宴会时间一般为1~2小时，不宜过长或过短。宴会快结束时，应及时送上水果，示意宴会即将结束，接着主人将客人送至门口，热情话别。

职场案例

案例一：青年旅行社集团公司10周年庆典宴请接待方案

伴随青年旅行社集团公司逐年稳健的发展和成长，其品牌在行业中的地位日益突出，成为地区旅行社行业的领军企业之一。2012年7月16日正逢集团成立10周年之际，同时为感谢相关领导和客户朋友们的长期支持与厚爱，经过公司全体人员共同努力，举行隆重的庆典，庆祝过去十年取得令人瞩目的成绩。

一、活动的名义及形式

以集团的名义邀请各界朋友参加十周年庆典，本次庆典主要以晚宴为主。

二、活动的地点及时间

地点：昆明船舶酒店。

时间：2012年7月16日。

三、宴请嘉宾

市领导、相关部门领导、集团领导、本集团的合作伙伴、集团的客户、社会新闻媒体、集团内部所有员工。

姓名	单位	职务	联系电话
××	××	××	××
××	××	××	××

四、活动的邀请函

邀请函

尊敬的_____小姐/先生：

  仰首是春，俯首成秋。青年旅行社集团公司迎来了十周年庆祝大典，我们深知在发展的道路上离不开您的合作与支持，我们取得的成绩中有您的辛勤工作，为答谢您长期以来的支持与关心，我们特于2012年7月16日在昆明船舶酒店举行"青年旅行社集团十周年庆典活动"。我们希望与您一起分享这份喜悦，期待您的光临。

  请届时出席！

青年旅行社集团公司
2012年7月6日

五、菜单

冷菜：凉拌五彩丝、精致七围碟、玉米沙拉。

热菜：雪蛤烩鱼翅、大红乳猪拼盘、鱼香焗龙虾、香煎银鳕鱼、一品香妃鸡、生炒四季时蔬、酱炒白灵菇。

汤：珍珠翡翠南瓜羹、虫草花炖水鸭。

主食：八宝饭、小煎包。

其他：甜品、小吃、水果拼盘。

六、桌次及席位的安排

本次宴会应安排50桌，每桌10~12人。其安排桌次的具体原则是：①以远为上。当餐桌距离餐厅正门有远近之分时，以距门远者为上。②居中为上。多张餐桌并列时，以居于中央者为上。

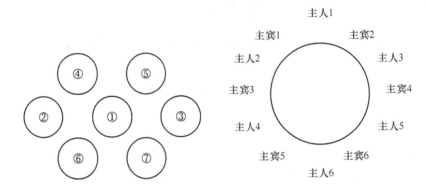

排列席次的原则是：①面门为上。即主人面对餐厅正门。有多位主人时，双方可交叉排列，离主位越近地位越尊。②主宾居右。即主宾在主位（第一主位）右侧。③好事成双。即每张餐桌人数为双数，吉庆宴会尤其如此。④各桌同向。即每张餐桌的排位均大体相似。⑤主人方面的陪同人员，尽可能与客人相互交叉，便于交谈，更可能避免自己人坐在一起，冷落客人。⑥若是需要安排翻译，则译员安排在主宾右侧。

七、宴会接待的准备工作

（1）了解掌握情况。宴会前应了解客人的风俗习惯、生活忌讳和特殊需要，对外国客人，还应了解国籍、宗教信仰、禁忌和口味特点，还应掌握宴会的目的和性质、宴会的正式名称、有无主办者的特别要求。

（2）进行宴会厅的布置。首先应安排充足的人力，保证宴会的服务质量。

根据宴会的性质、规格和标准进行布置，要体现出隆重、热烈、美观、大方。主席台的布置要能体现宴会的性质，增加热烈喜庆、隆重盛大的气氛。根据预定情况进行摆台，按标准的摆台方法进行摆台，要求餐具干净、无破损，餐桌和转盘干净光亮，无指纹、油迹，专心转动自如、口布必须统一、无破损。还要备好餐具和物品，物品必须齐全，要将各类餐具摆放在规定的位置上。

（3）认真审阅宴会菜单，拟定宴会服务的组织方案和具体服务措施。

（4）控制宴会的进度，确定好各道菜肴之间时间应该在3分钟左右，检查服务是否按规范的程序进行，发现不规范之处立即纠正。

（5）确定各服务区域的负责人和负责贵宾席、主宾席的服务人员及其他各个岗位人员的名单。

(6)安排好迎宾。①要求迎接宾客时,站在宴会厅大门口恭迎客人,多台宴会应按指定位置站立。②客到时,应笑脸迎宾,使用服务敬语问候宾客。③指引宾客到指定位置就座,主动拉椅请客人入座,向客人介绍酒吧上各类摆设饮料或送上香茶等。

(7)设置好正式的签到处。安排4~6个礼仪小姐协助签到,签到后引导嘉宾进入休息室。

(8)安排好服装上的问题。区别工作人员、服务人员以及嘉宾的服装,能让宾客需要服务时准确地找到服务人员。

案例二:一次特别的宴请

有一个知名的驾校,想和奔驰公司合作。驾校原来的设想是请奔驰公司的副总裁到驾校考察,考察完参观,之后谈判、签约,最后到北京宴吃饭。但是中途谈判不顺利,也没有完成签约。但饭还要吃,他们就来到了北京宴。当时一进门,那个外宾就很惊喜。因为餐桌的沙盘上布置了丰顺驾校和奔驰汽车的标志,中间还有一个握手图案,代表着两家公司合作成功。另外,电视屏幕上用中文和德文写着"热烈欢迎梅赛德斯高级副总裁莅临考察指导",电视机两旁放着两国国旗。令人最难以置信的是,北京宴的人在相框里摆上了那位副总裁的照片,从大学时期到就职于奔驰公司,每个阶段都有一张代表照片,最后一张是他刚刚在丰顺驾校参观时的照片。当他看到这一切,感受到了丰顺驾校的用心,就对丰顺驾校的老板说:"你们太用心了,我决定和你们合作。"就这样,在谈判桌上没能谈成的合作,在北京宴的餐桌上谈成了,也因此成就了一段佳话。

(资料来源:http://www.sohu.com/a/125908452_149112)

任务实施

活动程序:
(1)阅读知识链接。
(2)分组撰写宴请接待方案。
(3)模拟宴请中的接待方案。

活动内容:
(1)把握宴请形式。
(2)会写宴会邀请函。
(3)掌握宴会的席次和座次安排。

具体实施:
(1)各组完成宴请接待方案的撰写。
(2)分组模拟在宴会中的接待。

讨论和总结:
(1)脚本设计是否科学、合理?
(2)宴请接待方案是否全面、规范?
(3)是否注意宴请接待中的注意事项?
(4)教师进行点评,并做总结。

自主训练

某旅游协会要接待旅游教育行业分会的年会，其间要举办大型的分会年会宴会，如果这个任务交给你的团队去做，那么请你们设计一个宴请活动的接待方案。

（1）宴请接待要做哪些准备工作？
（2）在接待过程中要注意哪些细节？
（3）活动结束后应该做些什么？

任务评价

工作任务考核评价表

内容			评价		
学习目标		考评项目	自我评价	小组评价	教师评价
知识目标	应知应会20%	宴会的形式、席次和座次			
		撰写宴请接待方案			
能力目标	专业能力40%	任务方案			
		实施过程			
		完成情况			
	通用能力30%	协作精神			
		角色认知			
		创新精神			
态度目标	工作态度10%	工作纪律			
		有责任心			
教师、同学建议：			评价汇总： 优秀（90~100分） 良好（70~89分） 基本掌握（60~69分）		
努力方向：					

项目三

旅游公众的沟通与协调

技能目标

旅游企业的公关活动具有明确的指向性，它要求公关工作要围绕一定的对象来开展。其工作对象不仅有政府部门，还有其他企业组织、社区居民、旅游企业内部员工，甚至还有竞争对手。这些组织或个人是旅游企业赖以生存和发展的基础，没有他们，旅游企业公共关系就成了无源之水、无本之木。本项目通过正确认识旅游公共关系的主体和客体，了解他们的特点、心理和需求，并通过有效的沟通与之建立良好的关系，以营造有利于企业发展的内部和外部环境，为实现旅游企业的发展目标而奠定良好的基础。

工作任务一　内部公众关系沟通与协调

【学习目标】

1. 知识目标

（1）了解旅游公共关系协调的含义以及旅游公共关系公众的划分。
（2）熟悉内部公众沟通协调的范围及沟通形式。
（3）掌握员工、股东、部门关系沟通与协调的方法。

2. 能力目标

（1）能用公众分类准确辨识判断内外部公众。
（2）能够组织召开沟通协调会。
（3）能够恰当地使用沟通技巧与内部公众沟通。

【任务导入】

某青年酒店近期由于内部员工与实习生之间矛盾频繁出现，导致该酒店的员工在工作中情绪不佳，影响了对客人的服务效果。酒店决定召开一次内部员工与实习生之间的关系协调会，如果你是该酒店的公关经理，那么你该如何协调双方的关系？如果你是学校的管理人员，那么你该如何与酒店沟通？

【任务分析】

以当地的酒店为背景，协调员工之间的关系。实习生在实习期间，也是酒店的员工，作为一名新员工，如何与老员工沟通？酒店如何协调新老员工之间的矛盾？学校的管理人员如何与酒店沟通？

【知识链接】

公共关系的协调是指建立和保持企业与各类公众的双向沟通，向公众传播企业信息，争取理解和支持，强化与公众关系的职能。公共关系的协调要在沟通的基础上，经过调整，以达到组织与公众互惠互利的和谐发展。旅游公共关系致力于为旅游企业创造和谐的环境，协调企业内部关系及内部和外部之间的关系，即内部公众与外部公众的和谐，以促进旅游企业目标的实现和可持续发展。内部公众一般包括员工和股东，他们与旅游企业有最直接、最密切的利益关系，与旅游企业同呼吸共命运，是旅游公共关系的重要目标公众。外部公众主要是指与旅游企业有着较紧密联系和较重要利益关系的社会群体。它们应该是：主要顾客群、合作者、社区、新闻媒体机构、政府机关和竞争对手等。他们也是旅游公共关系的重要目标公众。在现代社会里，能否正确处理好与这些外部公众的关系，是衡量一个组织机构素质的重要标准之一，也是旅游企业能否取得成功的重要条件。

内部公众是指旅游企业内部沟通、传播的对象，即全体员工和股东构成的公众群体。内部公众既是内部公共关系工作的对象，又是内部公共关系的主体，是与组织自身相关性最强的一类公众对象。加强与内部公众的沟通，实现内部团结的目的，可以有效增强企业组织成员的主体意识和形象意识。

一、员工关系的沟通与协调

（一）员工关系的重要性

员工关系是旅游企业最重要的内部公共关系。良好的公共关系应从内部做起，而良好的员工关系是整个旅游企业公共关系工作的起点。

员工是与企业组织发生紧密联系而最接近的公众，他们是企业赖以存活的细胞，与旅游企业的目标和利益关系最密切。旅游企业的一切方针、政策、计划、措施，包括其价值观和整体形象先要得到员工的认同，才有可能出现"人心齐、泰山移"的效果。另外，员工处于公共关系的第一线，企业组织的整体形象必须通过他们在各自工作岗位上的良好行为表现出来。如饭店的门童、前台服务员、餐厅服务员等，都直接与客人打交道，是饭店无形的公关人员，他们的一言一行都代表着组织形象，对提高饭店的知名度和美誉度起着重要的作用。

（二）员工关系的沟通与协调的方法

1. 满足员工的物质需要

这是调动员工积极性、维持劳动热情的基本保证。旅游企业要通过工资、奖金、福利、保险等，满足员工在衣、食、住、行、安全等方面的基本物质需要。公关部应通过内部信息交流，随时了解员工的各种物质需求并及时反馈给决策层，对员工正当合理的物质需要，力求迅速解决。消除员工的误会，变消极情绪为工作热情。

2. 满足员工的精神需要

这是发掘劳动潜能、调动员工积极性的重要手段。希望获得尊重和实现自我价值是每个正常人的心理需求，因此，精神激励尤为重要，它是物质激励的有效补充。

首先，要尊重、信任员工，人力资源是旅游企业最宝贵的财富，企业管理者必须重视每个员工。企业是一个系统，每个部门、每个岗位都是企业系统中的子系统，而每个岗位上的员工又是子系统中的一个要素。企业管理者对每个员工要时时表现出上级的关心，不能对员工歧视或随意摆布，同时，企业管理者要重视对员工的激励，对员工取得的每一点成绩和进步都应给予及时、充分的肯定，予以表扬或奖励，要大力宣传员工的成绩，树立先进典型。

其次，要重视信息的双向沟通。内部公关要充分利用信息的双向沟通，以使企业的管理者与员工达成相互理解。信息共享是形成内部良好公共关系的关键，如果员工对企业的情况特别是对与员工切身利益相关的情况不了解，高层管理者对员工的情绪、意见、要求、建议全然不知或一知半解，就必然会形成管理者与员工之间的隔阂。处理好内部公共关系就一定要做好信息的双向沟通，这就是我们常说的"上情下达"和"下情上达"。在注意保密的前提下，企业应通过各种传播形式，如企业杂志、小报、板报、宣传橱窗、传播媒介等，让员工及时了解企业的经营销售业绩、服务质量状况、管理层人事变动、奖金福利政策、客人及外界对企业的评价等情况。了解是理解和谅解的基础，员工只有充分了解了企业的情况，才能与企业同呼吸共命运。此外，企业也需将员工的情绪、意见、愿望、要求以及合理化的建议等及时归纳综合，反映给最高管理层或有关部门，以作为管理者决策的依据。这样既体现了管理者的民主作风，也有利于提高员工参与企业管理的积极性。

再次，要加强企业与员工的情感交流。情感因素是形成良好员工情绪和气氛、形成和谐人际关系的条件，为了满足员工在情感方面的需要，企业管理者需想方设法促进员工之间、员工和管理者之间的情感交流。可利用员工俱乐部的形式，让员工在业余时间参加活动，加深彼此间的相互了解。还可适当组织一些集体娱乐活动，如郊游、运动会、联欢会等，为员工提供活跃业余生活和交流情感的机会。企业管理者应以一个普通员工的身份积极参与集体活动，这无形中就架起了领导与员工感情交流的桥，使员工感觉到企业领导的平易近人，也使企业领导能及时了解普通员工的情绪与各种意见和建议。

最后，要加强旅游企业文化建设，树立旅游企业精神。所谓企业文化，就是旅游企业根据自己的特点，为达到一个共同认可的目标，为企业生存和发展树立的一种精神。企业文化的内涵很丰富，它包括企业的发展史、目标、传统和风格、精神和信念、经营和管理理念、行为规范、职业意识和职业道德等，建立企业文化，树立企业精神，是培养员工认同感、归属感的重要途径。企业精神与文化塑造员工的个性、满足员工的心理需要、激发员工的自豪感和责任心，具有潜移默化的作用。

阅读资料 3—1

处理员工有"八个不要"

（1）不要让情绪主导。管理人通常在情绪激动时批评和责骂员工，这是没有意义的。如果能够适当调整一下情绪，再对员工训斥，效果则会更加理想。

（2）不要拖延处理。管理人得悉问题后，应先冷静下来，然后直接告诉员工问题的所在。快速处理纪律问题是很重要的。

（3）不要只说"有问题"。管理人处理纪律问题，应直接指出症结所在，让员工知道他应该要改善的地方。只说"你有问题"对员工没有实际的帮助。

（4）不要用电话处理问题。请安排时间，与你的员工面对面讨论他的问题，让他知道你是十分重视的，你会发现这些时间是值得投资的。

（5）不要"一步登天"。没有一个人可以在短时间内，除掉十个坏习惯。让员工专注一至两个方面进行改善，会收到比较良好的效果。

（6）不要偏私。正如你要求你的上司赏罚分明，你的下属同样要求你不要偏私自任。

（7）不要歧视。不要拿员工的个人情况来针对他，应该就事论事。

（8）不要将自己"神"化。"金无足赤、人无完人"，领导也是普通人，也会犯错，也有恶习。在你批评员工的时候，请尽量以帮助他解决问题的姿态，详细与他讨论，不要把自己的意见强加给他。

（资料来源：中国人力资源网）

二、股东关系的沟通与协调

（一）认识股东

股东即投资者，股东关系是旅游企业与投资者的关系。

在资本主义企业中，股东关系是一种常见的公共关系。第二次世界大战后经济迅速发展，企业急需资金用于发展生产，面对广大中产阶级的经济能力已由消费型转为投资型，正在持币寻找投资方向。随着资本市场的发展，掌握企业股权的不再是少数富人，而是逐渐形成了一支由中产阶级为主的阵营强大的股东队伍，他们持有企业的股权，分享企业的利润。

我国改革开放以来，随着经济体制改革的不断深入，外资、合资旅游企业逐渐增多，一些国有企业也开始转换经营机制，实行股份制，各类经济成分的旅游企业将顺应市场经济发展的客观需要，具有强大的生命力，是旅游企业今后发展的重要方向。因此，要妥善处理好股东关系，已成为我国旅游企业公共关系的一项重要职责。

（二）建立良好股东关系的目的

建立良好股东关系的目的，在于通过加强旅游企业与股东之间信息的双向沟通，争取现有股东和潜在投资者对企业的了解和信任，创造有利的投资环境，稳定已有的股东队伍，吸引新的投资者，不断扩大企业的财源。

（三）股东关系的沟通与协调的方法

建立良好股东关系的关键在于企业要尊重股东的权力，及时与其沟通信息。股东关心企业的经营成果和发展目标，因此企业应将信息以最快的速度传达给每一位股东，使他们优先获悉企业的新动态，从心理上满足股东的"特权意识"。与股东沟通信息的具体方式多种多样，主要有以下六种。

1. 每年定期举行股东大会

提供图文并茂、数据准确的年度经营报告，并由企业总经理向董事会、股东会（或股东大会）汇报企业目前的经营情况及下阶段的经营方针和发展计划，争取股东的理解与支持。

2. 编制股东公共关系刊物

使股东随时了解企业的资金运转情况和经营状况，以及人事变更的缘由。

3. 举办股东座谈会

征询股东对企业经营管理的意见与建议，增加透明度，让股东参与企业大方针的决策，充分调动股东的主人翁责任感。

4. 通过信函与各类股东保持联系

不断向股东传达企业信息，增强企业与股东间的凝聚力。

5. 适当组织一些联谊活动

邀请股东参观企业，通过交流思想、联络感情，使企业与股东之间形成一种情感纽带。

6. 发挥股东作为企业主人的作用

股东与企业之间的关系，不是一种单纯的金融关系。从公关的角度来看，不应将股东关系仅仅当作财务关系来对待，而应将他们视为企业的主人，是企业的内部公众和最可靠的顾客群。企业应争取股东为企业经营决策出谋划策，激励和吸引股东参加企业的各种活动。股东生活在社会各阶层，他们消息灵通、各有所长，企业应利用股东的社会关系来扩大企业的知名度与美誉度，争取扩大客源，提高社会效益和经济效益。

阅读资料3-2　　　　　　　　**股东们最关心什么**

作为一个投资者，股东最关心的问题就是收益的最大化和风险的最小化，也即其资产的保值、增值。为了保证自己的利益不受侵害，他们一方面要行使自己的法定权利，另一方面要充分了解组织的相关情况。由于在现代企业制度下所有权和经营权分离，股东并不直接管理企业，因此，他们希望更多地了解组织的有关情况。根据国外公共关系专家的调查，股东们最想知道的是以下几个方面的情况：组织的经营管理情况和盈利情况、组织的产品或服务范围、组织的业务拓展状况、组织在同行业中的地位、组织的综合实力和发展前景。

（资料来源：窦红平. 公共关系实用教程［M］. 北京：北京邮电大学出版社，2012.）

三、部门关系的沟通与协调

处理好企业内部各职能部门之间的关系是企业内部公共关系关注的重要课题之一。企业部门关系是否协调，直接关系到企业经营管理水平的高低。因此，公关部门要通过各种方法和措施，对影响部门协调的因素进行调节与控制，使其在服务工作、服务时间、服务意识上能相互和谐一致，默契合作，顺利而有效地如期完成任务。

（一）影响部门协调的因素

1. 工作性质影响部门协调

旅游企业工作十分烦琐复杂，使各部门的工作具有专业性的分工，各部门在业务经营上有不同的目的、任务与作用，不同的服务时间与过程，从而会影响部门之间的协调。

虽然各部门有各自的目的和任务，但部门目标的实现不等于企业整体目标的实现，往往有的部门在竭力实现本部门目标时对其他部门毫不顾及，影响到其他部门甚至企业整体目标的顺利实现。

2. 组织结构影响部门协调

企业各个部门是企业的中层组织，这样的组织结构本身对各部门之间关系的协调有至关重要的影响。

首先，各部门机构独立，容易产生各自为政、无须连接的弊端，使部门之间产生隔阂，难以取得默契配合。

其次，如果部门之间职责不清、权限不明、利益不均，就会影响到它们的关系协调。职责不清往往是不充分履行义务和推卸责任的借口；权限不明会直接影响到职责的履行；利益不均容易产生部门之间的对立情绪。这可能是组织机构设置时的问题，也可能是机构运行时逐渐产生的问题，还可能是二者兼而有之。

最后，部门自身内部的不协调、调整部门或增设新的部门，都会给部门之间的协调带来影响。

3. 部门内部人际关系的协调对部门之间的协调具有很大的影响

由于部门员工的经历不同、所处环境各异以及受教育程度的差别等，他们各有自己的观念，对具体事情会持不同的意见。若不正确对待，则往往会各持一端，互不相让，从而影响工作上的配合。

个人或集体之间的利益冲突，部门成员为各自利益或部门的利益形成局部冲突，直接影响部门之间和谐一致的工作。

非正式组织的存在既有积极作用，又有消极作用，它的消极作用会影响部门之间的互相支持配合。

4. 来自管理本身的因素对部门协调有着直接的影响

信息系统不灵敏，将使各部门之间信息沟通不畅。信息就是生命，企业信息系统呆滞，信息不灵通，势必影响部门之间的紧密合作。

规章制度不完善，或有完善的制度而没有认真地实施，即使部门之间发生分歧，无章可循、无规可依，或有章不循、有规不依。

上层管理者调节控制的方法不当、措施不力，会导致执行中不能协调共进。

（二）旅游企业部门关系协调的方法

部门协调的目的在于充分发挥各部门的潜力，使旅游企业更具有活力，更富有应变力，从而为提高企业的服务质量与经济效益提供可靠的保证。部门协调所要采取的措施很多，这里仅从公共关系的角度突出强调以下四点。

1. 确定旅游企业的总目标

各部门之间是否协调，关系到能否实现旅游企业的总目标；反过来，只有让中层管理者和其他员工都深刻地认识到企业的总目标，才能协调好部门之间的关系，使各部门自觉地为之努力，并且将员工的个人目标融入其中，使其成为企业紧密团结的凝聚力与不断前进的动力。

2. 建立以公共关系部为中心的信息系统

公共关系部要采用内部刊物、员工手册、黑板报、照片宣传栏、闭路电视、内部广播系统以及会议、座谈、文娱活动等沟通手段，及时向企业各职能部门传递有关信息，保证经营、服务规格的协调一致，促进管理，提高企业的总体管理水平。

3. 增进了解，制造融洽气氛

利用各种渠道、各种形式，增进管理者之间、员工之间、管理者与员工之间的相互了解，创造和谐融洽的工作环境与气氛，可利用的沟通方法如节日联欢、茶话会、组织旅游活动和文娱体育活动等。同时，要重视旅游企业内非正式组织的作用，扬其长、避其短，使其为部门协调服务。

4. 健全企业的规章制度

明确各部门各岗位的职责、权限和利益,以避免由于职责不清、权限不明、利益不均而引起的摩擦、纠纷与冲突。要制定和完善服务规程,使企业服务规范化、系列化、系统化,使各部门在服务内容、服务时间、服务过程中相互协调,使各个服务环节有序地协调进行,形成完整的服务体系。

职场案例

案例一:"喜达屋关爱"

"喜达屋关爱"是喜达屋酒店集团于2001年推出的服务理念,"喜达屋关爱"就是关爱生意、关爱客人、关爱同事、关爱社区。酒店认为没有满意的员工就没有满意的顾客,没有满意的顾客就没有满意的效益,没有满意的效益就没有满意的员工。酒店正是在这条价值链的循环中实现运营的。"四个关爱"中,员工关爱是顾客满意、生意兴隆的起点。酒店会定期举办员工生日会,定期组织员工外出旅游,组织员工参与各种业余活动,如球队等,让员工感受到酒店的关爱。在员工受到酒店关爱的基础上,酒店也鼓励员工关爱顾客、关爱同事,每个月酒店都会评选出关爱之星,以此促进酒店服务质量的提高。员工的职业生涯计划也是"喜达屋关爱"的重要组成部分,酒店为每一位员工准备了喜达屋明星服务四大标准培训,支持员工到其他部门进行工作学习,鼓励员工寻找合适的晋升机会,为具有潜力的员工提供异地、异国的管理培训,让员工不断超越自我,获取职业生涯的发展。"喜达屋关爱"的力量将全世界的喜达屋酒店凝聚起来,并自始至终保持着强盛的生命力和竞争力。

(资料来源:刘晓萍,崔春芳. 酒店服务新概念 [M]. 北京:企业管理出版社,2012.)

案例二:某旅行社内部沟通的规定

公司实行透明管理,尽可能地使各种沟通渠道畅通,以达到信息有效传达的目的。

一、例会

例会是公司的主要沟通手法。公司定期召开员工例会、总经理室例会、各部门例会。

(1)员工例会。员工例会每半年召开一次,全体员工参加,由行政办公室召集。主要议程为通报目前旅游市场情况,公司内部经营情况,各部门营业情况,嘉奖优秀员工。

(2)总经理室例会。总经理室例会每月召开一次,由总经理、副总经理、总经理助理、各部门经理参加,由总经理召集。主要议程为探讨目前旅游市场动态,探讨公司经营情况,探讨公司营销策略。同时将会议记录存档。

(3)部门例会。部门例会每周召开一次,一般于周六下班前召开,部门全体员工参加,由部门经理召集。主要议程为总结本周工作,布置下周工作,探讨部门经营方法。会议记录必须于下周一上交到客户服务中心。

(4)股东大会。股东大会按《中华人民共和国公司法》和本公司章程执行。

(5)董事会。董事会按《中华人民共和国公司法》和本公司章程执行。

二、临时会议

临时会议是公司员工沟通临时事项、突发事项、特殊事项的方式,包括旅游产品促销会、新线路或新产品介绍会、特惠团队说明会、公司通报会议等,由行政办公室召集有关人员参加。

三、电子公告板

电子公告板指公司的网站上的留言本和旅游论坛,所有公司员工均可以以实名或匿名的方式发表和谈论有关事项。发言须遵守国家有关规定,网站管理员有编辑、删除发言的权利。

四、布告栏

布告栏是公司向员工传播信息的重要途径,员工应经常留意布告栏上的信息,布告栏所有信息由行政办公室发布,禁止其他员工破坏、修改或增加布告栏信息。

五、总经理信箱

公司设立总经理电子信箱,任何员工均可以以实名或匿名方式向总经理发表意见和建议。

六、内部刊物

公司创建内部刊物作为员工沟通和企业文化建设的方式。全体员工可以在内部刊物上投稿、刊登信息。各部门必须配合客户服务中心做好组稿工作。

(资料来源:山西商务国际旅行社)

任务实施

活动程序:
(1) 以小组为单位制订行动方案。
(2) 每组组长对人员进行分工并确定其职责。
(3) 每组按行动方案进行模拟。

活动内容:
(1) 旅游企业如何协调员工之间的关系?
(2) 决定协调矛盾的措施。

具体实施:
(1) 分组讨论与员工沟通协调的方式。
(2) 分组制定沟通协调的措施。
(3) 分组角色扮演模拟召开沟通协调会。

讨论和总结:
(1) 沟通方式是否恰当?沟通措施是否得力?
(2) 行动方案是否可行?沟通效果是否达到?
(3) 教师进行点评,并做总结。

自主训练

(1) 饭店发生一起团队客人投诉,由于当时前厅服务员不当的处理,导致了记者调查此事,并准备曝光,请分析饭店此时的内部公众、外部公众分别由哪些公众组成?

要求:同学们结合本章教学内容就此问题进行独立思考,自由发表见解,或小组讨论。

(2) 假如你是酒店公关部经理,面对内部员工出现离心离德、管理者与员工关系紧张的局面,请你组织一次集体活动,通过活动消除矛盾、密切员工关系。

要求:设置问题、查找原因、组织活动、角色模拟、问题处理、效果分析。

形式:座谈会、问卷调查、共进晚餐、联欢晚会。

任务评价

工作任务评估表

<table>
<tr><th colspan="2">内容</th><th colspan="3">评价</th></tr>
<tr><th>学习目标</th><th>考评项目</th><th>自我评价</th><th>小组评价</th><th>教师评价</th></tr>
<tr><td rowspan="2">知识目标</td><td rowspan="2">应知应会20%</td><td>内部公众沟通技巧</td><td></td><td></td><td></td></tr>
<tr><td>有效地跟内部公众沟通与协调</td><td></td><td></td><td></td></tr>
<tr><td rowspan="6">能力目标</td><td rowspan="3">专业能力40%</td><td>任务方案</td><td></td><td></td><td></td></tr>
<tr><td>实施过程</td><td></td><td></td><td></td></tr>
<tr><td>完成情况</td><td></td><td></td><td></td></tr>
<tr><td rowspan="3">通用能力30%</td><td>协作精神</td><td></td><td></td><td></td></tr>
<tr><td>角色认知</td><td></td><td></td><td></td></tr>
<tr><td>创新精神</td><td></td><td></td><td></td></tr>
<tr><td rowspan="2">态度目标</td><td rowspan="2">工作态度10%</td><td>工作纪律</td><td></td><td></td><td></td></tr>
<tr><td>有责任心</td><td></td><td></td><td></td></tr>
<tr><td colspan="2">教师、同学建议:</td><td colspan="3">评价汇总:
优秀(90~100分)
良好(70~89分)
基本掌握(60~69分)</td></tr>
<tr><td colspan="5">努力方向:</td></tr>
</table>

工作任务二 外部公众关系沟通与协调

【学习目标】

1. 知识目标

(1) 了解外部沟通协调的范围与形式。

(2) 掌握与顾客、社区、媒介、政府、竞争者协调的方法。

2. 能力目标

(1) 能够灵活运用各种沟通协调手段处理好外部公众关系。

(2) 能够恰当地使用沟通技巧与外部公众沟通。

【任务导入】

白女士到某青年旅行社报名某地旅游，工作人员向她推荐旅游线路、服务标准，白女士接受了。白女士交付旅游团款，旅行社出具旅游发票后，旅行社工作人员告知白女士，每一位旅游者在境外必须参加自费项目，做护照的费用也由旅游者直接交给公安部门。白女士认为旅行社工作人员有意隐瞒事实真相，存在欺诈行为。因此，向旅行社提出投诉。如果你是该旅行社的公关人员，领导把处理此事的任务交给你来做，那么你会如何处理？

【任务分析】

以旅游企业的投诉为背景，了解饭店顾客投诉的原因，了解客人投诉的表达方式，掌握投诉处理的原则与程序，训练处理投诉的技巧。同时了解旅游企业外部其他公众关系，并能够运用沟通协调技巧处理好与其他外部公众的关系。

【知识链接】

外部公众是旅游企业生存和发展的重要外部条件，也是旅游企业在经营管理活动中遇到的数量最大、层次最复杂的公众。外部公众的理解和支持，是旅游企业正常运转的必要条件。旅游企业的外部公众主要包括顾客公众、合作者公众、政府公众、竞争者公众、媒介公众、社区公众。

一、与顾客关系的沟通与协调

(一) 顾客关系的重要性

顾客是旅游企业主要的外部公众，顾客关系是旅游企业公共关系的重要环节，良好的顾客关系是企业成功的关键。

1. 良好的顾客关系是企业生存与发展的生命线

顾客既是企业的服务对象，又是企业的衣食父母，没有顾客就没有企业。

2. 良好的顾客关系决定企业的知名度与美誉度

美国饭店管理的先驱斯塔特勒说过一句名言：饭店所出售的东西只有一个，那就是"服务"。旅游企业的生产和消费在同一时间、同一地点同时发生，而且是由服务员面向顾客进行的，服务人员素质的高低、顾客关系的好坏，直接决定着企业的服务质量。"宾客至上、服务第一"已成为一种公认的旅游企业经营管理思想，这种思想与公关精神是一致的。

3. 良好的顾客关系有助于旅游企业面对激烈的市场竞争

随着社会主义市场经济的建立和发展，旅游业市场从过去的"卖方市场"转变为今天的"买方市场"，在经营管理上，各旅游企业都在千方百计地争取客源以扩大市场占有率。旅游业的市场竞争主要是服务质量的竞争。顾客是企业命运的主宰，建立良好的顾客关系，树立企业的良好形象，提高企业的声誉，对企业的生存和发展具有重要意义。

(二) 建立良好顾客关系的途径与方法

1. 做好市场调查，了解顾客消费心理

日本著名企业家松下幸之助认为："强烈的顾客导向是企业成功的关键。"顾客需求是无限的、多样的，顾客消费心理和消费习惯受地区、性别、年龄、文化素养、经济能力、价值观念等多种因素的影响，不同层次的顾客具有不同的消费心理和消费习惯。因此，企业公关人员要熟悉消费心理学知识，善于根据顾客的不同特点来推测其特殊要求，并将信息及时反馈给决策层，只有做好市场调查，了解顾客的各种消费需求，才能使旅游企业的经营服务得到社会的认可。

2. 建立"顾客就是上帝"的观念，强化为顾客服务的思想

建立良好的顾客关系的一个重要前提，是企业要树立"顾客就是上帝"的经营观念。所谓"顾客就是上帝"，是指企业的一切经营行为都必须以顾客的利益和需求为导向，把顾客放在首位，努力满足顾客的需要。

正确认识企业与顾客之间的关系，是企业做好服务工作、树立良好组织形象、取得良好社会效益和经济效益的出发点。

3. 适应需要，不断创新，为顾客提供一流服务

在市场经济条件下，企业必须以顾客需求为导向，不断创新产品，为顾客提供一流的产品和服务，企业一流的服务包括耐心、及时、周到、礼貌、安全等方面。在旅游企业公关工作中，对有特殊困难的顾客，如老人、病人、残疾人等应给予特殊照顾，为他们提供方便；对长住客、回头客、团队负责人、VIP等，要建立档案资料并给予特别关注，可为他们免费举行生日庆典、结婚典礼、作品展览等服务活动，使其有宾至如归之感。

4. 及时妥善处理好顾客投诉

处理顾客投诉是旅游企业公关工作的重要内容之一。投诉也是一种纠纷形态，纠纷未获得解决或解决不满意，顾客常常会采取事后投诉的方法。面对顾客投诉，公关人员应按一定的程序、运用一定的技巧妥善解决。

（1）明确专门负责处理投诉案件的机构，安排专人负责处理投诉案件。

（2）热情接待投诉者，以积极的态度对待投诉，认真、耐心、诚恳地倾听投诉者的诉说，重要细节认真记录。

（3）倾听完毕后，首先对投诉者表示感谢，感谢其对旅游企业的关心和爱护，并表示对解决问题有信心及责任心。

（4）了解投诉原因和客人的真实想法与要求，如有可能应及时找当事人核实。对不难办到的合理投诉要立即处理；一时解决不了的，可先向客人赔礼道歉，并及时向领导汇报。投诉事件处理后，及时与客人联系或向其通报。

（5）对挑剔的投诉客人，本着"有则改之，无则加勉"的态度，礼貌、友善地接待。

（6）对投诉信函，记下通信地址，及时转递给有关方面并提出处理意见。处理完毕，立即以公关负责人或经理的名义告知客人。

二、与政府关系的沟通与协调

政府是旅游企业的权力公众。政府关系，是指旅游企业与政府及其各职能机构、政府官员之间的沟通关系。任何企业作为社会系统的组成要素，必须服从政府的统一管理，因此政府关系是旅游企业公共关系的重要组成部分。

（一）建立良好政府关系的重要性

旅游企业作为独立的经济实体，与各级政府职能机构有着不可分割的关系。旅游企业的发展只有与社会经济的发展战略相一致，只有符合社会经济的发展要求，才能得到政府在财政、税收、信贷等方面的支持，政府还是一个有效的协调机构与信息库。它通过有效手段，协调旅游企业与其他社会组织在经营中发生的冲突与摩擦。在政府的帮助下，旅游企业可以寻找合适的合作伙伴，以加速旅游企业的发展。

总之，政府与旅游企业是一种行政领导、指导协调、检测监督、扶持与服务的关系。旅游企业协调好与政府关系的目的，就是更好地争取到政府各职能部门的谅解、支持和帮助，以利于旅游业的生存和发展。

(二) 处理政府关系的艺术

1. 认真研究、准确掌握、坚决贯彻政府的政策法令

旅游企业应认真研究、准确掌握、坚决贯彻政府的政策法令，使企业的一切活动在政策法令许可的范围内进行。还要注意政策法令的变动情况，随时调整企业的目标、计划和公关活动。

2. 积极进行沟通，扩大企业的影响，争取政府的信赖

旅游企业应主动向政府有关部门提供信息、通报情况，呈报经济活动的各项数据、资金的运营情况、有关计划、总结报告，邀请政府官员参加企业举行的重大活动等，使政府了解旅游企业对社会、对地区经济发展的贡献，以增强对企业的信任度。

3. 熟悉政府机构的具体设置、职责分工、负责人员，以保证旅游企业有效地开展工作

旅游企业应设置专人负责与政府主管人员的经常往来和密切联系。

三、与竞争者关系的沟通与协调

(一) 建立良好竞争者关系的重要性

竞争对手的确可以给旅游企业带来威胁，但合适的对手能够加强而不是削弱企业的竞争地位。应该接受"协同"竞争的思维方式，旅游企业与竞争对手寻求共同利益，就可能达到双方的"互惠互利"。

在与竞争者进行关系协调的过程中，应遵循公平竞争、相互学习和彼此沟通的原则。

(二) 企业间加强沟通了解，及时通报信息，加强彼此感情

1. 行业会议

行业会议旨在协调同行业内部各旅游企业的关系，争取有利于行业发展的外部环境，指引本行业健康发展。

2. 联谊会

目的是增强各饭店成员的友谊，建立良好的人际关系。

3. 邀请竞争对手参观企业

在保证核心机密不会泄露的情况下，邀请对手参观本饭店，向竞争者表明开放坦诚的态度，有利于进一步消除双方隔膜，增进彼此关系。

4. 期刊交流

利用内部报刊、小册子、简报、通讯等方式交流思想，共同进步。

5. 企业成员间个人联系

比如共同举办联欢会、体育比赛和旅游活动等。

6. 联合活动

有时旅游企业之间需要采取一些短暂的联合行动。比如联合推出新产品、联合承揽某项重大活动、联合经营等。

（三）加强合作企业间文化的交流与沟通

合作企业之间若存在文化冲突，联盟则很难建立。联盟双方应努力打造一种弥漫于各饭店之间的共同文化氛围，形成共同的价值观、工作作风和文化观念，只有双方在思想上有了共同的认识，联盟体才能真正坚固起来。因此，联盟双方应共同讨论双方的价值体系、行为方式，求同存异，共同发展。

四、与媒介关系的沟通与协调

媒介公众是指新闻传播机构及其工作人员，如报社、杂志社、电台、电视台的编辑、记者等，媒介关系是旅游企业对外公关工作中最敏感、最重要的一部分。

（一）媒介关系的重要性

1. 媒介能帮助旅游企业传播形象，创造无形资产

如大众媒介，具有传播速度快、覆盖面广等特点，对推销和塑造旅游企业的形象具有重要作用，许多企业往往通过电视、广播反复播放其广告或有关信息，使自己的形象在消费者心目中牢牢扎根。

2. 媒介能帮助旅游企业矫正舆论导向，排除误解与障碍

如新闻媒介，具有权威性、客观性、及时性、独立性等特点，通过新闻传播，能使某个人或某企业一夜成名、妇孺皆知，也可使某个人或某企业臭名远扬、一败涂地。

（二）搞好媒介关系的方法

"加强联系、密切合作、以诚相待、一视同仁"是维系良好媒介关系的基本原则。搞好媒介关系的方法有以下四种。

1. 主动保持与新闻界的联系

旅游企业公关人员要主动保持与新闻界的联系，及时提供有价值的信息材料，主动邀请有关记者来企业采访。公关工作不能滞后，只能超前，注意保持与新闻界的密切合作，寻找一些双方都感兴趣的话题，为彼此创造良好的合作环境，对有利或不利于企业的报道都要以认真、友善的态度来对待。

2. 了解各类新闻媒介的特点和特殊公众群

摸清各类新闻媒介的报道特色、编辑风格、发行时间和渠道、发行地区和数量，甚至要掌握一些记者和编辑的爱好，这样才能充分利用各类传播媒介为企业进行有效的宣传。

3. 安排有专长的人员与编辑、记者经常保持联系

定期寄送有关资料，并经常组织一些参观、访谈、游览、联欢之类的活动。

4. 适时召开记者招待会、新闻发布会，向新闻界提供有关企业的重要信息

记者招待会、新闻发布会场面隆重、影响力度大，是其他方法难以取代的。

五、与社区关系的沟通与协调

社区公众是指旅游企业所在地的区域关系对象，包括当地的管理部门、地方团体组织、左邻右舍的居民等。社区关系也称区域关系、睦邻关系。

旅游企业生存于一定的社区环境，与社区有着千丝万缕的联系。因此，必须讲究睦邻之道，争取社区公众的支持与合作，为企业创造一个"天时、地利、人和"的发展环境，建立一个良好的生存空间。

(一) 社区关系的重要性

(1) 社区是为旅游企业发展提供劳动力资源的基地,是企业内部员工关系的延伸。
(2) 社区能给旅游企业提供电力、水力、土地、原材料等资源。
(3) 社区可为旅游企业提供治安、环保、商店等各方面的社会服务。
(4) 作为旅游企业生存与发展的直接环境,社区还具有一定的购买力和消费水平,是个相对稳定的市场。

(二) 搞好社区关系的方法

社区关系不同于旅游企业的其他外部关系,是一种以地域关系为纽带而形成的较为稳定的关系。社区公众属于多层次、多种类且分散型的社会公众,要搞好社区关系,必须抓住共同利益这个根本。

1. 维护社区的环境

旅游企业所在的社区是社区公众居住、生活的区域,因此,要有效地控制"三废",防止环境污染,这是社会公众的一项最基本、最合理的要求。如果是饭店企业,那么社区公众还希望饭店建筑物外表典雅美观,周围环境美丽宜人,往来车辆不制造噪声,广告牌与社区环境不杂乱。

2. 积极参与社区的社会公益事业

参加各种集资、捐赠、赞助活动,尤其对教育、医疗、体育、卫生、社区福利事业持热心态度,采取不同形式的支持方式,以获得社区公众的信任与好感。通过支持社区的各项活动,旅游企业应向社区公众展示,企业不仅是一个营利性的企业,同时也是一个尽力承担社会义务的优秀社会成员。

3. 帮助社区渡过难关

当社区遇到危险情况,如火灾、车祸、暴力事件等灾难性事件时,旅游企业应挺身而出,配合社区有关部门采取各种应急措施,树立"共患难"的形象。

4. 解决社区居民就业问题,帮助居民改善生活

利用旅游企业自身的优势,兴办附属企业,解决社区部分居民的就业问题,帮助社区居民改善生活、增加福利。通过附属企业开展职工培训,提高社区就业人员的文化素质和文明程度,促进社区的精神文明建设。

职场案例

案例一:酒店在经营中要做到"顾客第一"

在现代社会中,顾客与酒店之间的关系不仅是一种简单的买卖关系,而且是一种良好的信息交流关系和相互合作关系。顾客至上,这是现代酒店树立良好形象、赢得顾客的不可动摇的公关原则。

市场经济的今天,顾客是酒店的"衣食父母"。酒店之间的一切竞争都表现为对市场的竞争、对社会公众舆论的竞争。顾客已经成为酒店赖以生存和发展的生命线,顾客的要求已成为推动酒店活动的方向标和旋转轴心,"顾客第一"的观念已成为现代酒店经营的核心理念。

1. 真正将顾客放在第一位,就要想顾客所想、急顾客所急

想顾客所想、急顾客所急是酒店赢得顾客的最起码的条件。想顾客所想就是要主动积极地满足顾客的需求，尽最大力量来提供顾客所需要的产品和服务；急顾客所急就是将顾客的困难当作自己的困难，尽自己最大的力量来为顾客服务。

2. 真正将顾客放在第一位，就要全心全意为顾客服务

优质服务是与酒店组织的形象连在一起的。由于服务在酒店的经营活动中所占的地位越来越重要，顾客往往把一个组织提供的服务作为评价这个组织的重要标准，组织提供的服务往往成为顾客对这个组织的第一印象。

3. 真正把顾客放在第一位，就要甘做顾客的仆人

酒店与顾客，两者的位置泾渭分明：无论顾客的身份高低、地位尊卑，他们都是酒店的"衣食父母"；无论酒店有多大、名气有多响，它们永远不能失去顾客，永远都要甘做顾客的"仆人"。

(资料来源：查灿长. 公共关系学 [M]. 上海：上海大学出版社，2010.)

案例二：与同行合作塑造企业形象

北京贵宾楼饭店1994年年底成功地主办了第66届"世界一流酒店组织"年会，名声大振。

世界一流酒店组织成立于1928年，是世界上最早的环球性宣传、促销、预订网络机构，现有成员饭店270家，分布在50多个国家和地区，代表着世界上最高档、最豪华、最优秀的饭店潮流。

该组织每年举办一次年会，总结上一年的工作，反馈市场信息，交流工作经验，以求共同促进、共同发展。年会的地点不固定，一般是在头一年年会上决定下一年的会址。而得到会议的主办权如同申办奥运会一样，非同一般。申办城市首先要提交申请，阐述其接待计划，然后经大会讨论决定。在1993年的年会上，以北京贵宾楼饭店、广州白天鹅宾馆为首的中国代表团经过多方努力，在众多的申办城市中终于赢得了1994年一流酒店组织年会的主办权。主席先生决定1994年11月16日至20日在北京举行。

与会者都是一流酒店组织成员酒店的董事长、总经理等显赫人士，他们当中80%的人未到过中国，对中国悠久的历史、灿烂的文化及飞速发展的现状了解甚微。因此，接待好此次会议，不仅关系到贵宾楼，更重要的是，它向专业人士和社会公众展示中国酒店管理状况，体现北京旅游事业发展水平，反映北京人精神风貌，是宣传北京、宣传中国的绝好机会。

北京的"一流酒店组织"成员有两家：一是贵宾楼饭店，二是王府饭店。按会议的常规要求，与会人员必须选择成员酒店下榻，且有些活动要在"王府"举办。因而，为了共同的利益，本着"互通有无、互惠互利"的公共关系原则，贵宾楼总经理出面，主动与王府饭店协商，成立筹备协调小组，由贵宾楼牵头。

在会议举办期间，许多活动分别在两家宾馆进行，通过合作，两家酒店不仅出色地完成了接待任务，而且提升了中国饭店行业的形象。世界一流酒店组织总裁在感谢信中写道："贵宾楼饭店出色的接待和风格独特的欢迎晚宴以及在各项活动中表现出来的周密设计与安排令我们终生难忘，我毫不怀疑贵宾楼是世界上最一流的酒店之一。年会期间的所有感受告诉我们这样一个事实，中国的旅游业发展很快，总体接待水平不断提高，正向国际水准靠近。"

通过会议，不仅树立了酒店的形象，而且广交朋友。会议期间，许多酒店老板约见总经理，商谈酒店之间的合作事宜，如里兹酒店亚洲公司（Ritz Carlton Hotel Company）、巴黎的科里昂酒店（Hotel Crillon）等酒店都有合作意向。到目前为止，贵宾楼已同韩国的新罗酒店（Hotel Shilla）、日本的大阪酒店（Osaka Hotel）合作，双方分别举办美食节，相互传播美食文化，促进相互的业务发展。

（资料来源：杜炜. 饭店优秀公关案例解析［M］. 北京：旅游教育出版社，2007.）

任务实施

活动程序：
（1）以小组为单位制定处理投诉的程序与技巧。
（2）运用角色扮演模拟处理投诉的过程。
活动内容：
（1）如何处理顾客的投诉？
（2）如何与其他外部公众进行沟通？
具体实施：
（1）分组讨论处理投诉的措施。
（2）设计处理投诉的脚本并进行人员分工。
（3）运用角色扮演模拟处理投诉的过程。
（4）填写投诉处理表。
讨论和总结：
（1）投诉处理措施是否得力？投诉处理程序是否规范？
（2）投诉技巧运用是否灵活、恰当？
（3）投诉处理表格填写是否及时？
（4）投诉处理效果是否高效？
（5）小组互评，教师评价，最后总结。

自主训练

一、题目：谈×××酒店的内（外）部公关
要求：学生根据所学内容，能自己查资料，查找酒店企业内外部公关案例，并能对案例进行分析。
（1）解释内（外）部公关的定义和包括的内容。
（2）解释内（外）部公关常用的方法。
程序：
（1）自己查找所需要的案例资料。
（2）按规定的时间写出案例分析。
（3）分析中要有相关知识点，以及自己的理解和看法。
（4）字数在1 500字左右。
（5）根据完成的情况组织全班交流。

建议：
(1) 认真学习本任务内容。
(2) 在大量查找资料的前提下认真选题。
(3) 同一案例在不同的网站或书中可能会有不同的点评，应结合自己的理解来写，不能人云亦云。

二、案例

有客人投诉饭店大堂地面打蜡时，不设护栏或标志，以致客人摔倒导致骨折。假如你是该饭店的公关经理，那么如何处理这件事？

任务评价

工作任务考核评价表

内容			评价		
学习目标		考评项目	自我评价	小组评价	教师评价
知识目标	应知应会20%	外部公众沟通技巧			
		处理投诉的原则			
		处理投诉的程序与技巧			
能力目标	专业能力40%	任务方案			
		实施过程			
		完成情况			
	通用能力30%	协作精神			
		角色认知			
		创新精神			
态度目标	工作态度10%	工作纪律			
		有责任心			
教师、同学建议：			评价汇总： 优秀（90~100分） 良好（70~89分） 基本掌握（60~69分）		
努力方向：					

项目四

旅游公共关系专题活动

技能目标

旅游公共关系专题活动是旅游公共关系日常业务中的重要内容。各种旅游公关活动，能够把旅游组织和广泛的社会生活紧密联系在一起，为组织创造一个和谐融洽的内外部环境，提高旅游组织的声誉，树立旅游组织的良好形象。常见的旅游公关活动类型包括新闻发布会、庆典活动、展览活动、社会赞助活动等。本项目结合青年旅行社集团（旅行社、酒店、车队）即将迎来开业10周年庆典，总经理将集团10周年庆典工作任务交于集团公关部策划组织实施，公关部通过公关专题活动的公关调查、策划专题活动方案、组织活动实施、活动效果评估四个环节进行学习和实践。这类活动如果策划操作得当，则能引起社会各界对企业的广泛兴趣和关注，提高企业的知名度和美誉度。

工作任务一　旅游企业庆典活动的公关调查

【学习目标】

1. 知识目标

（1）公关调查的方法。

（2）调查问卷设计。

（3）公关调查内容。

（4）庆典活动调查报告的撰写。

2. 能力目标

（1）会设计公关调查问卷。

（2）能够运用公关调查方法。

（3）能设计庆典活动开展的公关调查报告纲要。

【任务导入】

青年旅行社集团（旅行社、酒店、车队）即将迎来开业 10 周年庆典，作为该集团的公关人员，你需要在庆典活动策划前对企业公关环境进行调查。你能帮助企业公关部制定一份调查报告吗？一份完整的调查报告应该包括哪些内容呢？

【任务分析】

以青年旅行社集团筹划开业 10 周年庆典为背景，制定庆典活动策划前的公关调查报告。

【知识链接】

公共关系是一门实践性很强的学科。为了实现公共关系的目标，落实公共关系，提高公共关系效率，旅游组织常常需要开展各种公共关系专题活动。通过这些活动，把旅游组织和广泛的社会生活紧密地联系在一起。旅游公共关系专题活动的成功与否，取决于公共关系人员对公共关系专题活动的基本特点、基本要求和活动开展的具体方法的掌握程度，以及公关人员的公关技术水平和创造能力。

公共关系调查是公共关系"四步工作法"的基础步骤和首要环节。

通过公共关系调查，能够使组织准确地进行形象定位，以便塑造良好的组织形象；通过分析、了解组织在公众心目中的形象地位，为组织决策提供科学依据；增强公共关系活动的针对性，提高公共关系活动的成功率。

一、公共关系调查的原则

（一）客观性原则

在调查中要以实事求是的态度取得资料，在获取资料的时候保持尊重客观事实的态度，切忌事先设定某种倾向，干扰自己的行为。

（二）全面性原则

在条件允许的情况下尽可能做到全面。它包括两个方面：①调查对象的全面性，凡是与组织公共关系问题有关的对象都不能遗漏。②调查内容的全面性，凡是影响组织公共关系的因素都应进行调查、研究和分析。

（三）时效性原则

要做到迅速有效地展开调查，及时准确地取得信息，这在公共关系调查中是十分重要的。

（四）计划性原则

在调查前一定要拟订好调查计划，做到有的放矢。

二、公共关系调查的内容

公共关系调查的内容主要包括组织形象调查、公众调查和社会环境调查。

（一）组织形象调查

组织形象就是组织在公众心目中留下的印象。换言之，组织形象也就是公众对组织的看法和评价。组织社会形象调查主要通过两个基本指标知名度、美誉度所包括的具体内容的调查，了解组织在公众心目中的形象。调查分为以下三步：①确定目标公众。②通过调查取得调查结果，并根据公众对组织的评价对组织进行形象定位。③在形象定位的基础上，对影响组织的要素进行深入分析。

阅读资料4-1　　　　　　　　　**旅游企业形象**

旅游企业形象是指社会公众对旅游企业在经营活动中的行为特征和精神面貌的总体印象以及由此所产生的总体评价。其主要包括以下五种。

（1）产品形象。这是指消费者对旅游企业的产品（硬件、软件产品）的质量、性能、价格、包装等方面的看法和评价。

（2）服务形象。这主要指消费者对旅游企业提供的服务是否热情、周到，服务项目是否齐全、便利，服务态度是否真诚、礼貌，服务质量是否有保证，服务是否让人满意的反映和评价。

（3）员工形象。这是指公众对旅游企业员工的总体素质、能力、文化修养、道德水准、服务水平等方面的评价和看法。

（4）组织形象。这是指公众对旅游企业的内部职能机构设置、人员配置及其运转方面的综合评价。

（5）管理形象。这是公众对旅游企业的管理水平、管理方式和管理行为的评价和看法。管理形象体现着旅游的发展潜力。管理形象的好坏主要体现在经营决策、服务管理、销售管理、人事管理、工作环境管理等方面。

（二）公众调查

公众公共关系部门工作的主要对象，是一个经常变化的群体，会不断因问题的发展而变迁。因此公众调查应经常进行，公众调查要掌握的材料包括公众构成、公众态度、公众需求、意见领袖等。

案例分享4-1

2005年年初，引起全国关注的"苏丹红事件"无疑对餐饮业产生了巨大影响。一旦"涉红"被曝光，后果将极其严重。自出现"苏丹红事件"后，麦当劳对此十分关注，不仅立即进行了自查，还积极协助有关部门的检查。当检查的结果表明麦当劳的所有产品不含"苏丹红"时，麦当劳才松了一口气。之后他们积极策划相关的公共关系活动，一方面赢得了顾客，另一方面强化了企业形象。而肯德基在2005年3月13日、3月18日先后两次被有关部门查出两种产品含有"苏丹红一号"后，虽然紧急采取了危机公关，但是组织形象已受到了一定的损害，经济损失超过3 000万元。

（三）社会环境调查

社会环境是指与组织有关的各类公众和各种社会条件的总和。对社会环境进行调查，主要是为了分析、把握与本组织有关的社会政治、经济、科技、文化等方面的一切动态。

三、公关调查的主要方法

（一）文献调查法

文献调查法是在第一手资料难以得到或不够时，通过组织内部或外部的文献资料分析所要调查问题的方法。文献调查法的资料来源主要是历史上遗留下来的资料，因此，具有调查效率高、花费少的特点。常常用于其他调查过程之前，与其他调查方法配合使用。

文献调查法的步骤有以下三个。

（1）建立索引。

（2）查阅和记录文献资料。

（3）对文献的核实及分类登录。

> 阅读资料 4—2　　**××酒店的文献调查提纲**

调查主题：北京晚报对酒店报道的情况及评价。

调查时间范围：2005年第四季度。

调查内容：

（1）酒店的见报率。在该季度的报纸上，酒店名称及相关时间出现的次数。

（2）报纸对酒店的评价。对酒店的报道和批评报道所占的比例。

（3）报社记者的报道和本酒店公共关系部提供的通讯稿所占的比例。

（二）观察法

观察法是调查者进入调查现场，用自己的感官及辅助工具，观察和记录被调查对象的表现，从而获得第一手资料的调查方法。与其他调查方法比较起来，观察法收集到的资料更直接、更真实、更生动具体，所以往往成为公共关系调查中常用的一种方法。

1. 观察法的特点

它作为调查者有目的、有计划的认识活动，与人们日常生活中随意的、无计划的观察活动不同。公共关系调查的观察，是在组织的调查目的和假设的指导下进行的，需制订周密的观察计划，对观察的内容、手段、步骤和范围做出具体的规定。还要对观察员进行培训，以收集所需要的调查资料。

2. 观察提纲的设计包括的内容

（1）确定观察内容和观察对象。

（2）将观察内容具体化。

（3）确定观察的方式和方法。

（4）根据观察指标设计观察表格、卡片或拟定观察提纲。

（5）确定观察记录统计分析方法和进程安排。

（三）访谈调查法

访谈调查法就是公关人员按照预先设计好的题目，有目的、有计划地与被调查对象进行交谈、收集口头资料的方法。访谈调查法按照访谈对象的多少可以分成个别访谈和集体访谈。

1. 访谈调查法的特点

访谈具有直接性的特点，它是交流与反馈同时进行，调查者能迅速获取对方信息；在调查时调查者能够根据当时的环境与气氛随时调整谈话的内容与方式,以获得更好的调查效果;同时,由于访谈的互动性较强,故回答率较高。但是,访谈调查法也存在标准化程度低的问题,常常给统计分析带来一定的困难,而且有费用较大的缺点。访谈调查法一般适用于准确性要求较高的问题或者争议较大的探索性问题。

2. 访谈的过程与要求

(1) 访谈前的准备。

准备访谈提纲。提纲包括访谈的目的,访谈中准备提出的问题和先后顺序。访谈的主题越明确越好,问题想得越深入越好,尽可能估计各种可能的情况。

心理和自身条件准备,访谈前要调整好情绪,对访谈中可能出现的问题要有预见性,只有保持良好的心态,才能营造出和谐融洽的访谈氛围,注重个人形象,注意衣着、举止、谈吐礼仪。要给访谈对象留下一个良好的印象,这样有利于访谈的顺利进行。

(2) 访谈中的技巧。

制造轻松和谐的访谈气氛。良好的气氛是真诚相见、各抒己见的前提。在开始访谈时,可用启发引导的方式培养一种轻松和谐的谈话气氛,如用温和、礼貌的语气相互介绍、谈一些轻松愉快的话题。经过一段友谊性交往后,就可向调查对象说明调查的目的、与之有何关系等,尽可能使调查对象对调查内容感兴趣,并能积极配合调查者的调查。

把握访谈讨论的方向。访谈中最好从访谈对象感兴趣的问题谈起,由浅入深,逐步深入调查核心问题。交谈中,注意所提问题的顺序及彼此衔接,防止偏离主题。如发现发言离题,要巧妙地简短插话把话题拉回到主题上。

访谈中的提问技巧。在提问时注意语气要委婉缓和,切忌生硬。提问的方式要得体。如果遇到被调查者忌讳的话题,则要采取迂回的交谈方式,从侧面去了解。例如,要了解被调查者对某问题的看法,可以这样问:"你看,对于这个问题人们会如何看待呢?"在访谈中,不要提出带倾向性的问题。

访谈结束技巧。结束访谈是访谈的最后环节,也是非常重要的环节,同样不能忽视。访谈结束时要对被调查者付出的劳动和给予的合作表示真诚的感谢与肯定。这样说,可以使被调查者获得心理的满足,有利于塑造良好的组织形象,也为下次的合作打下良好的基础。

阅读资料4-3　　　　**如何写访谈调查报告**

(1) 题目。应以简练、概括、明确的语句反映所要调查的对象、领域、方向等问题,题目应能概括全篇,引人注目。

(2) 前言(背景和目的)。主要包括研究背景和目的。背景介绍应简明、扼要、切题,背景介绍一般包括一部分重要的文献小结。调查目的主要是阐述调查的必要性和针对性,使读者了解概况,初步掌握报告主旨,引起关注。

(3) 方法。详细描述研究中采用的方法,使读者能评价资料收集方法是否恰当。这部分一般包括以下几方面:地点、时间、调查对象。

(4) 结果与讨论。结果与讨论可以放在一起写,也可以分开写。结果和讨论分几节来完成,一般采用描述、分析、讨论来写。描述主要是描述事情的发生发展过程,描述调查人群的人口社会学特征,描述调查事物的特征。

(5) 结论与建议。用扼要的文句把主要内容概括起来,切忌重复。

(6) 附录。

> 案例分享 4-2　　　　　**××旅游公司的访谈提纲**

访谈目的：了解组织员工对组织的了解与评价。
访谈对象：各部门随机挑选的 2 名员工。
访谈时间和地点：某月某日，公司小会议室。
访谈问题：
1. 对公司的了解
（1）你了解公司的部门组成吗？
（2）你了解公司领导班子的情况吗？
（3）公司的业务、主要产品和服务是什么？
2. 对公司的评价
（1）对公司是否满意？为什么？
（2）对公司的人际关系有什么看法？
（3）近期一些人离开公司，另谋他就，你对此事有什么看法？

（四）问卷调查法

问卷调查法是公共关系调查中最常用的方法。它是将需要调查的问题设计成一套问卷，让调查对象填写后收回的一种调查方法。

1. 问卷的设计

问卷的设计一般分成以下三个部分。

（1）标题。每份问卷都要用明确、简练的标题表明调查的主题，让被调查者一目了然。

（2）前言。要求用简洁、明了的文字说明调查的目的及回答问卷的要求，前言应当文辞恳切，尊重公众。

（3）问卷的正文。这是问卷的主体部分。问卷的题型可以分为两种：封闭式问题和开放式问题。封闭式问题中每一个提问后都列出了所有可能的备选答案，供被调查者选择。开放式问题对提问不列出可供选择的答案，而是由被调查者根据自己的情况和意愿自由回答。

2. 问卷设计中要注意的问题

（1）注意总体逻辑构架的设计。调查表的好坏关键在于主题内容逻辑构架的设计。在设计时要先从调查的目的出发，将调查主题逐层分解，直到可以根据这些分解的条目设计问题为止。然后根据事物本身的逻辑关系将问题进行有序排列。

（2）注意提问语句的设计。注意提问的方式，提问方式有直接提问、间接提问和假设性提问等。估计被调查者能够直接回答的问题就用直接提问的方式设计语句。对于被调查者回答可能有顾虑的问题，要采用间接提问的方式才能收集到更为客观的资料。对于被调查者不愿公开回答或比较敏感的问题，可采用假设性提问。

（3）注意提问语句的确切。

（4）注意文字简洁、明确、通俗易懂，不要用双重提问。

（5）注意问卷要以封闭式问卷为主，以开放式问卷为辅。

（6）注意调查表的内容不易太多，一般要控制在被调查者半小时内完成为宜。

案例分享4-3 **金雁酒店的形象调查问卷**

(针对未在酒店消费过的人)

尊敬的女士/先生：

您好！我们是厦门理工学院的学生。我们正在进行一次关于2011年第八届厦门人居展的问卷调查，以下的问题请根据您的真实看法，选择您认可的选项填写，对您的个人资料，我们会严格保密，您的意见和建议将成为我们宝贵的参考资料，衷心感谢您的支持！

1. 您的性别是（　　）。
   A. 男　　　　　B. 女
2. 您的职业是（　　）。
   A. 事业单位员工　B. 企业单位员工　C. 自由职业者　D. 学生　E. 其他
3. 您是通过什么渠道知道该酒店的？（　　）
   A. 朋友亲戚　　B. 书报杂志等　　C. 网络　　D. 广告　　E. 实地看到
4. 您是否知道该酒店的位置？（　　）
   A. 是　　　　　B. 否
5. 您是否了解该酒店的标志？（　　）
   A. 很了解　　　B. 看过了，记不清楚　C. 不清楚
6. 您认为该酒店的外观装修如何？（　　）
   A. 非常好　　　B. 好　　　　　C. 一般　　　D. 差　　　E. 非常差
7. 您对该酒店的整体印象如何？（　　）
   A. 非常好　　　B. 好　　　　　C. 一般　　　D. 差　　　E. 非常差
8. 您是否愿意去该酒店消费？（　　）
   A. 是　　　　　B. 否
9. 在您心中，您觉得一家酒店的哪个因素是您首要考虑的？（　　）（多项选项）
   A. 品牌　　　　B. 价格　　　　C. 服务　　　D. 环境　　　E. 卫生状况
   F. 地理位置　　G. 安全系数　　H. 其他
10. 您对该酒店的整体印象如何？（　　）
    A. 非常好　　　B. 好　　　　　C. 一般　　　D. 差　　　E. 非常差
11. 您的宝贵意见_____。

四、公共关系调查报告的撰写

(一) 调查资料的整理

调查资料的整理就是对调查阶段收集的大量杂乱、分散的资料进行科学整理和分析的过程。它包括三个部分。

(1) 资料审核。为了保证资料的客观性、准确性和完整性，就必须对资料进行审核。
(2) 资料的分类。把经过审核的资料按一定的标准分门别类地加以整理。
(3) 资料的统计分析。通常是采用统计表、平均数、百分比等方式对资料进行分析。

(二) 调查报告的撰写

调查报告的撰写是整个调查活动的最后阶段。撰写的好坏直接影响到调查结果在有关决

策中的作用。

1. 调查报告的要求

（1）语言简练，有说服力。

（2）有严谨的结构。用简洁的方式将调查过程中收集的全部有关资料编排在一起，注意不要遗漏重要的资料。

（3）调查报告必须对调查活动所要解决的问题提出明确的结论或建议。

（4）调查报告应该让读者了解调查过程的全貌。即报告要回答或说明研究为何进行，用什么方式进行研究，得到什么结果。

2. 调查报告的结构

（1）扉页。一般只有一页纸。其内容包括：调查报告的题目或标题；执行该项研究的机构的名称；调查项目负责人的名字及所属机构；注明报告完稿日期。

（2）目录。目录应当列出报告中各项内容的完整的一览表，但不必过分详细。

（3）摘要。摘要是调查报告中极其重要的部分，要求概括、扼要地说明调查活动所获得的成果，详细的论证资料只在正文中加以阐述。

（4）引言。引言通常介绍调查进行的背景和目的。调查背景是指对调查的由来或受委托进行该项调查的原因做出说明。调查目的是针对调查背景分析存在问题提出的。它一般是为了获得某些方面的资料或对某些假设做检验。因此，必须对调查预期获得的结果列出一张清单。

（5）正文。要对调查方法和过程、调查结果以及所得结论和建议做详细的阐述。

（6）调查方法。在这个部分要叙述的内容包括：调查地点、调查对象、样本的容量、样本结构、资料的收集方法，实施过程及问题的处理、资料的处理方法、访问完成情况等。

（7）调查结果。在调查报告中将调查所得资料呈现出来是不够的，必须将资料所隐含的趋势、关系或规律加以客观描述。调查结果也可和结论合并成一部分。

（8）结论与建议。结论是对问题用简洁的语言做明确的答复，并引用有关背景资料和调查结果加以解释、论证。建议是针对调查获得的结论提出具体的措施、方案或具体行动步骤。

（9）附录。呈现与正文相关的资料，以备读者参考。

职场案例

案例一：种树带来的商机

日本有一位经营旅馆业的商人，根据自己旅馆的实际情况，别出心裁地想出了一个发掘自身潜力的好办法。当时该旅馆面临来客日益增多、但客人休闲活动空间又太小的问题。而旅馆后山虽有一大片山地尚未开发利用，但若全面开发再种植树木，又耗资太大。于是经过谋划，这位商人在旅馆内贴了一张海报，上写道："亲爱的旅客您好，本旅馆后山有片土地，宽阔而幽静，专门留做植树预订地。如果您有兴趣，则不妨亲手种下一棵小树，本旅馆将派人拍照留念，并立下木牌刻上您的大名与植树日期。如果您再度光临，则这棵树苗已枝繁叶茂，您看了一定非常高兴，因为它是您亲手种植的，意义非凡。仅收树苗费用2 000日元。"这一颇具魅力的海报贴出后，许多到此度蜜月或结婚周年纪念的夫妻，或毕业结伴出游的学生，无不跃跃欲试，都想亲手种下一棵既在山地上又在心灵上属于自己的树，以作为永久纪念。没过多久，后山上便种满了树，环境也显得非常雅致。旅客回家后对此事广为宣传，有的还不忘常回去看看自己的杰作。旅馆的生意也因此而日益兴旺，并带动了该地区的旅游事业。

（资料来源：李敏. 旅游公共关系学（第2版）[M]. 成都：西南财经大学出版社，2011.）

案例二：长城饭店的"全方位"调查

一提到长城饭店的公关工作，人们立刻会想到那举世闻名的里根总统的答谢宴会、北京市副市长证婚的95对新人集体婚礼、颐和园的中秋赏月和十三陵的野外烧烤等一系列使长城饭店声名鹊起的专题公关活动。长城饭店的大量公关工作，尤其是围绕为客人服务的日常公关工作，首先源于它周密系统的调查研究。

一、日调查

1. 问卷调查

每天将表放在客房内，表中的32项内容涉及客人对饭店的总体评价，故地重游再来北京时再住长城饭店的可能性有多大；对十几个类别的服务质量的评价，对服务员服务态度的评价，以及是否加入喜来登俱乐部和客人的游历情况等。

2. 接待投诉

几位客务经理24小时轮班在大厅内接待客人反映情况，随时随地帮助客人解决困难、受理投诉、解答各种问题。调查表的意见每天集中收回，由客房部和公关部于月初进行统计整理，其结果当晚交饭店总经理，使决策层及时了解情况，次日早晨在各部门经理例会上通报情况。

二、月调查

1. 顾客态度调查

每天按等距抽样向客人发送喜来登集团在全球统一使用的调查问卷。每日收回，月底集中寄到喜来登集团总部，进行全球性综合分析并在全球范围内进行季度评比。根据量化分析对全球最好的喜来登饭店和进步最快的饭店给以奖励。

2. 市场调查

前台经理与在京各大饭店的前台经理每月交流一次游客情况，互通情报，共同分析本地区的形势。

三、半年调查

喜来登总部每半年召开一次世界范围内的全球旅游情况调研会，其所属的各饭店的销售经理从世界各地带来大量的信息，相互交流、研究，使每个饭店都能了解世界旅游形势，站在全球的角度商议经营方针。

这种系统的全方位调研制度，宏观上可以使饭店决策者高瞻远瞩了解全世界旅游业的形势，进而可以了解本地区的行情，微观上可以了解本店每个岗位，每项服务乃至每个员工工作的情况，从而使他们的决策有的放矢。

综合调查表明，任何一家饭店，光有较高的知名度是远远不够的，要想保持较高的"回头率"，主要是靠优质服务，使客人满意。怎样才能使客人满意呢？经过调查研究和策划，喜来登集团面对竞争提出了"宾至如归方案"。计划中提出在3个月内对长城饭店上至总经理，下至一般服务员进行强化培训，不准请假，合格者发证上岗。在每人每年100美元培训费的基础上另设奖金，奖励先进。其宗旨就是向宾客提供满意的服务，使他们有宾至如归的感觉。随着这一方案的推行，长城饭店的服务水平有了新的提高。

（资料来源：姜华. 酒店公共关系［M］. 北京：中国人民大学出版社，2009.）

任务实施

活动程序：
以小组合作学习的方式为企业 10 周年庆典撰写公关调查报告。
活动内容：
（1）公关调查的方法学习。
（2）调查问卷设计。
（3）公关调查内容的掌握。
（4）庆典活动调查报告的撰写。
具体实施：
（1）学习掌握调查方法、调查内容和调查报告的具体格式。
（2）分组撰写调查报告。
（3）分组进行汇报。
（4）教师进行点评，并做总结。
讨论和总结：
（1）调查问卷设计是否合理？
（2）10 周年庆典公关调查报告是否规范、完整？

自主训练

先搞清这些问题

某宾馆新近设立了公共关系部，开办伊始，该部配备了豪华的办公室、漂亮迷人的公共关系小姐、现代化的通信设施等。但该部部长却发现无事可做。后来，这个部长请来了一位公共关系顾问，向他请教"如何办"，于是，这位顾问一连问了以下几个问题：
"本地共有多少宾馆？总铺位有多少？"
"旅游旺季时，本地的外国游客每月有多少？国内的外地游客有多少？"
"贵宾馆的知名度如何？在过去的三年中，花在宣传上的经费共多少？"
"贵宾馆最大的竞争对手是谁？贵宾馆潜在的竞争对手将是谁？"
"去年一年中因服务不周引起房客不满的事件有多少起，服务不周的症结何在？"
对这样一些极其普通而又极为重要的问题，这位公共关系部部长竟张口结舌，无以对答。于是，这位被请来的公共关系顾问这样说道："先搞清这些问题，然后开始你们的公共关系工作。"
（1）该酒店应该如何开展公关活动？
（2）旅游公共关系调查工作的内容和方法有哪些？
（3）谈谈你认为应该采取什么措施来进行公关？

开发旅游新线路调查

青年旅行社拟开辟一条新的旅游线路，拟邀请旅行社的导游在带团过程中对游客进行访谈调查，以深入了解旅游线路的合理性及消费者的需要。请你帮助拟定一份访谈调查提纲。

任务评价

工作任务学习评价表

内容		评价		
学习目标	考评项目	自我评价	小组评价	教师评价
知识目标　应知应会20%	旅游公关调查问卷设计			
	公关调研报告的撰写			
能力目标　专业能力40%	任务方案			
	实施过程			
	完成情况			
能力目标　通用能力30%	协作精神			
	角色认知			
	创新精神			
态度目标　工作态度10%	工作纪律			
	有责任心			
教师、同学建议：		评价汇总：优秀（90~100分）良好（70~89分）基本掌握（60~69分）		
努力方向：				

工作任务二　旅游企业庆典活动策划

【学习目标】

1. 知识目标

（1）公关策划的步骤。

（2）公关策划的程序和方案的撰写。

（3）公关策划方案的审核。

（4）庆典活动的策划。

2. 能力目标

能够运用公关策划基本原理撰写企业庆典活动提纲及策划书。

【任务导入】

青年旅行社集团（旅行社、酒店、车队）公司通过企业公关调查，10周年庆典活动如何开展有了基础资料，你作为公关部的人员需要分析调查报告，为周年庆典设计一系列的活动。活动的主题应该是什么？围绕庆典主题开展什么样的活动？请你帮助企业公关部进行公关策划，并撰写企业庆典活动公关策划书。

【任务分析】

以自己的酒店和当地景区为背景，结合确定的周年庆典日，从活动目标、活动主题、活动内容、活动模式、媒体宣传、经费预算、应急预案等方面进行策划，并以青年旅行社集团开业10周年庆典为背景活动撰写策划方案。

【知识链接】

一、旅游公共关系策划的含义与原则

（一）旅游公共关系策划的含义

旅游公共关系策划，是旅游公关人员为了实现塑造旅游组织形象、改善旅游组织环境这一根本目标，在认真调查研究、全面准确地掌握信息的基础上，找出旅游组织需要解决的其他公关问题，分析比较各种相关因素和条件、遵循科学的原则与方法，运用自己的知识和经验，充分发挥想象力、创造力，确定旅游公共关系活动的主题与战略，并制订出最优活动方案的过程。

旅游公共关系策划以客观的公众分析为前提，以最好的活动效果为目标。根据任务和目的的不同，旅游公关策划大致可分为两种主要类型：一种是为了解决公共关系某个方面的具体问题，围绕一次或几次公关专题活动进行的策划；另一种是围绕旅游组织总体形象的设计和塑造而进行的整体与系统策划。

（二）旅游公共关系策划的原则

1. 组织利益和公众利益相统一的原则

旅游组织的任何发展都应该和自己公众环境的发展相协调，任何损害公众利益的行为都在为将来设置陷阱。因此，旅游公关计划的制订不仅要有利于旅游组织的发展，同时还要巩固加强与公众的关系、满足公众的要求。旅游公关人员既不能过分强调组织利益，又不能投公众之所好，两者必须相辅相成，统一于社会利益之中。

2. 总体形象和特殊形象相统一的原则

旅游组织在公众心目中是个整体形象，或者说是一个平均形象，但对每一类公众来说，旅游组织要满足他们特殊的要求，就要使旅游公关工作计划有特殊的指向性，这是我们在制订旅游公关工作计划时需要考虑到的。这就是说，旅游组织既要保持一个统一的总体形象，在设计形象时又要有所偏重，体现旅游组织在特定公众中享有的特殊形象，使旅游组织的总体形象和特殊形象达到和谐统一。

3. 知名度和美誉度相统一的原则

旅游组织的知名度和美誉度不一定同步发展。公关人员在设计塑造组织形象时，要力求

使两者达到统一的境界，既名闻遐迩，又誉满全国甚至誉满全球。在旅游公关工作目标的指导下制订公关工作计划，应当做到：确定一定时期内的公关活动内容、具体实施的最佳时机，分清轻重缓急，明确每个公关人员的具体任务，预算所需要的人力、物力、财力开支。即使是专题公关活动，也应订立具体的公关实施计划，以确保活动顺利开展。

4. 经济效益与社会效益相统一的原则

旅游公关活动必须重视经济效益，因为经济效益是社会效益的基础，没有经济效益拉动，社会效益是空的。旅游公关活动也必须重视社会效益，只有多承担社会责任和义务，旅游组织才能获得社会的接纳和赞赏。

案例分享4-4　日本兵库县舟波山脱贫致富策划

1977年，日本兵库县舟波山上的居民，请一位专家为自己的村落进行脱贫致富的策划。这位专家认真地进行现场考查，他看到的是深山寒舍、崎岖山路、茂密丛林，听到的是呼啸的山风、鸟鸣兽叫，感觉荒凉无比，这里等于"没有任何东西"，而没有任何东西就等于生活在"原始"中。这种令人绝望的贫穷并未使专家丧失信心，他考虑到生活在高度物质文明下的其他地区的日本人，普遍存在追求新奇生活、渴望回归大自然的心理，于是他就从山区的"原始"状态开始策划，让居民在大树上建造小屋，并使其布满全山。小屋离地三四米，能住五六人，透风、摇晃、能听到风声、鸟鸣……消息传出，城市人都想体验一下1 000万年以前人类祖先树上筑巢而居的滋味，结果，人们纷至沓来，平均每天约有100人像疯子一样爬至树上小屋住宿，很是刺激。当然，来者要扔下很多钱。三年过后，这里宽阔的道路铺上了，巴士开进来，居民收入大为增加，村落开始繁华。

（资料来源：潘彦维，杨军.公共关系［M］.北京：北京师范大学出版社，2007.）

二、旅游公共关系策划的程序

公共关系策划是一个动态的过程。英国著名的公共关系专家弗兰克·杰夫金斯（Frank Jefkins）提出策划公共关系工作方案的六点模式，即评价现状、确定目标、确定公众、选择传播媒体和方法、预算、估价结果。在我国，一般来说，公共关系策划分为三个阶段九个步骤。

（一）策划构思与准备阶段

1. 信息分析

在调查研究的基础上，进一步对信息做认真的分析。这里的信息是指与特定的公共关系工作或公共关系专项活动有关的信息。

2. 目标确定

确定公共关系目标是公共关系策划的前提，没有目标公共关系策划就无从读起。公共关系策划中的目标确定是指对特定的公共关系工作或专项公共关系活动目标的确定，是在信息分析的基础上针对具体的公共关系工作和专项公共关系活动的要求提出的。

3. 分析公众状况

具体的公共关系工作或专项公共关系活动都是针对特定的公众而言的。根据公共关系的目标，明确公众的范围、分析公众的特征、了解公众的需求，才能有针对性的设计公共关系活动主题，才能适当地选择媒体，才能在公共关系活动中突出公众利益，得到公众的支持与合作。

4. 设计公共关系活动主题

在公共关系策划中，主题是策划的灵魂、核心，它贯穿于整个策划之中，是公共关系活动内容的高度概括。主题的设计要能明确地反映公共关系目标，要求鲜明、精确。

阅读资料4-4　　　　**公关主题词的设计要求**

（1）紧扣主题，紧紧围绕特定的公关目标。
（2）亲切感人，给目标公众以较强的亲和力。
（3）新颖别致，给目标公众以新奇感和新鲜感。
（4）短小精悍，使目标公众易记、易懂。

5. 选择媒体

公共关系工作或公共关系活动的开展是离不开传播活动的。媒体的选择是公共关系策划的重要内容。不同的媒体各有所长，只有选择适当，才能事半功倍，取得良好的传播效果。

（二）计划编制与经费预算阶段

1. 计划编制

计划的编制是指将比较杂乱、局部的构思进行总体的规划。

2. 经费预算

公共关系工作和公共关系活动都需要一定的经费支持。经费预算主要包括两个部分：一是行政开支，包括公共关系人员的工资、管理费用以及设施材料费用等；二是项目开支，包括举办公共关系专题活动所需经费、赞助费用、调研费用等。

（三）策划方案的形成

1. 策划书的形成

策划书是策划全过程最后形成的文案，是公共关系活动实施的依据。策划书的基本结构包括八个部分，即标题、主题、目标、组合分析、活动步骤、传播渠道、经费预算和效果预测。设计形成一个有序的整体，并具有可操作性。

正文写作要周到，正文即是对前述8个要素的表述和演绎。其主要内容有：①活动背景分析。②活动主题。③活动宗旨与目标。④基本活动程序。⑤传播与沟通方案。⑥经费概算。⑦效果预测。

案例分享4-5　　　　**某化学厂丝素牙膏宣传活动公关策划书简案**

一、主题

精英献爱心、丝素伴你行

二、活动目标

（1）提高丝素牙膏的知名度。
（2）树立"关心学生、支持教育、服务社会"的良好形象。

三、活动基本程序

（1）3月28日，某大学的1 400名学生到繁华街道或居民家中宣传保护牙齿的知识，散发宣传单，直销丝素牙膏。

(2) 4月23日，某化学厂请江苏乐团为南京大学免费送去一场音乐会，并赠书500本。

四、传播与沟通方案
(1) 3月27日，《××晚报》刊登广告。
(2) 预先和媒体联系，争取发出新闻报道。
(3) 1 400名学生的口头宣传和文字宣传。

五、经费预算
(1) 印刷宣传品的费用15 000元。
(2) 广告费40 000元。
(3) 销售活动监督的费用2 000元。
(4) 音乐会及赠书的费用12 000元。
(5) 直销大学生的报酬即为牙膏销售利润。
共计69 000元。

六、效果预测
如果安排妥当，则可以达到预期目标，费用少，效果好。

2. 策划方案的审定

当完成上述步骤之后，初步的策划方案就已形成，为了确保计划的可行性，就必须对策划方案进行审定。参加审定的人员包括高层管理者、公共关系专家、项目负责人等。

策划方案审定的主要内容包括：对目标、主题及活动开展的各要素（如资金、人力、时间等）进行分析论证；对策划方案中的实施过程可能遇到的问题、补救措施等进行论证；对预期效果进行综合分析，判断该策划方案是否具有可行性。

三、公关活动模式策划

公共关系的工作方法多种多样，不同的组织、不同的发展时期以及不同的公众对象，都需要选择不同的公共关系活动模式来进行。常见的公关模式有以下十二种。

（一）宣传型公共关系模式

这主要是利用各种传播媒介直接向公众表白自己，以求最迅速地将组织信息传输出去，形成有利于己的社会舆论。这是最经常采用的公共关系模式，包括发新闻稿、刊登公共关系广告、召开记者招待会、举行新产品发布会、出版内部刊物等。其特点是：主导性强，时效性强，范围广，能迅速实现组织与公众的沟通，获得比较大的社会反响。但它的传播层次较浅，信息反馈少，使传播效果一般停留在"认知层次"上。

案例分享4—6

民国初年，四川成都有一家新开的茶馆，兼营酒菜饭食，虽然酒菜质量和服务均属上乘，但因知之者甚少，生意十分冷清。为了改变这种局面，老板特意请了当地一位十分有名的秀才为小店写了一副对联："为名忙，为利忙，忙里偷闲，且饮一杯茶去；劳心苦，劳力苦，苦中作乐，再添二两酒来。"他将对联挂在店门两侧。这副对联以超脱、调侃的口吻讽喻人生，又点明了茶馆的经营内容，吸引了很多当地人前来观看，在品味琢磨之后，不由地踱进店来品茶饮酒，由此店主的生意日益红火，这家茶馆也成为当地人最喜欢光顾的场所。

（二）交际型公共关系模式

这是指以人际交往为主，目的是通过人与人的直接接触，为组织广结良缘，建立起社会关系网络，创造良好的发展环境，如招待会、宴会、专访、个人信函等。其特点是：特别适于少数重点公众，因为它较为直接、灵活、亲密而富有人情味，可使公关效果直达情感层次，但缺点是活动范围小，费用高，不适用于大数量的公众群体。

（三）服务型公共关系模式

这是指以提供各种实惠的服务工作为主，目的是以实际行动获得社会公众的好评，树立组织的良好形象，如售后服务、消费引导、便民服务、义务咨询等。服务型公关能够有效地使人际沟通达到"行动"层次，是一种最实在的公共关系活动。

（四）社会型公共关系模式

这是指以各种社会性、公益性、赞助性活动开展公关的模式。其特点是公益性、文化性强，影响面大。过对社会困难行业的实际支持，为自己的信誉进行投资，影响力大，但成本也较高，如开业庆典、赞助文化体育事业、救灾扶贫、扶持新生事物等。

（五）建设型公共关系模式

这是指组织的初创时期，或某产品、服务刚刚问世的时候，以提高知名度为主要目标的公关活动。此时，公关策略应当是以正面传播为主，争取以较大的气势，形成良好的"第一印象"。从公众心理学的角度讲，就是争取一个好的"首因效应"，如开业庆典、新产品发布、试用等。

（六）维系型公共关系模式

这是指社会组织在稳定、顺利发展的时期，维系组织已享有的声誉，稳定已建立的关系的策略。其特点是采取较低姿态，持续不断地向公众传递信息，在潜移默化中维持与公众的良好关系。

（七）矫正型公共关系模式

矫正型公关是社会组织公共关系状态严重失调、组织形象受到严重损害时所进行的一系列活动。当组织的形象受到严重损害时，及时地采取一系列有效措施，纠正或消除损害组织形象的因素，挽回影响，恢复公众对组织的信任。

（八）防御型公共关系模式

这是指社会组织公共关系可能出现不协调，为了防患于未然，组织提前采取或及时采取的以防为主的措施。特点是以防为主，防患于未然。采用调查、预测等手段及时发现组织中存在的问题和潜伏的危机，避免矛盾的尖锐化。

（九）征询型公共关系模式

这是指以采集信息、调查舆论、收集民意为主，目的是通过掌握信息和舆论，为组织的管理和决策提供参谋，如建立信访接待制度、进行民意调查等。

（十）进攻型公共关系

这是指社会组织采取主动出击的方式来树立和维护良好形象的公共关系活动模式。当组织需要拓展（一般在组织的成长期），或预定目标与所处环境发生冲突时，主动发起公关攻势,以攻为守,及时调整决策和行为,积极地去改善环境,以减少或消除冲突的因素,并保证预定目标的实现,从而树立和维护良好形象。这种模式适用于组织与外部环境的矛盾冲突已成为现实,而实际条件有利于组织的时候。其特点是抓住一切有利时机,利用一切可利用的条件、手段,以主动进攻的姿态来开展公共关系活动。

(十一) 文化型公共关系

这是指社会组织或受其委托的公共关系机构和部门在公共关系活动中有意识地进行文化定位、展现文化主题、借助文化载体、进行文化包装、提高文化品位的公共关系活动。

(十二) 网络型公共关系

这是指社会组织借助互联网、计算机通信和数字交互式媒体,在网络环境下实现组织与内外公众双向信息沟通与网上公众协调关系的实践活动。这种公共关系由于其独特的价值效应,被广泛应用。

阅读资料4-5　　　　　　　　　网络公关的形式

(1) 网上新闻发布(网络媒体新闻),网上新网发布会。

主要平台:网络门户或网络媒体。一般有以下四种类型:第一种,综合性门户网站;第二种,行业性门户网站或媒体;第三种,新闻媒体的网络版;第四种,网络出版物。

(2) BBS论坛或社区公关。

主要平台:门户网站专业BBS论坛及专业社区网站等。以下列举几种典型的情况:第一,门户网站或行业门户的专业BBS论坛;第二,专业社区网站;第三,网络媒体开设的论坛。

(3) 网上公关活动。

与线下的公关活动相对应,网上的公关活动主要是指企业在网络上开展或组织的企业公关活动。

主要平台:重要媒体网站、门户网站、SNS社区、论坛网站等。

四、庆典活动策划

(一) 庆典公关活动的特征

庆典公关活动一般包括开幕庆典、闭幕庆典、周年庆典、特别庆典和节庆活动等。它要求场面隆重、热烈、丰富多彩,给公众留下强烈而深刻的印象。最好能有"一石激起千重浪"的强烈反响,在社会上获得广泛的响应和支持,并以此为契机,树立企业的良好形象,提高企业的知名度与美誉度。

(1) 开幕庆典,即开幕式,就是指第一次与公众见面的、展现组织新风貌的各种庆典活动。

(2) 闭幕庆典是组织重要活动的闭幕式或者活动结束时的庆祝仪式。

(3) 周年庆典是指组织在发展过程中包含各种内容的周年纪念活动。

(4) 特别庆典是指组织为了提高知名度和声誉,利用某些具有特殊纪念意义的事件或者为了某种特定目的而策划的庆典活动。

(5) 节庆活动是指组织在社会公众重要节日时举行或参与的共庆活动,这里的重要节日可以是传统的节日,还可以是改革开放后引入的源自西方的节日。

(二) 庆典活动策划的要点

1. 求新、求异

一方面要求公关策划具有独创性,能够吸引公众的注意力;另一方面要善于从相同或相似的事物中发现不同之处,从共性中找出个性。

2. 注意传播

庆典型活动要求具有轰动效应,产生"人人都知道我""人人都爱我"的效果,因此传播尤其重要。庆典型活动离不开传播,而且传播的频率要快、渠道要广、方式要新、内容要奇。例如,电视剧《公关小姐》中的公共关系部经理周颖,在酒店即将开业之际,巧妙地利用中国农历虎年,策划在酒店大厅摆上一只真的大老虎,以此制造新闻。让公众在争相观看老虎的同时,也了解了中国大酒店。

3. 形式多样

庆典的程序一般为迎接、签到、宣布典礼开始、宣读重要来宾名单、致辞、剪彩等。但为了吸引公众、烘托气氛,也可以安排文艺表演、乐队、游戏、宴请、趣味有奖征答、赠送礼品等。庆典既可以在旅游企业举行,也可以在富有深刻寓意的某地热热闹闹地开场。必须注意,庆典活动形式多样、具有特色和感召力。

4. 严谨有序

庆典活动要气氛热烈、场面壮观。为了使热闹非凡的庆典活动井然有序,必须有周密严谨的实施步骤与程序。要考虑一切可能的干扰因素以及相应的应急措施,自始至终头脑要冷静,严谨有序地操作。

(三) 庆典活动的模式

庆典活动策划多采用宣传型与交际型公关活动模式,其策略可概括为宣传建设型与主动进攻型两种。

宣传型公关活动模式主要是利用大众传播媒介的对外传播,主导性和时效性强,速度快,范围广,能有效地影响公众。

交际型公关活动模式以无媒介的人际交往为主。目的是广交朋友、广结善缘,具有直接性、灵活性和人情味,在不知不觉中实现企业公关的策划目标。

具体来讲,庆典公关策划的策略是通过宣传、报道等强有力的传播手段,塑造旅游企业的良好形象,使传播效果深入人心,最大限度地鼓动人、影响人。方式上要主动积极地打进攻仗,为企业夺取一个又一个成功的"高地"。

职场案例

案例一:中耀大酒店记者招待会策划书

一、主题

澄清中耀大酒店因海鲜中毒事件引起的社会风波,并以"服务造就品质,信誉成就未来"为宗旨,体现此次记者招待会的水准与风格。

二、目的

通过中耀大酒店报告厅举办为期一小时的记者招待会，以记者问、酒店相关负责人参判的形式来澄清此次事件的前因后果。并借此机会让广大消费者对中耀大酒店有一个全新的了解和认识（包括食物、服务、信誉等多方面）。同时通过社会多家知名媒体对中耀大酒店在此事件发生后采取一系列维护消费者利益、敢于承担社会责任的行动的正面报道，重新塑造并提高中耀大酒店在顾客心目中的信誉度和知名度。

三、地点和时间

定于2008年5月29日早上10:00—11:00在中耀大酒店报告厅举办记者招待会。

四、主要内容

于记者招待会前一天通过发邀请函的形式邀请云南省电视台、《云南信息报》《云南食品报》《都市时报》《西部时报》《周末健康报》《都市条形码》的记者参加此次会议，并特邀昆明市工商局水质和食品检测员秦绍仙协助证明此次事件。

首先，由云南省电视台新闻节目主持人王莉对此次记者招待会的背景进行介绍。

会议开始时由此次记者招待会的主持人何家燕宣布此次记者招待会的目的，时间不超过10分钟，并接着宣布以记者朋友提问相关负责人答的形式正式开始会议。

会议前酒店相关负责人要充分准备好事实材料，以证明事件的真实性（包括照片、文字及相关数据）。

11:00，由主持人宣布此次记者招待会结束。

五、会议程序

记者招待会开始时，让每位来宾在入口处登记，由公关人员引导到来的新闻界人士就座并回答初步的问询，并发给每人一份新闻文件包，其中包括以下材料：新闻发布稿、主持会议者的材料和照片以及一些具有说明性的图片。

六、会场布置

将发言人与记者的位置安排好，在发言席上放置话筒和水，并准备好辅助器材备用。

七、经费预算

媒介费用5 000元；拍摄费用3 000元；会场布置费用1 000元；报道费用5 000元；共计14 000元。

八、人员情况

背景介绍：王莉；主持人：何家燕；发言人：蒋万熙、庄智媛；昆明市工商局检测员：秦绍仙。

材料传递员：韦梦妮；拍摄人员：李正祥、陈润梅；总策划：中草药二班。

九、附件

附件主要包括背景介绍、水质检测报告。

1. 背景介绍

观众朋友们，大家好。我是云南省电视台新闻节目主持人。5月20日，在中耀大酒店发生了引发社会广泛关注的海鲜中毒事件。这次事件为什么会发生？在事件发生后，中耀大酒店又采取了哪些措施来处理这件事呢？

我们酒店（中耀大酒店）在事发当天就立即会同工商局、卫生局等政府部门组成联合调查小组，对此事进行彻查。调查小组首先对我们酒店的厨房进行了检查。结果证明，我们厨房的卫生是符合国家相关标准的，我们所用的器皿、调料是安全的、放心的。工商部门也将剩余的海鲜带回去化验，得出结论是海鲜产品受到污染。调查小组来到了出售这些海鲜的养殖户陈某家，发现该养殖场已被严重污染。在质询中陈某告诉我们，该养殖场上游有一家化工厂经常排出未经任何处理的污水，污水经一条小河流到他的养殖场，致使他的养殖场被严重污染。

2. 水质检测报告

经我局（昆明市工商局）对从马坳镇梧坪村 10 组水产养殖户陈某的养殖池中采集水体进行检测，证明该水体 pH 值为 4.0 以下，呈酸性，总大肠杆菌群 pH 值小于 2，重金属含量如铅、汞等严重超标。同时，该水体中有毒、有害物质大量积累，以及水体缺氧。该水已不能用于养殖用水。

昆明市工商局
2008 年 5 月 21 日

（案例来源：云南农业职业技术学院，公共关系精品课程网站，学生作品，2008 年 5 月）

案例二：临清市大华建设有限责任公司七周年庆典策划方案

一、活动要素

活动主题：回首成长 7 年路，未来相谐共发展
——临清市大华建设有限责任公司七周年庆

活动时间：2017 年 1 月 6 日

活动地点：临清市桑海大酒店

"庆典主题：回首成长 7 年路，未来相谐共发展"

解析：

"回首成长 7 年路"——公司于 2010 年由原大华建设转让股权重组成为现在的大华建设有限责任公司，到 2017 年，我们共同走过 7 年。在过去的 7 年中，我们走到一起，艰苦创业，取得了可喜的成绩。

"未来相谐共发展"——我们要创建百年大华，我们所从事的行业虽然会有很多的挫折，但是前途是光明的。无论是面对成功还是失败，我们都保持价值观与行动的一致，共同承担与收获成长过程中的责任与喜悦。

二、主题思路

依据答谢员工、激励士气、继续创造优秀业绩的思想，庆典活动将围绕以下思路进行。

(1) 通过节目的评选和征集，鼓励员工积极参与，为七周年庆活动制造氛围。

(2) 会场通过一系列回顾展示，加深企业文化的凝练，加深对公司的认识。(拍摄一些照片)

(3) 以十周年庆为活动的聚会机会，通过大华发展历程展示，体现公司发展实力和未来趋势，明确公司的经营思路，明确行业的发展方向，排除员工心中的阴霾，激励士气，让员工对公司发展更有信心。

(4) 通过对先进单位和先进个人的表彰，激励先进员工，同时为广大员工树立榜样，形成争先的工作氛围。

(5) 借助活动感谢员工，感谢大家的付出。

三、活动目的

(1) 通过本次活动中大华公司发展历程展示，让员工共同见证大华公司的实力并对未来发展充满信心。

(2) 通过活动激励士气，再创佳绩，展现公司团队拼搏氛围。

四、方案内容

1. 方案构思

(1) 自行排练节目,员工参与,增加团队凝聚力。

(2) 向正式员工发放纪念品,突出活动的意义。

(3) 感恩:优秀员工表彰,优秀员工发现,老员工发言,体现员工对公司的感激之情。

2. 物料设计清单及要求

整编梳理公司信息,设计所需图片和相关文字材料,对接设计公司进行设计审稿。具体设计项目和相关要求如下表。

十周年庆典物料设计要求一览表

物料用途		设计项目	数量	设计说明
会场门口	临清市桑海大酒店	拱门	1个	"临清市大华建设有限责任公司七周年庆典"
		礼品发放	180个	订制杯子1个
		主台背景条幅	1条	回首成长七年路,未来相谐共发展——大华建设七周年庆典

3. 会场布置

(1) 酒店门口:拱门一个。

(2) 酒店主台背景条幅一条。

(3) 投影机一部(庆典公司)。

(4) 会场内布置:舞台、灯光、音响。

4. 庆典活动流程

5. 嘉宾邀请

嘉宾邀请,主要邀请为企业做过贡献的已离职的员工。

6. 活动参与人员

(1) 活动组织策划人员。

(2) 布场工程人员(外聘)。

(3) 专业主持人(外聘)。

(4) 工作人员。

(5) 到场嘉宾。

(6) 公司全体员工,特殊情况需留岗人员除外。

任务实施

活动程序:

(1) 小组合作学习讨论。

(2) 设计策划庆典主题。

(3) 以小组为单位完成撰写庆典策划方案。

活动内容:

(1) 公关策划步骤。

(2) 公关策划方案的基本格式。

(3) 庆典活动策划。
(4) 方案审核。

具体实施：
(1) 学习掌握公关策划的程序。
(2) 分组撰写庆典策划书。
(3) 分组进行汇报。
(4) 教师进行点评，并做总结。

讨论和总结：
(1) 主题是否明确、有创意？
(2) 10周年庆典公关策划方案是否规范、完整？

自主训练

调查你所在地区的大型旅行社或酒店，了解该公司近两年有没有举行过各类型的庆典活动？有没有提高企业知名度或美誉度的活动开展？如果有，则请收集整理；如果没有，则请你们学习小组为该公司策划一个庆典活动方案。

任务评价

工作任务考核评价表

内容		评价		
学习目标	考评项目	自我评价	小组评价	教师评价
知识目标　应知应会20%	旅游公关策划程序			
	策划方案的撰写			
能力目标　专业能力40%	任务方案			
	实施过程			
	完成情况			
能力目标　通用能力30%	协作精神			
	角色认知			
	创新精神			
态度目标　工作态度10%	工作纪律			
	有责任心			
教师、同学建议：		评价汇总：　优秀（90~100分）　良好（70~89分）　基本掌握（60~69分）		
努力方向：				

工作任务三　旅游企业庆典活动的实施与效果评估

【学习目标】

1. 知识目标
（1）公关专题活动在实施过程中的注意事项。
（2）公关实施方案制订的基本框架。
（3）庆典活动的实施程序。
（4）公共关系效果评估。

2. 能力目标
（1）能掌握公关专题活动的实施步骤。
（2）能够制定公关实施方案简案。
（3）能撰写庆典实施方案。
（4）能掌握公关评估内容及程序。

【任务导入】

青年旅行社集团（旅行社、酒店、车队）公司公关部结合公司开业 10 周年庆典公关调查报告，策划了庆典活动方案，作为集团的公关人员，你需要具体落实庆典活动策划。你能帮助企业公关部制定一个庆典活动的实施方案吗？你认为一份完整的专题公关活动实施方案应该包括哪些内容呢？

【任务分析】

公共关系实施是将公共关系策划变为实际行动的过程，旅游公关实施是旅游公共关系活动中实践性最强的一个环节。实施旅游公共关系的项目是一个系统工程，工作头绪复杂，涉及公众多。因为参与人员众多，为了确保旅游公共关系活动的效果，旅游公共关系人员除了做好自己负责的工作外，还要注意观察，及时处理好偏离策划原意的现象，使整个宣传、实施工作都忠实于项目策划。由于在策划阶段不可能完全准确地判断潜在的或未来的公众状况。因此公共关系人员在履行策划方案的前提下，应及时调整策划中可能存在的不合理内容，重新安排、调整旅游公关的各项活动。

【知识链接】

旅游公关人员在经过缜密的调查研究的基础上，策划公关活动具体方案后，就要开始考虑如何将计划付诸实施了。为了控制实施的过程，并采取相应的纠偏措施和新的计划，就会产生对旅游公共关系各项活动的评估。本项目任务就是旅游公关人员如何开展旅游公共关系活动的实施和评估阶段的工作。在实施阶段，应做好以下三个方面的工作。

一、公关专题活动的实施

（一）实施开始时的选择

1. 选择好具体实施日期

由于客观环境，包括面对的公众都处在不断地发展和变化之中，若实际的公关形势和企业面临的整个形势与计划发生出入，就要根据实际情况对计划进行必要的调整。公关计划实施的时机选择也是公关工作的重要技巧问题，如促销性的公关活动，安排在商品销售旺季到来之前比较妥当。

2. 选择恰当的传播媒介

公关活动实际上是针对目标公众而进行的信息传播活动。要想使这种传播活动取得最大的效果，必须使发出的信息全部或大部分为目标公众所接受。这就需要通过对象公众所惯常使用的传播媒介或渠道来传递信息。

3. 制作公众容易接受的信息

根据调查研究和计划过程中所了解的对象公众的文化、社会心理等方面的特点，公关人员在设计制作信息时就可以参照这些特点，使自己写出的新闻稿件、广告稿、演讲词、展览说明、小册子等能够适合对象公众的特点，激发他们的兴趣。同时，公关人员在制作将要提供给新闻媒体的信息时，还要考虑新闻媒体的特点，以及针对目标公众或对象公众的那些新闻媒体的具体情况，使企业发出的新闻稿件尽可能被有关编辑、记者选中作为新闻发表，或作为进一步采访的线索。

阅读资料 4-6　　　　　　　　**旅游公共关系由头**

旅游公共关系由头是指一个旅游公共关系活动得以开展的价值和依据。在新闻工作中，没有新闻由头，一些时效性不强的新闻是没有必要报道的；同样，没有旅游公共关系由头，有些专项旅游公关活动也是不好开展的，即使开展了也引不起公众的注意，有时甚至会因虚张声势而招致公众的反感。旅游公共关系由头由三个要素组成：一是符合公众利益；二是符合旅游组织的总体目标和自身利益；三是具有新闻价值。因此，实质性的旅游公共关系由头就是公众利益、自身利益和新闻价值的交汇点。虽然找到理想的交汇点有一定难度，但这正是旅游公关人员大显身手的地方。

抓住旅游公共关系由头后，必须选准时机，否则会前功尽弃。选择时机应注意：第一，确定是否应利用重大节日或国内外重大事件，凡是同重大节日或重大事件没有任何联系的活动都应避开，以免被节日或重大活动冲淡；反之则可考虑加以利用。第二，不要在同一天开展两项大的活动，以免互相干扰，影响效果。

（二）实施过程中的检查

公关策划执行情况的检查是公关实施过程中不可缺少的一个环节。

1. 实施过程中检查的作用

实施过程中的检查有四个方面的作用：首先，可以及时了解公关策划是否真正落实到每个人，并与责任制挂钩；其次，可以深入地考核计划执行的实际情况，及时发现存在的问题、矛盾和薄弱环节，以便采取相应措施使计划得到全面完成；再次，可以发现计划是否符合实际，便于及时提出修改意见；最后，可以总结计划编制和组织执行中的经验教训，积累资料，以便提高今后公关计划的科学性。总之，计划检查非常重要，应从计划下达就开始抓起，并伴随着计划执行过程不断进行，直到计划期结束。

2. 实施过程中检查的内容

公关策划实施检查的内容有三个方面：第一是进度。即检查计划完成的进度。它是指实际完成的绝对数字和完成数占计划数的百分比。第二是效益。即检查公关活动是否符合预算和财务计划要求，投入与产出比例是否恰当。第三是关系。其中包括公关计划与企业整体计划、各部门计划的执行情况是否协调，彼此配合是否默契，是否符合党和国家的方针政策。

（三）实施过程计划的修订和干扰的排除

公关计划实施过程中，由于内外环境的不断变化，预订的计划往往跟不上形势的发展，这就需要适度的修改。同时，公关计划实施过程中还会遇到各方面的干扰，这就需要不断地排除干扰。

1. 公关计划的修改

在执行公关计划中要严格控制工作进度，保证计划按步进行。同时，要十分重视公共关系活动的开展与实现企业目标的一致性，统筹全局，不能因过分拘泥于某一个阶段或局部工作，而忽略了整体目标。若发现忽略了整体目标的倾向，要及时调整、修改，按照整体修改后的公关计划开展公共关系活动，以保证每个局部工作都能够紧扣整体目标。

2. 排除实施计划过程中的干扰

由于传播问题本身的障碍，加上社会及公众的复杂性、多变性，某项计划、某个行动在执行中常常会受到谣言或其他信息的威胁和干扰，有的竞争对手采取非法竞争手段，甚至故意制造谣言，引起混乱，混淆公众视听。对此，要非常敏锐地觉察并迅速将其真情向公众传播，及时澄清谣言，取得社会舆论和公众的理解，以实现公共关系计划和目标。影响公关方案实施的干扰因素是众多而复杂的，必须在实施前对来自公关实施主体、客体和实施环境的各种可能影响和阻碍实施行为的因素进行分析，以便消除这些障碍。一般来说，这些障碍来自三个方面：实施主体障碍、实施过程中的沟通障碍及实施环境障碍。

（1）实施主体障碍。

这是来自实施主体自身的影响因素。其主要包括：①实施人员的素质障碍。②公关策划方案中的目标障碍。③公关实施方案的方法障碍。

（2）实施过程中的沟通障碍。

这是指在公关方案实施过程中的社会组织与公众之间的传播沟通障碍。方案实施的过程实际上就是传播和沟通的过程。传播沟通过程中并非是一帆风顺的，常因种种因素的干扰而影响传播沟通的效果。这些因素主要有：①语言障碍。②习俗障碍。③观念障碍。④心理障碍。

（3）实施环境障碍。

公关方案的实施环境是复杂多变的，各种反面的因素（制约性的、对抗性的、干扰性的）都会影响实施工作的进行。综合起来，主要有以下几种类型：①政治环境制约因素，包括政府的有关政策、法规的制约以及政治形势、政策变化的影响。②经济环境制约因素。③社会文化环境制约因素。④竞争对手对抗、干扰因素。⑤社会突发事件干扰因素。

二、庆典活动的实施

庆典活动是社会组织为庆祝某一重大事件而举行的公共关系专题活动，如开业或周年庆典、新设施奠基、展销会开幕等。其目的在于联络公众、广交朋友、增进友谊、扩大影响。一个组织举行一次气氛热烈、隆重大方的庆典活动，就是一次向社会公众展示自身良好形象的机会，它体现了领导人的组织能力、社交水平及企业文化素质，往往成为社会公众取舍亲疏的重要标准。因此，庆典活动必须进行精心策划和组织。

（一）庆典活动的类型

1. 开业庆典

开业庆典是公司企业，如旅游企业在新成立时，或重大活动开幕时，或某社会组织重要机构组建时举办的庆典活动。通过开业庆典，商务组织不仅可以向社会公众和舆论传递信息、通报情况、扩大影响，还可以得到社会公众的祝福和祝愿，为获得今后事业的顺利发展奠定基础。可以说，一个成功的开业庆典，就是社会组织事业发展的一个重要里程碑。

2. 周年庆典

周年庆典是企业、组织在开业纪念日举行的庆祝活动和纪念活动。可以每周年举行一次，也可以在五周年、十周年、二十周年时举行盛大的庆典活动。周年庆典是旅游组织进行公共关系活动的有利时机，通过这个机会向社会公众宣传自己的历史、发展、成就和对社会的贡献等，制造出有影响的新闻，有助于提高旅游组织的知名度和声望。

3. 节日庆典

节日庆典，包括国家法定节日（如元旦节、五一劳动节、六一儿童节、八一建军节、十一国庆节等）、民间传统节日（如春节、端午节、中秋节等）、国际性节日（如情人节、妇女节、圣诞节等）及其他重大节日。举办的庆祝、纪念典礼仪式或各种联谊活动（如大型游园、团拜会、嘉奖等）。旅游组织举行节日庆典活动，可以借助热闹的节日气氛宣传本组织，融洽各种社会关系。

4. 庆功庆典

庆功庆典是企业、组织在工程竣工、建筑物落成或取得某项战略性成果时为祝贺成功而举行的庆祝活动。庆功庆典有着锦上添花的作用。旅游组织可利用庆典造势，为提升组织的良好印象再做出公关努力，进一步强化并扩大组织的影响力。

5. 表彰庆典

表彰庆典即颁奖仪式，一般以表彰大会的形式出现。旅游组织举行这类庆典活动的目的在于宣传和弘扬先进模范人物和先进集体的优秀事迹和高尚精神，并授与其光荣奖章、奖旗、奖状及物质奖品等，以此来鼓励组织内部员工更好地工作，并向外部公众展示自身的良好形象。

6. 剪彩仪式

通常在开工典礼、竣工典礼、奠基仪式、开业仪式、展销会、展览会等活动中，都要举行剪彩仪式。

（二）庆典活动的组织实施

庆典活动要办得隆重热烈、丰富多彩。它要求公关人员热情有礼、善于协调、长于鼓动，而且指挥有序。通常要做以下工作。

1. 明确庆典活动的主题，围绕主题来安排活动内容

每次庆典活动都有一个事由，但这仅仅是一个名目，是一个主题形式。公关人员应根据组织的需要和公众的需要进行精心设计，确定主题，然后围绕主题来安排穿插有关活动内容和活动形式。

2. 拟订庆典活动的程序，落实有关任务，明确职责分工

庆典活动一般都比较盛大，头绪众多，需要组织内部有关人员密切配合，共同完成。要做到有条不紊、忙而不乱，就要先确定庆典活动的程序，并按照典礼规格确定司仪，按照有关活动内容将任务具体落实到人。尤其是后勤工作和组织工作一定要有专人负责，对负责签到、接待、摄影、录像、音响、现场布置人员要将具体事项落实到人头，并有严格要求，讲清活动内容，在庆典活动前要仔细检查有关设备和材料。

3. 拟订邀请的宾客名单

邀请的宾客应包括政府有关部门负责人、社区负责人、知名人士、社团代表、同行业代表、新闻记者、公众代表等。拟订好名单后，应将请柬于一至两周前送达出席庆典的宾客手中，以便被邀请者安排时间，按时出席庆典活动。

4. 确定致辞人员和双方剪彩人员的名单

参与致辞的人员要有一定的代表性，或有一定的社会地位，参与剪彩的己方人员应是组织的负责人，客方人员应邀请地位较高的和有一定声望的知名人士。

5. 利用新闻媒体做庆典活动的信息传播工作

能够参加庆典的人员毕竟有限，要将庆典活动作为公共关系活动传播到更大的公众范围中去，就需要借助新闻媒体来扩大影响。要事先确定好与会的新闻媒体名单，安排专人接待新闻记者，为他们提供方便。大型的庆典活动最好设立新闻中心，其组织方法与新闻发布会相似。

6. 庆典活动效果的评估

庆典活动之后，应进行效果评估，总结经验，吸取教训。
（1）收集传播媒体以及公众舆论的有关反映。
（2）制作庆典活动的音像资料。
（3）写好庆典活动的总结报告。
（4）做好新闻报道资料的存档工作。

案例分享4-7　只有一个人的航班

据报道，有一年，英国航空公司由东京飞往伦敦的"波音747"客机因故停飞，已买该机票的乘客要改乘其他飞机。但其中一位名叫大竹秀子的日本老太太说什么也不肯换机，非要乘"英航008班机"不可。于是，英国航空公司就改变原来的计划，在东京至伦敦的13 000公里航线上，带着该机353个座席、6位机组人员和15位乘务员为这位日本老太太做了一次"专机"飞行。有人估计这次只有一名乘客的国际航班使英国航空公司至少损失10万美元。但这次行动也为英国航空公司赢得了好评，大大提高了英国航空公司的知名度和美誉度。

公共关系效果评估是公共关系工作的最后一个步骤，也是最重要的一环。公共关系活动只有通过效果评价才能肯定取得的成果，了解存在的缺点与不足，为今后的工作提供可借鉴的经验。

三、旅游公共关系效果评估

（一）公共关系效果评估的内容

公共关系效果评估是对该公共关系活动的全方位检测，获得公共关系工作效率、效果信息，并据此进行总结，为后续公共关系工作计划提供依据。公共关系效果评估的内容包括以下三个方面。

1. 公共关系策划准备过程的评估内容

（1）公共关系策划依据的背景资料是否真实、全面？
（2）收集的信息是否准确？
（3）活动对目标公众的选择是否适当？
（4）调查研究的方法是否适当？分析是否科学？
（5）信息的表现形式、媒介的选择是否是针对目标公众的特点而设计？

2. 公共关系实施过程的评估内容

（1）公共关系活动的传播效果如何？信息是否为预定的公众所接收？
（2）公共关系活动信息是否产生预期的效果？公众在认识和行动上是否发生了变化？
（3）公共关系活动的方案是否周密？是否有重大遗漏和疏忽？
（4）公共关系活动的预算是否适当？

3. 公共关系总体效果评估

（1）公共关系活动对今后活动的影响如何？
（2）通过本次公关活动，组织的知名度和美誉度是否有所提高？提高了多少？
组织既定目标的实现程度，就是把现实的公共关系效果和预定的效果进行比较。

（二）公共关系评估的程序

对公共关系效果进行评估，必须按照一定的程序才能保证评估的高质量。

1. 建立合理的评估目标

评估目标就是组织的公共关系目标。只有评估目标确定了，才能提高评估的效率，保证评估工作顺利进行，避免无效劳动。

2. 拟订评估提纲

评估提纲就是指开展评估活动的打算，它是最后撰写评估报告的内容要点。在撰写评估提纲时要包括以下内容。

（1）目的要求。评估的目的要求是指评估要说明的主要问题。
（2）论点。提出基本的观点、看法。
（3）论据。为了论证和说明提出的观点、看法应收集的资料。

3. 综合分析

在收集了评估所需的信息后，要加以整理进行综合分析，这是评估工作的最重要一环。

4. 撰写评估报告

评估报告就是将公共关系的成效以文字形式报告给决策者，以取得重视和支持。评估报告在撰写时有"四忌"。

（1）数字不准确，情况失真。
（2）数字文字化，没有观点，或满纸陈述，没有数据。
（3）观点和材料不统一。
（4）报喜不报忧。

职场案例

案例一：某企业策划实施方案

1. 确立目的，设计主题

确立专题活动所要达到的具体目的，并据此设计专题活动的主题。

2. 确定采用的形式、规模，选择媒介

专题活动所采用的形式及规模，要根据具体目的、所要达到的效果，以及针对不同的公众对象来加以确定。专题活动的传播媒介主要选择大众传播媒介与群体传播媒介，应根据专题活动的形式、不同对象、需要传播的内容来加以考虑和予以综合利用。

3. 编制实施专题公共关系活动工作程序表

编制实施公共关系计划的工作程序表，是制订专题公共关系计划中的一项工作量十分浩大的工作。这种工作，有如编计算机的程序，把计划实施所采取的每一个步骤的前后关系编制出来，使公共关系计划变成可供操作的具体化程序。

做程序时间表不可抽象化。要和具体的条件相结合，而且要一定能够实现的。如果程序表中的某一细节无法实现，就会直接影响到下一步细节的发展，进而影响到整个活动项目的实现。

例如，某公共关系计划中的一个举行记者招待会的具体项目的行动日程时间表，有以下内容。

D—90 决定日期

D—85 确定记者招待会计划纲要

D—85 收集各招待场所报价及提供餐单

D—80 拟定邀请名单，检查核准各位的姓名

D—75 核对比较各酒店报价及餐单

D—70 视察可能选用的酒店场所

D—65 选定及指定场所

D—50 设计请柬，决定措辞

D—50 邀印刷厂报价印请柬

D—42 收到印刷厂报价，定印请柬及信封的印刷厂

D—35 确定所需的照片

D—32 收到、核校及交回请柬的校样

D—30 草拟总经理演说词

D—30 订制姓名牌、新闻资料夹、签名本

D—30 订制租用放映机、放映页、麦克风设备

D—25 看照片印样，定印照片

D—24 取得总经理批准演说词

D—20 向广播电视新闻节目制作者发出特别邀请

D—20 撰写新闻稿

D—14 印刷厂交来请柬及信封

D—13 写请柬、信封

D—12 递发请柬，订会场布置美术用品、演说者桌前名卡、标志牌等

D—10 登记参加者、不能参加者
D—9 追问没有答复者和重要的不能参加者
D—3 将出席人数、座位及厅房布置平面图交给酒店
D—2 印新闻稿、总经理演说词
D—2 装好新闻资料夹
D—1 将所有用品设备送往会场
D—1 布置厅房
D—1 预排电影或录像记录
D—0 记者招待会

程序表中 D 代表天，D—90 即指离开举行记者招待会还有 90 天。其他依此类推。

4．确定主要参加者

专题活动的主要参加者包括主持人、有关领导、重要来宾等。其中主持人可以说是关键性人物，直接影响到专题活动的水平甚至成败。公众往往通过这一关键性人物来确认企业的形象。主要参加者确定后，应提前印发请柬，以保证其出席。

5．制定宣传报道方案

首先要确定本次专题活动主要宣传什么。一般一次专题活动只能围绕一个主题进行宣传，即抓住一个重点。专题活动举办前要尽早通知新闻单位，并提供素材。帮助记者事先了解该项专题活动将可能产生的社会效益与经济效益，争取支持。

6．组织精干的筹备人员队伍

专题活动在策划与实施中，需要各个环节的相互照应、密切配合，这样才能保证工作质量，经得起实践的检验；同时通过周密的组织工作，可以使公众感受到连锁经营企业的实力与魅力，从而增强对连锁经营企业的信任感。

7．筹备各种设施、实物、礼品

根据专题活动的需要提早筹备现场各种设施。这是一项烦琐、复杂然而又必须过细的工作。如现场电源、灯光、音响、投影机、摄像机等的准备和调试。现场实物如企业标志等，亦应提前准备好。小礼品应尽量体现企业独到的风格。既要有纪念意义，又要考虑实用价值，还能产生广告效果。现场的装饰与布置应独具匠心，服从于专题活动主题的需要。其中主席台与记者席是应特别加以考虑的重点。

8．预算费用开支

专题活动的各种开支都要事先估计到，以便做到量入为出，并留有余地。任何一个企业在举办专题活动前都要考虑成本问题，并详细做好各项预算。因为这不仅体现了设计、组织者的科学的工作态度，同时也有助于强化活动计划的科学性。

9．现场组织

现场组织工作主要包括向导、登记、接待，发放宣传品、纪念品，解决临时发生的有关问题等。组织者既要当好指挥员，使所有参加者有所适从，又要做好服务员，使每一位参加者都感到舒畅、满意。既要照顾全局，又要做好细微的每件事，保证整个活动的畅通。

10．方案调整与进程控制

在专题活动的计划方案确定后仍应当根据各种反馈信息不断调整，修正方案，以提高专题活动的质量。在专题活动实施过程中，应尽力把握进程，除非特殊情况发生，否则应严格

执行原定计划方案,以收到预期效果。企业公共关系专题活动的策划与实施是一项复杂的系统工程,涉及的方面很多。从某种意义上说,是获取一种印象或者在买一种感觉。举办者如能充分发挥专题活动的优势,就可办得轰轰烈烈、有声有色,赢得公众的好感和信任。

案例二:韩国旅游业借影视剧"起死回生"

自1998年亚洲金融危机以后,韩国旅游业一直沉迷低谷,旅游收入连续5年呈现下滑趋势。然而,此时的韩国影视剧却在政府的大力扶植之下大举进攻亚洲、美洲影视剧市场。尤其在中国,因为韩中文化相近,中国人对韩国影视有着很大的认同感,从而对影视中体现出的饮食、服饰等文化产生认同感,形成对韩国的关注点。去韩国吧!那里有拍摄《冬季恋歌》的小岛,有美丽的景色,有浪漫的爱情,有青春悸动的痕迹,有美好热烈的纯真!去韩国吧!那里有精美的食物,有华美的宫廷,有坚强的人格,有各种传统的完美留存!不想去体验一下吗?当然要去!有了这些强烈的诱因,去韩国旅游就成了一种必然。韩国观光公社调查显示,2004年来自日本和中国的游客中,有27.1%(约71万人次)是直接或间接受到韩国影视剧的影响来韩国旅游的。这些"韩流游客"共为韩国带来了7.8亿美元的外汇收入。电视剧《大长今》热播后,位于首尔以北的扬州MBC文化院,作为其主要拍摄地,被韩国旅游发展局挂起"MBC大长今村"的招牌,包装成旅游观光点。从2004年10月开放截至2005年12月初,光顾的游客已达30万人左右。

(资料来源:舒伯阳. 实用旅游营销学教程[M]. 武汉:华中科技大学出版社,2008.)

任务实施

活动程序:
(1)小组合作学习讨论。
(2)根据策划方案设计实施方案(简版)。
(3)以小组为单位完成撰写庆典活动实施方案。

活动内容:
(1)公关专题活动在实施过程中的注意事项。
(2)公关实施方案制订的基本框架。
(3)庆典活动实施方案的制定。
(4)方案审核。
(5)公共关系效果预评估。

具体实施:
(1)学习掌握公关策划方案实施的程序。
(2)分组撰写庆典实施方案。
(3)分组进行汇报。
(4)教师进行点评,并做总结。

讨论和总结:
(1)是否把握了实施方案的要点?
(2)10周年庆典公关实施方案是否规范、完整?

自主训练

调查你所在地区的大型旅行社或酒店,了解该公司近两年有没有举行过各类型的庆典活动?有没有提高企业知名度或美誉度的活动开展?如果有,则请收集整理;如果没有,则请你们学习小组为该公司策划一个庆典活动方案。

任务评价

工作任务学习评价表

<table>
<tr><th colspan="2">内容</th><th colspan="3">评价</th></tr>
<tr><th colspan="2">学习目标</th><th>考评项目</th><th>自我评价</th><th>小组评价</th><th>教师评价</th></tr>
<tr><td>知识目标</td><td>应知应会 20%</td><td>活动实施步骤</td><td></td><td></td><td></td></tr>
<tr><td></td><td></td><td>庆典实施方案的撰写</td><td></td><td></td><td></td></tr>
<tr><td rowspan="6">能力目标</td><td rowspan="3">专业能力 40%</td><td>任务方案</td><td></td><td></td><td></td></tr>
<tr><td>实施过程</td><td></td><td></td><td></td></tr>
<tr><td>完成情况</td><td></td><td></td><td></td></tr>
<tr><td rowspan="3">通用能力 30%</td><td>协作精神</td><td></td><td></td><td></td></tr>
<tr><td>角色认知</td><td></td><td></td><td></td></tr>
<tr><td>创新精神</td><td></td><td></td><td></td></tr>
<tr><td rowspan="2">态度目标</td><td rowspan="2">工作态度 10%</td><td>工作纪律</td><td></td><td></td><td></td></tr>
<tr><td>有责任心</td><td></td><td></td><td></td></tr>
<tr><td colspan="3">教师、同学建议:

努力方向:</td><td colspan="3">评价汇总:
优秀(90~100分)
良好(70~89分)
基本掌握(60~69分)</td></tr>
</table>

工作任务四 旅游专题活动的策划与实施

【学习目标】

1. 知识目标

(1) 了解旅游专题活动的含义、类型。

(2) 各种专题活动(展览会、赞助等)的策划、实施步骤及注意事项。

2. 能力目标

(1) 运用理论知识和案例,能组织实施公关专题活动。

(2) 能掌握专题活动策划的方法和技巧。

(3) 能根据企业需要策划专题活动。

【任务导入】

青年旅行社集团（旅行社、酒店、车队）公司即将迎来开业10周年庆典，作为该集团的公关人员，你需要为庆典活动策划一系列的公关专题活动，扩大企业的知名度和美誉度，进一步提升组织形象。请你帮助企业策划展览会、赞助活动，为参加庆典的人员组织参观等活动。请你撰写赞助策划实施方案。

【任务分析】

以青年旅行社集团筹划开业10周年庆典为背景，策划系列专题活动，本次任务是庆典活动中的公益赞助活动的策划和组织实施及预评估。

【知识链接】

一、公关专题活动概述

（一）公共关系专题活动的含义

公共关系的专题活动是以公共关系传播为目的，有计划、有步骤地组织众多人参与的协调的社会活动。关于大型活动的定义，我们必须掌握三个概念：第一，专题活动以社会传播为目的。第二，众多人参与的社会活动是专题活动定义的基本条件。要算得上是大型，须有两个基本条件：一是活动社会化；二是活动参加人数量多。第三，活动是有组织、有计划、有步骤的社会协调行动。假如不是协调的行动，那么再多人参与也不能算是专题活动。

旅游公共关系专题活动是旅游业组织为实现某一具体目标而进行的专门的公关活动。公关专题活动主要包括以下几种类型：记者招待会、展览会、赞助活动、庆典活动、开放参观、联谊活动、策划新闻事件以及旅游公共关系广告等。

（二）公共关系专题活动的基本特点

1. 针对性

公关专题活动是在审时度势后，根据组织或公众的某种特殊需要而举办的，这就使得它的目标明确，同时活动也比较集中，能较好地解决某一特殊问题。

2. 传播性

公关专题活动的策划者把活动作为一个信息传播的载体，通过活动内容把信息传达给活动参加者，并且进一步通过参与者的人际传播和大众传播媒介把信息传播到更大的范围。

3. 协调性

公关专题活动的协调性表现在专题活动过程的各个方面与各个环节。第一，目的与内容的协调。一个既定的目的，要通过内容来兑现，两者之间协调，策划构思才能实现。第二，内容与形式的协调。第三，实施操作管理的协调。公关专题活动在实施管理过程中，管理事项纷繁复杂，各个实施项目之间要综合协调，否则专题活动不能实现既定的目的。

4. 效率性

公关专题活动讲求效率性，主要体现在两个方面：一是投入与产出的概念。一项专题活动，投入一定数量的人力和物力能产生多少效益。二是现代社会的人们讲究时间观念。参与活动的公众付出了时间代价，活动策划者应该给予有效的回报。

5. 灵活性

公关专题活动方式多样，举办时间的长短也受限制，活动内容也可以根据需要不定期安排，在活动过程中也可以做适时调整。

案例分享4-8　　中国外交部记者会的"冷场"

12月25日是圣诞节。秦刚下午主持例行记者会，在一名巴基斯坦记者提出唯一一个问题后，稀稀落落的记者席里没有任何记者发问。面对空前境况，秦刚笑着说："那我数三下，3、2、1，没问题了，谢谢大家。"在场记者笑声顿起，鼓掌结束这场记者会。

外交部记者会是中国政府对外信息交流的重要场合之一，平日记者提问可谓包罗万象、争先恐后，不料圣诞节意外出现冷场插曲，令人莞尔。

二、公共关系专题活动的策划

（一）公共关系专题活动的策划目的

1. 制造新闻

所谓制造新闻，是指在坚持真实性的前提下，举办具有新闻价值的活动，吸引新闻界和社会公众的注意，争取被报道的机会。吸引新闻媒体和社会公众的注意，以扩大企业的社会影响，提高企业的知名度。公共关系专题活动一般都有明确的主题，独特设计的活动内容，因而会成为新闻媒体和社会公众关注的"热点"。当然也可以主动与新闻媒体联系，使新闻媒体的参与成为整个活动的组成内容之一。

2. 为促销服务

通过公共关系专题活动，淡化推销的色彩，使社会公众从感情上接受一种新产品、新服务，制造有利的营销气氛，从而为进一步的销售活动开拓道路。

3. 增强好感

利用社会传统的重大节日或企业自身富有意义的纪念日，举办公关专题活动，可以表达企业对社会公众的善意，改变企业的社会舆论和关系环境，改善企业内部的人际关系。

4. 联络感情

通过策划和举办公关专题活动，与社会各界广泛联络交往，为企业广结善缘。

5. 挽回影响

当企业形象受到损害时，需要运用多种手段加以纠正，通过专题活动巧妙的设计和有效的工作，可以改善公众原有的印象，使受到损害的企业形象得以恢复。

（二）公共关系专题活动的策划内容

1. 分析企业形象现状及原因

企业形象现状及原因的分析工作，实际上就是要求在公关策划之前，对企业形象现状进行诊断，从而为选择公关活动目标和方法提供依据。

2. 确定目标要求

一般来说，所要解决的问题就是公关活动的具体目标，它服从于树立企业形象这一总体目标。在策划时，公关活动目标应明确、具体，具有可行性和可操作性。

3. 设计主题

公关活动的主题是对公关活动内容的高度概括，它对整个公关活动起着指导作用。主题设计得是否精彩、恰当,对公众活动成效影响很大。公关活动的主题看似简单,实非易事。设计一个好的活动主题一般要考虑三个因素:公关活动的主题必须与公关活动的目标一致,并能充分表现目标;公关活动主题的信息独特新颖,有鲜明的个性,突出本次活动的特色;主题要适应公众心理的需要,主题要形象,语言能打动人心,使之具有强烈的感召力。

4. 分析公众

公关活动是以不同的方略对不同的公众展开的,而不是像广告那样通过媒介把各种信息传播给大众。因此,只有确定了公众,才能选定哪些公关活动方案最为有效。

5. 活动方式选择

公关活动方式的选择是策划的主要内容。通过什么方式开展公关活动关系到公关工作的成效。选择活动方式是创造性的工作。公关活动是否新颖、有个性,关键取决于策划人员的创造性思维是否活跃。因此,在选择活动方式时,要充分发挥策划人员的独创能力和潜在能力。

6. 经费预算

公关专题活动的经费预算项目一般是由以下部分组成的。

场地费用:包括场地使用权的租赁费。

物资费用:包括活动使用的各种道具、器材、设备、文具、礼品及布置场地物品所需的费用等。

礼仪费用:包括礼仪性项目的开支,如邀请乐队、仪仗队和文艺演出的演员等。

保安费用:包括活动期间保卫工作、安全设施、保健项目等费用支出。

宣传费用:包括用于活动宣传方面的开支,如摄影、录像、广告宣传、宣传品印刷、展示费用等。

项目开支:包括交通运输费、差旅费、办公费等行政性开支或代付费用。

餐饮费:活动项目中的宴会或餐饮费用。

劳务费:包括公关人员和其他劳务人员的薪水。

不可预算的费用:包括应急费和大型活动常有的许多不可预算的开支,一般是以活动费用总额的5%~10%计算。

承办费:假如是委托专业公关机构承办的。必须支付承办费,这一费用实际是包括了承办机构的管理费和利润。

(三)公共关系专题活动策划中应注意的事项

1. 要有明确目的

任何公共关系专题活动都应该有明确的目的,要设定影响哪些公众,要达到怎样的公共关系目标,要取得哪方面的效果以及公共关系专题活动的主题是什么都要事先确定。

2. 要有实施方案

应该把公共关系专题活动作为一个整体和系统工程来设计、规划。对于时间、地点、参加者、活动方式、环境、交通、经费、宣传报道、效果评估等各方面因素和细节都要考虑周全,事先要制订实施方案并请有关人士论证批准,然后按照活动方案进行操作实施,并且在实施过程中收集反馈信息,如有必要,则可根据实际情况和反馈信息对方案进行合理调整。

3. 要有传播计划

应根据主题设计一个既令人耳目一新又利于传播的标题或口号。标题或口号犹如一篇文章的题目，既要能反映文章的内容，又要有创意。例如，"中国大连，世界服装名城""中、法人民友谊源远流长""北京亚运村，世界第一流""新北京，新奥运"等标语口号都为当时的公共关系专题活动增添了光彩。在公共关系专题活动开始之前，就要把有关专题活动的消息传播出去，以便渲染气氛，创造良好氛围。与此同时，还要事先与新闻媒体进行联系，并且为记者采访报道提供一切便利条件。专题活动之后，要注意收集反馈信息和报道成果。最重要的是，公共关系专题活动要有与之配合紧密的传播计划。离开了传播，公共关系专题活动的效果则会大打折扣。

4. 要有专人负责

公共关系专题活动不仅要请专家精心策划，而且要有专人负责实施，最好是组成专门机构一抓到底，善始善终。其机构成员最好是具有公共关系知识和公共关系策划能力、实施能力，以便能"逢山开路，遇水搭桥"，保证公共关系专题活动的顺利进行。

案例分享4-9　学子商家群英荟萃，深职儿女尽展风采

一、展会活动背景

在这秋高气爽的九月，我们即将迎来深圳职业技术学院创新创业学院创意创业园自行发起的举办的新一届展会。我们对此次活动进行了细致地研讨和多角度的分析，为此次展会增添了一些新的元素。此次展会将邀请各个行业的商家前来参展，增加了校内外的互动交流。同时，此次展会将邀请深圳职业技术学院毕业校友前来观展，展示创意创业园企业风采，此次活动的目的不仅是培养大学生的创新、创业精神，为学校内外人才提供良好的实践平台，提高学生的能力，也为商家开拓更多的销售渠道，提高企业知名度，树立企业形象。

二、活动主题

学子商家群英荟萃，深职儿女尽展风采。

三、活动目的及意义

充分发挥学生的沟通能力，为将来自主创业和就业打下坚实基础。

充分展现深圳职业技术学院独特的教学方式。

丰富校园生活，激发在校大学生的创新、创业能力。

加强创意创业园与各个领域商家的交流与合作，提高学生创业者的知名度和消费者对其产品的认知度，扩大创意创业园的影响力。

校友内外沟通，展示母校风貌风采。

四、活动单位

主办单位：创意创业园企业。

承办单位：××。

五、活动时间

国庆七天。

六、活动地点

深圳职业技术学院东区体育馆（拟定）。

七、活动对象

全体师生及深圳职业技术学院校友。

八、活动负责人及分组安排

工作方法：

小组责任制，各负责人负责各小组的工作内容。

根据实际召开会议讨论各种出现的问题并及时解决。

集思广益吸收各小组的建议并采取相应措施。

九、工作分配

1. 宣传小组

组成：创意创业园动画宣传业务企业。

负责人：刘晓圳。

2. 执行小组

3. 指挥小组

注：(1) 指挥小组人员负责活动各方面的统筹安排。

(2) 整个活动期间各商家负责人员的考勤、考核。

4. 宣传小组

(1) 负责图片的采集，对展会期间的情况进行记录。

(2) 利用公告栏、展板等方式发布展会情况。

(3) 对整个活动期间的图片进行整理与存档。

5. 统计小组

(1) 每天各摊位负责人及时汇报数据，对展会的情况进行记录。

(2) 展会开始前列出财物总清单，每天进行公共财物清点、记录。

(3) 开幕式及闭幕式座位布置。(注：座位牌、桌布、水、鲜花)

(4) 整理有关资料，做成书面形式备案。

6. 联络小组

(1) 负责活动申请和场地申请（一定要提前申请）。

(2) 联系各级领导与嘉宾并送达领导与嘉宾邀请函。

7. 安全小组

(1) 负责维护展会期间的人员组织，会场秩序、人员安全、用电安全并进行不定时检查，包括插线板的连接、收放，以及安全用语的提示。

(2) 由志愿者服务分队做好应急培训，并对相关工作人员进行安排。协助工作人员做好展会期间各项突发事件的处理。

(3) 配合保卫科协调展会期间安全布置并准备应急药品。

8. 礼仪小组

(1) 做好串词、主持、开场节目的安排。

(2) 做好开幕式、闭幕式礼仪的安排。

(3) 做好活动期间的互动小游戏和气氛调节。

9. 现场布置小组

(1) 负责会场布置的物品申请（帐篷、桌子、凳子、音响、话筒、盆栽、各种长度的插线板、2~3个饮水机等）。

(2) 协调其他工作人员将会场布置所需的物品搬运到指定场地。

(3) 每天展会后卫生的清理。
(4) 展会结束经统计小组统计清点完毕之后将所借物品如数归还。
10. 舞台布置小组
(1) 负责舞台设计方案。
(2) 负责舞台布置。
11. 机动小组

十、各阶段详细工作安排

第一阶段：展会开展前安排。
第二阶段：展会具体时间安排。
第三阶段：后期总结。

十一、经费预算

十二、应急处理

1. 挑选团队应急预案
2. 展会现场突发事件应急预案
3. 火灾事故应急预案
4. 暴力事件应急预案
5. 发生偷盗、被盗等事件
6. 恶劣天气使展会无法进行

三、展览会的组织实施

展览会是一种综合性的活动，要耗费大量的人力、物力和财力。为保证展览活动的成功举办，旅游组织公共关系人员须做好以下工作。

（一）分析举办或参加展览会的必要性

展览会是大型的综合性公共关系活动，耗费较大，因而在举办或参加展览活动之前，旅游组织公共关系人员一定要对举办或参加展览会的必要性和可行性进行分析研究，防止盲目投资、得不偿失，或因准备不足而起不到应有的作用。

（二）明确展览活动的目的和主题

任何展览会都有一定的目的，即通过展览会的举办或参与，要解决旅游组织的什么问题，达到什么样的目标。具体来说，是以促销为目的，还是以宣传组织形象为目的等。主题应是展览目的的概括体现，是展览会的精神核心和指导宗旨，它通常用一两句高度概括的语言表现出来，并书写在展览会醒目的位置上，给参观者留下很深的印象。

（三）确定展览类型及参展单位和项目

有了明确的目的和主题，便可以进一步确定展览会的类型、参展项目及邀请对象。例如，举办大型综合展览会，通常用广告和邀请函等形式向可能参展的组织讲明展览宗旨、类型项目、要求及费用等，为潜在参展组织提供决策所需的资料。

（四）选择时间和地点

在时间上，要考虑到展出的内容有无季节性和周期性，是否与重大社会活动的时间相冲突等；在地点上，首先要考虑是否有方便参观者的交通条件，其次要考虑场地的大小、质量、设施，此外还要考虑场地周围环境是否与展览主题相互协调。

（五）明确参观者的类型

展览的对象是谁，范围有多大，参观者的层次、要求、数量等状况如何，这些都是旅游组织公共关系人员在展览活动前应分析研究的问题。这样在接洽、解说和材料准备上才能做到有的放矢，从而保证展览活动的顺利开展。

（六）准备各种宣传资料

展览会需要的材料很多，如展览徽标、宣传招牌、图片、展品、广告、气球等。除此之外，还要准备一些资料分发给参观者，如旅游组织及其产品或服务的简介、宣传画册、纪念品等。

（七）培训工作人员

展览活动工作人员的素质与技能对整个展览效果起着重大影响作用，特别是一些专业性较强的展览，如果没有一定的专业知识，展览的组织、洽谈、解说、咨询等工作就会受到影响。此外，工作人员的素质、礼仪、讲解的技巧，都影响着展览活动的成功。因此，要对展览活动的工作人员进行公共关系训练，尽可能地使他们做到：懂得展览项目的专业知识，能为观众提供咨询服务；善于交际，礼貌文明，能得体地与各类观众交流；仪表端庄大方，不落俗套。

（八）与新闻界的联络

展览会要利用一切可以调动的传播媒介进行公共关系活动，使公众通过视、听等多种渠道了解有关旅游组织的信息。展览会前应组建专门的新闻机构，负责展览活动的新闻宣传，如新闻处、秘书处等。由它们邀请新闻记者参加开幕式和采访，与新闻媒体保持密切联系，为新闻记者采访提供一切方便和相关资料等。

（九）展览会费用预算

经费预算是把展览会所投资的总金额落实到展览活动的每项具体项目中，使每一个项目的经费得以落实，如场地租金、设计装修、广告费、电费、运输费、接待费、资料费、劳务费等。旅游组织公共关系人员应有计划地分配展览所需的各项资金，防止超支和浪费。

（十）评估展览活动的效果

展览会带来的最直接的效果是旅游产品成交量的多少，这是评估贸易展览活动的主要衡量标准。此外，还可以通过参观人数、新闻传播媒介的报道、咨询台、留言簿、问卷调查、有奖测验、新闻分析等方法，了解评估展览活动的效果。

四、赞助活动的策划与组织实施

赞助活动是指组织通过无偿提供资金或物资对各种社会公益事业做出贡献，以提高社会声誉、树立良好社会形象的公关专题活动。赞助是举办专题活动最常见、最重要的形式之一。任何企业的赞助活动都有自己的具体目的和利益，与广告对公众会产生一定的侵入性相比，赞助已经成为人们生活的一部分，越来越多被组织所认识并加以重视。

（一）赞助活动的类型及方式

1. 赞助体育活动

体育影响面大，公众参与感觉强烈，并且超越了民族、国界和政治因素。具体赞助方式：出资、冠名、企业与体育联姻等。

案例分享4-10　　　　　　　**新疆喀纳斯景区赞助活动**

新疆喀纳斯景区计划从2009年至2014年每年出资26万元，赞助新疆维吾尔自治区滑雪队、速滑队的器材、训练、交通、参赛。运动队则以"新疆喀纳斯滑雪队""新疆喀纳斯速滑队"的名称参加各种比赛。

2. 赞助文化活动

组织对电影、电视剧、文艺演出、音乐会、演唱会、画展等的赞助。

3. 赞助教育事业

赞助形式主要有赞助学校教学活动、设立奖学金、成立基金会、捐赠图书、捐赠教学设备、修建教学科研楼、赞助科研项目、赞助学术研讨会、赞助学术著作出版等。

案例分享4-11　　　　　　　**邵逸夫希望学校**

香港实业家邵逸夫，一生拨出大量资金赞助内地教育。据统计，从1973年至今，他一共兴建了351所村小、39所师范学校、10所职业学校、1所特殊学校，加上直接赞助之医院、博物馆、图书馆等，总价值在100亿元以上。以至于提起邵逸夫，就会把他与教育事业联系到一起。

4. 赞助慈善福利事业

这是旅游组织谋求与政府和社区两大公众最佳关系的理想手段。这能表明社会责任和高尚品格，容易引起社会公众的好感，赢得良好社会声誉。常用做法：救济残疾人、赞助孤寡老人、捐助灾区人民、捐赠儿童福利等。

5. 赞助纪念活动

赞助重大事件和重要人物的纪念活动。

活动内容：大型社会成就展览、著名历史人物和伟人事迹展等。

6. 赞助特殊领域

伴随公关同质化严重，常规的公关活动已经很难达到迅速提升组织知名度和美誉度的双重目的。因此，许多旅游组织把目光聚焦到具体大型活动和特殊领域的赞助上，如赞助生态资源保护、文物古迹的开放等。

（二）赞助活动实施步骤

1. 赞助活动类型的确定

旅游组织公共关系人员应首先确定赞助活动的类型，这要根据赞助的目的来看，如果旨在扩大影响和知名度，那么旅游组织可采取赞助体育活动；如果旨在树立良好形象，那么旅游组织可采取赞助教育事业；如果旨在培养感情、增进社会理解，那么旅游组织可采取赞助社会福利事业等。

2. 制订赞助计划

赞助类型确定后，旅游组织的公共关系人员就应制订出一个完整的赞助活动计划。该计划是赞助目标的具体化，通常包括赞助范围、赞助对象、赞助形式、赞助费用预算、赞助实施步骤等内容。

3. 赞助活动的具体实施

计划制订好以后，旅游组织要派专门的公共关系人员负责各项赞助方案的具体实施，运用公共关系技巧去扩大组织的社会影响。如果遇到不正当的赞助要求，则应坚决拒绝，必要时可诉诸社会舆论和法律。

4. 赞助效果的评估

赞助活动实施之前确定赞助类型、制订赞助计划，目的是要取得赞助的良好效果。因此，在每次赞助活动中，旅游组织的公共关系人员都应注意赞助效果的检查制定，要求赞助的具体实际情况、赞助后公众及新闻界的反映与赞助计划相对照，明确指出完成了哪些预定指标，哪些指标没有完成并分析原因，然后写出评估总结报告，上报旅游组织的领导层，并做好归档工作，为日后的赞助活动提供参考资料。

（三）赞助活动实施中应注意的问题

1. 赞助活动要有针对性

社会赞助是旅游组织自愿履行社会责任和义务的表现，旅游组织既拥有选择赞助的权利，又要力所能及，以赞助方本身的意愿为前提，不可盲目贪大求全，因为赞助效果并非与出资多少成正比。组织应考虑赞助活动的必要性、可行性，使有效的资金发挥最大的效应。

2. 充分利用赞助提供的机会

旅游组织在承诺赞助后，要尽量利用赞助活动来宣传自己，因为赞助活动的主办人有许多事情要做，他们只能给赞助者提供机会，而有效地利用赞助则是赞助者自己的事。

3. 提高赞助的效率和质量

旅游组织可以将多方面的资金集中起来设立一个基金会。基金会可单独或联合地向社会公益事业提供稳定的长期资助，取得长期的社会效益。

4. 严格控制赞助预算

赞助活动在财务方面要严格管理，以免资金被挪作他用，或被私人非法侵占。旅游组织还应严格控制赞助的预算，以防超支。此外，旅游组织还要注意预留一部分机动款项，以解决临时急用问题。

5. 淡化商业意识

赞助活动应设计新颖的赞助形式，淡化商业意识，要与做广告区别开来，即使要做广告也要以公共关系广告的形式出现，以免引起公众的反感。

职场案例

案例一：茅台酒的出名之道

茅台酒本来并没有什么名气。有一次，厂家代表带它去参加在印度新德里举办的世界酒类饮料博览会。世界著名的酒类品牌绝不会放弃这样的极好机会。茅台酒是首次参展，光租展位就是很大一笔开销。但厂家认为，只要能够提高知名度，还是值得的。然而，面对法国的香槟等西方传统酒类饮料,人们对来自中国的茅台酒展位根本不屑一顾。展览的第一天,茅台酒基本无人问津。面对这样的尴尬局面,茅台酒展位工作人员急得团团转,为此,他们决心要扭转这种受冷落的状况。于是,第二天展览开始之后,在人流最高峰的时候,工作人员急中生智地拿着一瓶茅台酒走到展厅中央,装着在人流中不小心将它"打翻"在地。顿时,整个大厅充满了茅台的酒香。参观展览的人立即被这从来没有闻到过的香味所吸引,好奇地相互打听这是什么牌子的酒。茅台酒展位人员抓住这一机会,向参观者介绍茅台酒。很快,茅台酒展位吸引了大批参观者,随即引起整个展览会的轰动,新闻媒介也闻风而来,纷纷予以报道。结果,茅台酒在本次展览会上获得了金牌。从此,它身价百倍。

(资料来源:潘彦维,杨军. 公共关系[M]. 北京:北京师范大学出版社,2007.)

案例二:假日旅行社赞助打造全省首批"旅游管家"

2008年11月,由浙江省教育厅、浙江省劳动和社会保障厅、浙江省旅游局等单位主办,杭州假日旅行社独家赞助的2008浙江省大学生导游技能大赛在杭州落下帷幕,来自全省26所高校的137名选手参加了此次比赛。经过了笔试、演讲、才艺展示等环节的选拔,他们还在西湖、灵隐景区和岳王庙景区的30个景点进行现场讲解比拼,而各项比赛则均按中文组、英文组和日文组进行。最终,本次比赛决出的前30名选手将优先与假日旅行社签订就业协议。

为什么在金融危机影响全球、许多企业选择"猫冬"的情况下,杭州假日旅行社还要独挑大梁,承办这样一次大学生导游技能大赛?带着这个问题,记者采访了杭州假日旅行社副总经理张艺群。

记者:张总,你好,这次导游技能大赛举办得很成功,有不少评委和旅游业知名企业的管理者甚至都发出了这样的感慨,"感觉整场比赛的层次要高于杭州市的导游技能大赛"。那为什么在当前经济形势不景气的情况下,你们还要承办这样大规模的比赛呢?

张艺群:我们的董事长李菁认为,凡事都总归有得失,经济危机时期,每个行业都会面临选择,任何选择也同样会有得有失。浙江是旅游大省,而导游是整个旅游业的灵魂,但目前浙江的导游队伍却存在人才缺口大、学历偏低等问题,尤其是高素质的外语导游更是"一将难求"。作为旅行社其实到目前为止都只是一个极其脆弱的行业。从业人员结构参差不齐。因为简单,进入这个行业可以很快,同样也因为简单,能真正做好的也少之又少。简单使从业者不学习、不培训、不思想。而一个再小的企业也不能忽略了学习和培训。一个企业在危机时更要注重内练,更要坚持。

通过活动,我们看到我们需要的人才在哪里,看到未来的导游们身上的不足,并且加以提点,使之成为假日"旅游管家"。

记者:那你们采取的是怎么样的一种合作或者说培训方式呢?

张艺群:按照我们李总的想法,虽然旅行社人员流动频繁,但我们还是要加大投入培训费用。现在的模式是实行企业培训外包,和专业的旅游学院形成互动。为了培养、引进更多我们需要的人才,在浙江省旅游职业学院里开设了一家杭州假日旅行社模拟公司,这可是浙江省第一家!这个模拟公司,派头可不小,传真机、打印机、电脑、电话、计调部、总经理室等一应俱全,活脱脱就是一个公司实体。

这个旅行社模拟公司有两个作用:一是针对在校的学生,在这里,他们可以在未踏入社会前就在模拟社会中实践和锻炼,成为能快速适应社会的学生,为未来真正踏入社会做准备。二是可以方便专业院校的老师做研究，像旅游策划和旅游新闻等专业其他院校都是没有的，我们企业可以为学校做旅游策划及旅游新闻的实践锻炼基地；另外，针对老员工，我们可以把这里当成实践锻炼和再充电的平台，使其理论知识不断得到提高与升华。

记者：听说你们与这次比赛的一些获奖选手签订了就业意向，那请问一下，你们如此花重金下功夫的目的是什么呢？

张艺群：呵呵，其实很简单，我们旅行社现在全职和兼职导游有四五十个，来自不同的年龄层次，也有不同的教育背景。由于现在的经济形势，可以预见未来的游客将会是专业型、挑剔型的，而我们现在将在校的学生培养成符合社会高端要求的导游队伍，他们将不再是传统意义上的导游，而是"旅游管家"，也就是符合社会高端需求、能像英式管家那样提供周到服务的导游。这将是浙江省第一支这样的队伍，也必将成为主导队伍。

（资料来源：杭州旅游电子政务网）

任务实施

活动程序：
(1) 领任务分小组学习探讨。
(2) 分析任务。
(3) 赞助策划实施方案。
(4) 分组任务汇报。
(5) 任务总结。

活动内容：
(1) 旅游专题活动相关知识学习。
(2) 展览会和赞助策划与实施要点。
(3) 能掌握专题活动策划的方法和技巧。
(4) 能根据企业的需要策划专题活动。

具体实施：
(1) 学习掌握公关专题活动具体策划与实施要点。
(2) 分组完成赞助策划与实施方案，并做预评估。
(3) 分组进行汇报。
(4) 教师进行点评，并做总结。

讨论和总结：
(1) 赞助方案是否按程序设计撰写？
(2) 赞助方案的新颖性和创新点在哪里？

自主训练

"2011年8月，西甲豪门皇家马德里要来华访问。"当张晓阳从报纸上看到这则消息的时候，他激动地快要从座椅上跳起来。作为一个球迷，他知道皇家马德里是世界足坛最成功的俱乐部之一，2000年还被FIFA评为20世纪最伟大的球队。对皇家马德里访华他已经等待好久了，没什么比到现场一睹风采更让他激动了。当然，作为一个旅行社总经理，他随后马上也意识到，这次活动对公司来说更是一次不容错过的机会。经过一番了解，他知道了皇家马德里中国行的活动是由某体育经纪公司在操办的，而且很多公司都对这个活动非常感兴趣。在经过公司讨论后，张经理决定，通过赞助比赛的形式参与这个活动。争取尽早使企业的形象出现在各大媒体中，甚至出现在赛场上。

请根据以上情景，完成以下任务：
(1) 该旅行社可以具体选择什么方式来实现树立形象、扩大影响的目的？
(2) 在赞助活动实施过程中，如何实现公关效益最大化？

任务评价

工作任务考核评价表

内容		评价		
学习目标	考评项目	自我评价	小组评价	教师评价
知识目标	应知应会 20%	公关专题活动			
		赞助与展览会活动实施			
能力目标	专业能力 40%	任务方案			
		实施过程			
		完成情况			
	通用能力 30%	协作精神			
		角色认知			
		创新精神			
态度目标	工作态度 10%	工作纪律			
		有责任心			
教师、同学建议：		评价汇总： 优秀（90~100分） 良好（70~89分） 基本掌握（60~69分）		
努力方向：				

项目五

旅游公关信息传播

技能目标

信息传播是连接公共关系主体和客体的桥梁。在旅游企业的公关信息传播中,旅游企业通过以媒体为中介的大众传播和面对面的人际传播等方式,向旅游组织外部和内部的公众传递企业各方面的信息。旅游企业在开业、运营以及面临突发事件时迅速准确地将信息发布给公众,有助于公众认识了解企业,提高企业的美誉度,塑造企业良好的社会形象,修补危机带给企业的不良影响。旅游企业信息传播的形式是多样的,这里主要通过新闻发布来认识和运用旅游企业公关信息对外、对内的传播。

工作任务一 筹备新闻发布会并撰写邀请函

【学习目标】

1. 知识目标
(1) 了解新闻发布会的特点。
(2) 熟悉新闻发布会的准备流程。
(3) 新闻发布会邀请函的格式。

2. 能力目标
(1) 能够筹备新闻发布会。
(2) 会写新闻发布会邀请函。

【任务导入】

某青年饭店的厨师参加全国厨艺大赛,荣获金奖,饭店想利用本次机会向社会宣传自己,决定召开一次新闻发布会,饭店公关部承担此项工作。如果你是饭店公关部的一个公关人员,这项任务交给你来做,那么你会从哪方面来做好准备工作?

【任务分析】

要完成此项任务，必须对新闻发布会的相关知识进行了解，然后确定要做哪些工作，每项工作需要如何分工、协调、配合，然后进行准备，同时进行演练，以保证新闻发布会的顺利进行。

【知识链接】

一、新闻发布会的特点

新闻发布会一般是政府、企业、团体向其外部公众传播具有一定社会影响有新闻价值的信息或某个组织或个人为澄清某一事件真相而向社会做某些有关情况的介绍。它是公共关系新闻传播的一种重要方式。新闻发布可以采取公告、书面和口头发布等形式，新闻发布会则是最常用的方式。

阅读资料 5—1　　　　　　　　　新闻发布会与记者招待会的区别

新闻发布会，也有人把它叫记者招待会，其实这两者是有区别的。

新闻发布会侧重于新闻发布，如企业做出了某项重要的决策、研制生产了某种新产品或推出了某项对社会有重要影响的革新项目。企业若想通过大众媒介把这些信息广泛地传播出去，就可以举办新闻发布会。

记者招待会则有所不同，它不一定是有新闻要发布，它的主要目的是和新闻媒介公众进行沟通。任何企业在与社会各界公众的交往中，都会遇到很多错综复杂的问题，如本单位与外单位发生了法律纠纷、企业受到了顾客的批评、受到了社会舆论的谴责、受到新闻媒体的公开指责、受到了某一其他社会组织的诬告等。当这些问题发生之后，企业为了挽回影响并争取舆论界的支持，就有必要召开记者招待会。

（资料来源：武汉美游天下文化传播有限公司）

二、举办新闻发布会的时机和主题

新闻发布会是既严肃又正规的公共关系专题活动，因此，举行新闻发布会一定要选择适当的理由和时机，不能随意召唤记者，否则后果不堪设想。为了获得良好的传播效果，召开新闻发布会一般应避开重大节日，也不宜与社会公众普遍关心的社会重大活动相重叠。对一个组织来说，举行新闻发布会是为公布与解释组织的重大新闻。如在新产品的开发、组织首脑或高级管理人员的更换、组织合并、组织创立周年纪念日、重大的人员伤亡事故等事件发生时，都可以举办新闻发布会，发布这些消息。

确定会议主题和对会议进行可行性分析是策划会议时必须认真审视的。发布会将宣布什么，是对一件事情进行解释，还是公布有关信息？如果发布信息，则需要对发布的信息进行分析研究，衡量确认其是否具有广泛传播的新闻价值，是否能对公众产生影响，此新闻现在发布是否合时宜，其紧迫性应当确认。然后决定是否召开。同时要对记者们将在会上提出哪些问题进行预测，在内部统一口径，以免说法不同而引起与会者的猜疑。

新闻发布会的主题应清晰明了，切忌含混不清，体现发布会主题的标语口号应准确精练，便于记者报道。

三、新闻发布会的筹备

举办新闻发布会是组织形象的一次"亮相",因此,必须精心设计和策划。成功地举办新闻发布会的关键是准备充分,工作细致,真正做到"事无巨细,追求完美"。在通常情况下,举办新闻发布会的准备工作有以下七个方面。

1. 选择媒体单位,落实邀请范围

一个成功的旅游组织应该有自己的个性,一个成功的新闻发布会也应该有目的地选择媒体单位和与会记者。在选择媒体单位和与会记者时应考虑以下几个因素:一是新闻发布会的规模;二是准备花费多少费用;三是本次新闻发布会将要影响的区域;四是对信息传播内容和速度的具体要求。选择了媒体单位后,再进一步落实参会记者名单,每一家媒体请几位、请谁,都要提前决定,请柬要在两周前发出。请柬内容应包括新闻发布会的主题、主题发言人姓名、举办时间、举办地点以及联系电话。新闻发布会正式举行的两三天前,再给被邀请的记者打电话,确定一下他能否参加以及其他一些问题。

2. 挑选发言人,确定会议主持人

在新闻发布会上,一般首先会由会议主持人发布或介绍情况,随后由主要发言人做详细发言。新闻发布会能否开得成功,能否实现预定的公共关系目标,在很大程度上取决于会议主持人和主要发言人。会议主持人一般由旅游组织的公共关系部负责人担任。主持人应具有庄重的仪表、高雅得体的举止、高超的语言表达能力,善于活跃气氛、随机应变,具有驾驭会议发展趋势的能力以及丰富的主持经验。

新闻发布会的主要发言人原则上应该安排旅游组织的主要负责人。因为只有他们才能准确全面地回答有关本组织的方针、政策、经营、生产等重大问题。

3. 考虑安排合适的地点

会议选址一般应在交通便利、场地较舒适的市中心,并考虑新闻发布会的硬件等因素,如电话、传真机、打字机、照相设备等。通常新闻发布会在宾馆或新闻中心等地方举行,主要是考虑到上述要求。也可选择主办单位或某一事件发生的现场,但有时也有例外。

4. 准备好各种会议材料

包括口头材料、文字材料、实物材料等,供记者们深入细致地了解所发消息的全部内容。

5. 落实好有关会务问题

包括请柬、拟定会议程序、准备会议器材、确定工作人员、布置会场等。使会场既体现企业精神、富有时代气息,又使记者及其他来宾产生宾至如归的感觉。

6. 掌握整个会议进程

首先要搞好会议签到工作,然后按预先的安排将与会者引到会场就座,会议的进行要严格遵守会议程序。会议主持人应充分发挥其主持者与组织者的作用,始终把握会议主题,维护好会场秩序。记者提问有时很尖锐深刻,甚至棘手,这对主持人和发言人提出很高的要求,要求他们对问题比较敏感、思维敏捷、反应迅速、有较高的文化修养、有较高的专业水平和有一定的语言表达能力。主持人和发言人言谈应庄重而富有幽默感,并善于调节气氛、巧妙回答问题。

7. 做好会后工作

会议结束后,要及时收集有关这次会议的反馈信息,以便检测会议是否达到了预期目的。可以从三个方面进行：一要尽快整理出会议记录材料，从中吸取经验教训；二要收集与会者对会议的反映，以便会后改进；三要统计各到会记者在报刊上发表的稿件，进行归类分析，找出舆论倾向。同时对各种报道，应做出良好的应对策略。

案例分享 5-1

新闻发布会邀请函模板

××××
新闻发布会邀请函

尊敬的××先生/女士：

　　您好！我们诚挚邀请您参加于××××年××月××日××时在××召开的，由××企业主办的"××××新闻发布会"。

　　本次活动力邀多位政府领导、行业专家、知名商家，共同探讨××行业××之路的机遇和挑战，见证××的未来发展，届时将有众多具有重大影响力的媒体进行全程跟踪报道。

　　谨此，我们诚挚邀请您出席发布会活动，衷心感谢您的支持和指导！并请于××××年××月××日填妥参会回执，发电子邮件或传真至××，以便我们为您安排参会相关事宜。

　　详情请参见附件会议议程，欢迎垂询。

　　联系人：××

××公司
××××年××月××日

××××
新闻发布会参会回执

单位名称			联系电话	
单位性质	职能部门□　　企业□　　媒体□　　其他□			
参会者姓名	职务		手机	邮箱
备注				

注：此表格填妥后请于××月××日前发送至电子邮箱××或传真至××

职场案例

案例一：一着之差，可能满盘皆输

　　几年前，中央电视台举行奥运金牌拍卖仪式，准备将拍卖所得捐献给希望工程。T市某外资企业也进京参与了这场拍卖，公共关系人员事先进行了精心的策划。他们并非真的想要拍得这块金牌，而是想借拍卖之机，让他们的总经理在中央电视台上亮相，以增加企业的知名度，并赢得社会的好评。他们根据拍卖的规则，让总经理拍到第二高的价位便停止，以便拍卖结束后，接受中央电视台的采访，整个拍卖的过程如同他们设想的一样，最后中央电视台采访了出价最高和第二高的两家企业，整个采访过程中，两家企业老总按照记者的提问做了回答,相比之下,T市这家外资企业总经理的亮相,经过公共关系人员的设计,显得更加精彩。采访即将结束,原以为大功告成,不料中央电视台记者最后一个问题使这位总经理"麒麟皮下露出马脚"。记者问:"你们花了这么大的人力、物力、财力来参加拍卖,最后没有获得成功,你们亏不亏?"这位总经理脱口答道:"我们花了几百元,在你们中央电视台黄金时段亮相了二十多分钟,极大地宣传了我们企业,提高了我们的知名度,请问在你们中央电视台黄金时段做一分钟广告没有几十万行吗?可见我们大大地赚了一把!"这位总经理充满"铜臭"的回答,弄得记者啼笑皆非,气得策划者们垂头丧气,引得电视机前的观众嗤之以鼻。这家外资企业此次"赔了夫人又折兵"的失败充分说明,举办或参加新闻发布会千万马虎不得,小小的一个纰漏,有可能铸成大错!

(资料来源:赵文明. 公共智慧168 [M]. 北京:机械工业出版社,2006:184.)

分析提示:由上述案例中总经理失败的教训可知,旅游组织挑选好新闻发布会的主持人和发言人是十分重要的。

案例二:如何拥有高媒商——新闻发言五度原则

媒商,是指"媒体智慧",英文为"Media Quotient",指企业高层或政府官员与媒体打交道的能力。智商让你具备做事的能力,情商让你具备做人的能力,而媒商则是让你具备做公众人物的能力。媒商这个概念由危机公关专家游昌乔先生于2006年率先提出,并由此总结了"新闻发言五度原则",又称"媒商——新闻发言五度原则",或"媒商五度原则"。

游昌乔先生所出的"媒商——新闻发言五度原则"具体指:

(1) 高度:公众人物善待公众、善待社会、接受媒体监督,是应尽的义务。媒体代表着公众,媒体的背后是公众的知情权。而代表公众,是道德的制高点,无人能够侵犯。

(2) 态度:人们会原谅一个犯错误的孩子,但不会原谅一个不认识错误的孩子。每个公众人物在面对媒体时,始终得记住最重要的事情:第一是态度;第二是态度;第三还是态度。

(3) 风度:保持低调谦逊,不要忘本,任何时候都不要得意忘形。

(4) 气度:得饶人处且饶人。宽容是宽容者的通行证,狭隘是狭隘者的墓志铭。

(5) 尺度:不要过激反应,不要自我纠结,不要给大家任何理由让自己成为话题,更不要让自己成为关注的焦点。因为只要你在话题中心,就会继续遭受伤害。

(资料来源:http://www.hrgd.cn/content/? 339.html)

任务实施

活动程序:

(1) 分小组分析任务。
(2) 按任务写新闻发布会筹备方案和邀请函。
(3) 分组任务汇报。
(4) 任务总结。

活动内容:

(1) 是否召开新闻发布会?
(2) 新闻发布会筹备工作的内容。
(3) 掌握邀请函的格式。

具体实施：
（1）掌握新闻发布会筹备工作的内容。
（2）掌握邀请函的格式。
（3）分组完成新闻发布会筹备方案和邀请函的撰写。
（4）分组进行汇报。
（5）教师进行点评，并做总结。

讨论和总结：
（1）人员如何分工？职责如何确定？
（2）新闻发布的理由是什么？是否召开新闻发布会？
（3）新闻发布会筹备工作由几个方面组成？
（4）邀请函的格式对不对？

自主训练

公关员小张为饭店制订了一份关于春节推出新菜品的新闻计划，其内容包括以下几个方面：①必须了解各种新闻媒体的特点。②要与新闻界全面合作。③有目的地举行座谈会、新闻发布会，主动帮助记者客观地报道组织的政策和活动。④应当定期地向新闻机构寄发各种新闻资料、提供新闻线索，供记者参考之用。你认为这份计划正确不正确，如果不正确，则请你制订一份正确的计划。

任务评价

工作任务评估表

内容		评价		
学习目标	考评项目	自我评价	小组评价	教师评价
知识目标　应知应会20%	召开新闻发布会的理由			
	新闻发布会的筹备工作			
能力目标　专业能力40%	任务方案			
	实施过程			
	完成情况			
通用能力30%	协作精神			
	角色认知			
	创新精神			
态度目标　工作态度10%	工作纪律			
	有责任心			
教师、同学建议：		评价汇总：优秀（90~100分）良好（70~89分）基本掌握（60~69分）		
努力方向：				

工作任务二　拟定新闻发布会工作流程并模拟实施

【学习目标】

1. 知识目标
（1）了解发言稿的撰写规范。
（2）熟悉新闻发布会的工作流程及注意事项。
（3）掌握答记者问的技巧。

2. 能力目标
（1）能够拟定新闻发布会流程。
（2）模拟组织新闻发布会。

【任务导入】

青年酒店最近推出新产品，酒店想利用本次机会向社会宣传自己，决定召开一次新闻发布会，酒店公关部承担此项工作，酒店经理要求公关部经理小张完成此项工作。

【任务分析】

完成此工作任务需要同学们在了解新闻发布会的相关知识的基础上，掌握新闻发布会的流程并同时模拟召开一场新闻发布会，以保证新闻发布会的顺利进行。

【知识链接】

一、新闻发布会的程序

1. 宣布开始
主持人宣布新闻发布会开始，致简短欢迎词，介绍议题和议程，推出新闻发言人。

2. 发布新闻
新闻发言人讲话，可以宣读新闻发布稿，也可以按发言提纲发布新闻。

3. 答记者问
由主持人指定提问记者，新闻发言人回答记者的提问。主持人自始至终掌握着时间和节奏，按事先规定的时间，宣布"最后一位记者提问"。

4. 宣布结束
新闻发言人答完"最后一位记者提问"后，主持人宣布新闻发布会结束。

5. 提示会后安排
主持人提示会后记者的活动，如参观、赠送礼品等。

由旅游组织举办的新闻发布会是一种二级传播。首先由组织负责人或公共关系部负责人以人际沟通和公众传播的方式，直接向新闻界发表有关本组织的重要信息；然后通过新闻界以大众传播的方式将消息传递、告知社会公众。

二、新闻发布会的组织实施

1. 研究召开新闻发布会的必要性

旅游公关人员应首先考虑其将要发布的信息是否具有较大的新闻价值，能否吸引新闻记者前来采访和报道，时间是否紧迫，是否处于信息发布的最佳时机等。只有认定是必要的，在实际上是可行的，才能保证新闻发布活动取得成功。

2. 确定新闻发布会的主题

确定主题应从新闻价值和组织利益的角度出发。所谓新闻价值，主要是指在新闻发布活动上发布的信息，能否具有吸引新闻记者前来采访和报道的价值。在新闻发布活动中，要明确将要发布的信息内容，注意主题的单一、集中，不能一个新闻发布活动发布几方面互不相关的信息，否则会分散新闻媒体的注意力，达不到新闻发布活动的宣传效果。

3. 根据新闻发布会的主题准备各种材料

新闻发布活动前要准备好各种文字材料。主要发言稿、组织的基本宣传资料、答记者问的备忘录和为记者准备的新闻稿应在充分讨论、统一认识和统一口径的基础上，由专门的班子负责起草，并在会前打印分发给与会记者。各种宣传辅助材料，包括口头的、书面的、实物、图片或模型等，要注意尽量全面、详细、具体、生动形象，以便现场分发、展示、播放或试用，增强新闻传播活动的效果。

4. 选定主持人和发言人

主持人一般由旅游公关机构负责人担任。主持人要在把握会议主题的基础上引导记者踊跃发问，并控制会议时间。注意尊重别人的发言和提问，不能有任何阻止别人发言的表情、言语和动作。发言人一般由旅游组织的高层领导担任。他们不仅对本组织的政策方针等整体情况有全面清楚地了解，而且其身份也决定了他们的发言更具权威性。

5. 确定邀请记者的范围

旅游公关人员应根据所发布信息的重要性、涉及的范围等因素确定邀请记者的范围：地方性记者或全国性记者，文字记者、图片记者或音像记者，中文报刊记者或外文报刊记者等。在请有关记者时，要特别注意不能遗漏与旅游组织有密切关系的新闻机构的记者，并适当请一些著名的新闻机构的记者参加。

6. 选择合适的时间和地点

新闻发布活动的日期，要与将发生或已经发生的事件在时间上靠近，但又不能太紧迫，这是新闻发布活动的最佳时机。此外，选择时机还应考虑被邀对象的特点，尽量避开节假日和有重大社会活动的日子，以免影响新闻发布活动的效果。关于新闻发布活动的区域地点，旅游公关人员应根据发布信息的内容及影响，选择本地区或外省市大、中城市，甚至首都；具体地点可利用新闻中心、宾馆、会议厅、会议室等场所。

7. 编制新闻发布活动预算

新闻发布活动的费用要视活动的规格和规模而定。旅游公关人员应根据预先的款项制订合理的开支计划，并留有余地，一般应考虑印刷费、邮电费、会场租金、器材租金、摄影费用、礼品费、餐费及酒水费、文具费、会场布置费、交通费、住宿费等。

8. 做好会务工作

新闻发布活动前三四天，旅游公关人员就应将请柬送到邀请对象手中；对会场提前进行实地观察，做好布置工作，包括桌椅座位的准备（把贵宾的座位安排在较突出的地方）；与会者胸前佩戴和桌上的名牌制作及排列，检修好电源，准备好电话、传真机、录音辅助器材及其他设备；把各类宣传资料送到现场并做好具体布置；现场工作人员要合理分工；会议程序要力求周密、紧凑。

9. 评估新闻发布会的效果

新闻发布活动结束后，旅游公关人员应检验其效果是否达到了预期目的。其具体评估方法有：全面搜集与会记者在报纸、杂志、广播、电视等媒体上发表的稿件和图像报道，进行归类分析，存为资料，评估传播效果，并检查是否在传播过程出现偏差，以便及早补救；对照与会记者名单，核查发稿率，供日后邀请记者时参考；追踪和调查记者对新闻发布活动准备与组织工作的反应，检查新闻发布活动筹备、组织工作状况以及在接待、服务等方面是否存在不足，以不断提高新闻发布活动的质量；对已发新闻稿的记者，应主动联系并致谢意，以加强与记者的感情沟通。

三、新闻发布会的注意事项

1. 按新闻发布会的程序进行演练

旅游组织要保证新闻发布会的成功，最好的检查方法就是事先按新闻发布会的程序演习一遍，以发现准备工作中的不足并加以改进。

2. 对待记者要一视同仁

旅游公关人员在新闻发布会中，要平等对待一切新闻记者。要注意不要因为记者所属新闻机构的大小或与旅游组织的关系而亲疏不一，以免造成不良影响。

3. 与旅游组织的宣传口径保持一致

新闻发布会要发布哪些消息，某一消息公开到何种程度等，都应有统一安排并与旅游组织一贯的宣传口径保持一致。否则，就会引起记者反感，造成社会公众对旅游组织的误解。

4. 掌握回避问题的技巧

新闻发布会免不了会有记者提出一些组织者事先没有认真考虑过的问题，对于这类不便回答的问题，一般需要采取回避态度，尽量避免使提问变成辩论。即使对方讲的与事实有出入，或发现对方有其他用意，也不应让对方感到难堪，伤害对方感情，造成对立情绪。旅游公关人员要学会通过避正答偏、诱导否定等言语的变化技巧，在不知不觉中移开话题。一般来说，记者也是通情达理的，当你进行了必要的解释并及时地转换了话题后，他们也就不会继续追问了。

职场案例

案例一：新闻发布会应牢记"七不要"

（1）不要对前来参加新闻发布会的记者厚此薄彼，要一视同仁。
（2）不要推测危机的结果，特别是人员伤亡的数量和程度。

(3) 不要使用行话,避免别人听不懂,还要花很多时间去解释。
(4) 不要发布不准确的消息。
(5) 不要求记者一定刊登什么或不刊登什么。
(6) 不要拒绝记者提问,即使不能回答也要说明原因。
(7) 不要查看记者所写的报道,但可提出问题,阐明真相。
(资料来源:劳动和社会保障部教材办公室. 公关员(中级)[M]. 北京:中国劳动社会保障出版社,2002:103.)

案例二:北京金隅喜来登酒店盛大开业

2011年11月,北京金隅喜来登酒店开业。地处北三环交通网络中心地带的全新喜来登酒店,作为喜达屋酒店集团北京地区管理的第七家酒店,为商旅及休闲客人在北京北部安贞地区增添新选择。

极具现代气质优雅外观的酒店拥有441间客房和套房,涵盖了一系列喜来登特色项目,以及超过2 500平方米的会议设施和4个风味迥异的餐厅。酒店毗邻北三环,地理位置优越,距首都国际机场仅20分钟车程,也方便连通CBD商务区及金融街。休闲游宾客也可轻松到达酒店周围天安门广场、故宫、国家体育馆、国家游泳中心、雍和宫等众多标志性景观。

(资料来源:http://info.hotel.hc360.com/2011/10/180851397723.shtml.)

任务实施

活动程序:
(1) 分组撰写新闻发布会策划方案。
(2) 按方案模拟召开一场新闻发布会。
活动内容:
(1) 熟悉新闻发布会的工作流程及注意事项。
(2) 对新闻发布会现场的把握。
(3) 掌握答记者问的技巧。
具体实施:
(1) 分组模拟新闻发布会。
(2) 小组互评。
(3) 教师进行点评,并做总结。
讨论和总结:
(1) 人员如何分工?职责如何确定?
(2) 是否掌握了新闻发布会的流程以及注意事项?

自主训练

为提高你所熟悉的旅游企业的知名度和美誉度而写一份新闻发布会策划方案。

任务评价

工作任务评估表

内容			评价		
学习目标		考评项目	自我评价	小组评价	教师评价
知识目标	应知应会 20%	新闻发布会现场安排			
		新闻发布会注意事项			
能力目标	专业能力 40%	任务方案			
		实施过程			
		完成情况			
	通用能力 30%	协作精神			
		角色认知			
		创新精神			
态度目标	工作态度 10%	工作纪律			
		有责任心			
教师、同学建议:			评价汇总: 优秀(90~100分) 良好(70~89分) 基本掌握(60~69分)		
努力方向:					

工作任务三　新闻发布会总结和新闻发布稿

【学习目标】

1. 知识目标

（1）了解新闻发布会结束后的工作内容。

（2）熟悉撰写新闻发布会总结以及新闻发布稿的写法。

2. 能力目标

（1）能够全面评价新闻发布会的效果。

（2）会撰写新闻发布稿。

【任务导入】

青年旅行社借助10月黄金周，推出新的优惠政策，为了达到宣传的目的召开了一场新闻发布会，为此经理要求公关人员小张写一篇新闻发布稿，如果你是小张的话，那么你应该怎么写？

【任务分析】

完成此项任务需要掌握新闻发布稿的撰写要求、内容并写好新闻发布稿。

【知识链接】

一、新闻发布会总结

新闻发布会结束后,要检验会议的效果是否达到了预期目的,要求做好以下工作。

(1) 尽快整理出新闻发布会的记录材料,对会议的组织、布置、主持和回答问题等方面的工作做总结,从中认真汲取经验和不足,并将总结材料归档备查。

(2) 搜集到会记者在报纸、电台上的报道,进行归类分析,检查是否达到了会议的预定目标,是否有由于失误而造成的谬误。对检查出的问题,要分析原因,设法弥补失误。

(3) 对照会议签到簿,看与会记者是否都发了稿件,并对记者所发稿件的内容及倾向做分析,以此作为以后举办新闻发布会邀请记者范围的参考依据。

(4) 收集与会记者以及其他与会代表对发布会的反应,检查发布会接待、安排、提供方便等方面的工作是否有欠妥之处,以便改进今后的工作。

(5) 若出现不利于本组织的报道,则应做出良好的应对策略。若是不正确或歪曲事实的报道,则应立即采取行动,说明真相,向报道机构提出更正要求。若报道的虽然是事实,但不利于本组织,且完全是由组织内部错误造成的,对此则应向该报道机构表示虚心接受并致歉意,以挽回组织声誉。

二、撰写新闻发布稿

新闻稿的撰写是公关人员利用新闻媒体实现对公众施加影响的必要手段,也是与新闻界保持密切联系的纽带。从而,新闻稿的撰写就成为公关人员必须掌握的技术之一。

(一) 新闻素材的搜集

写新闻稿必须尽力使稿件符合编辑的要求,达到被采用的目的,同时以最佳的写作方式实现公共关系的目标。因此,必须查找现有报纸的内容、电台和电视台的节目,研究它们经常采用的稿件与抛弃的稿件在内容、写作方式、用词造句方面的不同点,然后总结出适合自己的写作方法。

选择具有新闻价值的素材是新闻稿被采用的首要因素,只有具有新闻价值的新闻,才能产生轰动效应,毫无新闻价值的资料是不会被新闻单位采用的。新闻一般是对新近发生的与公众有关的事实的报道。新闻价值主要指新闻事实中能够明显引起公众注意和兴趣的特性,如时效性、接近性、特殊性、重要性、新奇性、内幕性等,具备这些特性之一,便可能构成新闻素材。

(二) 新闻稿的写作

掌握新闻稿的撰写技巧,是发挥新闻素材作用、写成一篇好的新闻稿子的必要条件。新闻有其独立的写作形式,应该用符合新闻学规范的方式来准备新闻稿件。

首先是新闻稿的基本要素,一个完整的新闻稿件应包括新闻报道的5W1H,即新闻稿的六要素:When(何时)、Where(何地)、Who(何人)、What(何事)、Why(何因)以及How(过程怎样)。英国公共关系学家杰夫金斯则举出公关新闻稿的七要素:主题、组织机构、地点、优点、应用、细节、消息来源。

新闻稿的结构要严谨、逻辑性强。一般有倒金字塔式、顺时针式等,其中倒金字塔式是一种典型的新闻稿结构，即以重要性递减的顺序来安排新闻中的各项要点和事实，这种纯新闻报道的基本结构形式，既有助于记者快速写作新闻，便于制作标题和设计版面，也有助于读者阅读。

1. 导语

撰写新闻稿时要注意写好新闻导语，即新闻的开头，常常是整个消息的概述，可以用最简洁的文字把事情的要点和重点提纲挈领浓缩式地交代出来。假如后续无文的话，则这一段落就概括了整个事件。

导语的关键是个"导"字，它应当起到引导、前导的作用。也就是说，它应当用简洁的语言，写出最主要、最新鲜、最吸引人的事实，给读者留下深刻的印象。因此，导语的写作要开门见山、中心突出、简明扼要、生动有趣。

2. 主体

新闻主体，即对导语中披露的新闻做进一步的说明，要注意观点明确、层次清楚、精心选材。一般来说，新闻主体应当具备两部分内容：一是对导语提出的主要事实、问题或观点进行具体的阐述或回答，使导语部分的内容借助于一连串丰富的材料而得到进一步的说明和解释，使新闻诸要素更为明确和详尽；二是用附加的次要材料来补充导语中没有涉及的新闻内容，提供新闻背景，说明事件的来龙去脉，使新闻内容充实饱满，主题更加突出。

主体部分常见的结构形式有以下两种。

（1）以事件的重要程度为序组织材料。

这就是通常所说的倒金字塔结构。它是一种常见的新闻写作方法，多用于动态新闻。所谓倒金字塔结构，就是大头在上面，小头在下面。具体来说，一篇新闻，先是要把最重要、最新鲜的事实放在导语中，主体部分的内容则依照重要性递减的顺序来安排：较重要的材料往前放，较次要的往后放，最次要的放在最后面，这种叙述方式主题突出，阅读简便，同时便于编辑删节、修改稿件——如有篇幅限制，编辑则可以由后往前删，而不影响全篇内容的完整性。

（2）以事件的时间先后为序组织材料。

这种主体结构形式，通常是按事件发生的时间顺序来组织材料，事件的开始是新闻稿的开头，事件的结束为新闻稿的结尾。由于这种结构方式能够清楚地反映出新闻事件的来龙去脉、前因后果，使读者对它的全过程有一个鲜明的印象，所以它比较适用于内容较为复杂但线条单一的新闻的写作，如报道节日游行盛况、一些重大事件、一场事故、一次球赛等。这种叙述结构同人的思维取向相吻合，易于人们阅读、理解，尤其适合我国读者的阅读习惯和口味。而这种"从头到尾"的写作方法掌握起来也比较容易。

3. 新闻背景

什么是新闻背景？简言之，新闻背景就是有关新闻事件的历史和环境的材料。新闻是对新鲜事物的报道，而新的东西对人们来说往往是陌生的，这就有必要对新闻中的基本事实进行解释和补充说明。只有适当地对事件的来龙去脉、它与周围事物的联系及其相互影响进行"衬托性叙述"，才能显示出事件的意义，才能使生活在不同地区、工作和阅历各不相同的读者排除阅读障碍，对新闻产生兴趣。

4. 结尾

新闻的结尾要简短，言尽而意未尽，设置悬念，为以后的连续报道埋下伏笔。在新闻的结构布局中,结尾并非占据着举足轻重的地位,有些新闻稿有结尾,有些新闻稿无结尾。一般来说,事实叙述清楚了,新闻稿的写作也就大功告成了,原因有以下三点。

(1)多数新闻所采用的倒金字塔结构,是以事件的重要程度为序安排材料的,在这种结构形式中,事实排列完了,新闻也就写完了,实际上没有必要也不便于再加上个结尾。与其生硬地重复,给人以画蛇添足的感觉,倒不如就此住笔,戛然而止的好。

(2)新闻要求用事实说话,摆完事实通常也就讲完了道理,因而一般不必点题做结论,也无须借结尾之机向读者说明主题或下什么断语,否则就会给人以"意已尽而言不止"的感觉。

(3)从新闻简短的要求来看,很多情况下也不容许特意加个结尾。不写或少写结束语式的结尾,有助于新闻稿文字简约,节奏明快;反之,则有可能使新闻文章化,篇幅冗长。

(三)各类新闻发布稿的写作

任何新闻发布会都必须有明确的主题,提倡什么、反对什么、说明什么,都要清清楚楚、明明白白,在新闻发布稿中体现出来,来不得半点含糊。按不同的主题划分,新闻发布稿大致有三种基本的类型:喜庆性新闻发布稿、专业性新闻发布稿和突发性新闻发布稿。

1. 喜庆性新闻发布稿

这类新闻发布稿适用于开业、周年庆典和产品获奖等有喜庆色彩的事件。它的写作要求有以下六方面。

(1)简介梗概:简明扼要地介绍事情的梗概,细节可以放在答记者问时介绍。

(2)体现价值:体现事件的本来价值,比如"全国第一家""同行业第一个金色质奖"。

(3)突出意义:事件有多大的社会意义,比如对公众的价值,对社会环境的益处等。

(4)"一多一少":自我赞美之词要少,引用专家、社会舆论的赞语要多。

(5)"一低一高":低调处理个人在事件中的作用,提高团队的整体实力和组织形象。

(6)言之有据:"全国第一家"的结论有无出处?

2. 专业性新闻发布稿

这类新闻发布稿适用于重大项目开工、科技成果转让、新政策条文实施等。它的写作要求有以下七方面。

(1)简介梗概:简明扼要地介绍事情的梗概,不要纠缠于技术细节。

(2)阐明标准:项目达到什么标准,20世纪90年代发达国家先进水平还是21世纪水平?新政策条文是应急措施还是适应未来需要?

(3)体现个性:与同类项目、技术相比,有何与众不同之处?

(4)突出效益:对项目或科研成果的综合效益进行了怎样的预测?

(5)明示代价:明白地告诉人们采用新成果、新条文需要付出什么代价。

(6)体现权威性:重大项目的论证和科技成果的鉴定是否有权威部门的监督?

(7)做好"翻译":尽可能把专业技术术语"翻译"成普通公众能听懂看懂的"白话"。

3. 突发性新闻发布稿

这类新闻发布稿适用于内部突发危机事件需要说明事实真相、外部突发事件需要表态等。它的写作要求有以下六方面。

(1)态度在先:属于自己失误的要先做自我批评;对造谣中伤者绝不姑息;对外部突然袭击事件要敢于表态。

(2) 说明真相：简要介绍发生的事情、真相如何。
(3) 讲清原因：事故是因人为失误，还是形势不可逆转、结局不可抗拒？大致各占几分因素？
(4) 总结教训：有哪些知识可以总结？最应当使他人和自己今后警惕的是什么？
(5) 亮出措施：拟采取的措施是什么？何时开始实施？
(6) 做出承诺：是否能保证今后不再重犯类似错误？

职场案例

案例一：公关部如何组织编写酒店的新闻稿？

组织编写酒店新闻稿是公关部的一项重要工作内容。酒店的新闻稿是一系列以新闻体裁出现的介绍酒店基本设施服务、运营和管理以及酒店最新消息的文章，它们在一起组成酒店的新闻稿册子，由公关部在新闻发布会、接待国内外记者或其他对外场合时发出，新闻稿的编写要由公关部来完成，主要分为六大项内容。

(1) 酒店的基本情况，包括历史背景、服务设施、有关数据参考等。
(2) 酒店总经理及若干主要领导者的简历和介绍材料。
(3) 酒店管理集团的介绍。
(4) 酒店各种新措施、新政策方针的介绍。
(5) 酒店重大促销活动或事件。
(6) 其他具有新闻性质的活动或事件。

酒店所有的新闻稿件都应由总经理审批通过后，才能向外界发放。公关部要根据酒店的新情况、新发展，随时对新闻稿做必要的改动，保证其准确性和时效性。编写新闻的公关部人员应具备一定的新闻写作能力，要善于选择合适、新颖的角度写作，文稿简明扼要，不冗长，不夸张，要充分遵循新闻客观性。

(资料来源：http://blog.ifeng.com/article/7066769.html)

案例二：以产品获奖为例，喜庆性新闻发布稿一般可以按以下格式撰写

L900冷藏车获奖新闻发布稿

(称呼) 各位记者朋友：早上好！
(主题) 现在，我以激动的心情向各位，并通过各位向关心L集团发展的所有朋友宣布：L集团自行设计、制造的L900冷藏车在刚刚结束的世界汽车博览会上获得了银质奖！
(展示奖杯)
(意义) 这意味我国的特种国产汽车已经领先一步走向世界……
(梗概) L900冷藏车的研制是从1996年开始的……
(评价) L900冷藏车在世界汽车博览会上获得的赞誉……
(结束语) L集团对荣誉的态度……
谢谢大家！

任务实施

活动程序：

(1) 按组确定此项新闻属于什么新闻。
(2) 分组撰写新闻发布稿。
(3) 每组汇报并总结。

活动内容：
(1) 如何搜集发布稿材料？
(2) 如何撰写新闻发布稿？

具体实施：
(1) 按任务要求分组撰写新闻发布稿。
(2) 小组代表汇报。
(3) 教师评价。

讨论和总结：
新闻稿写作格式是否规范？要素是否齐全？

自主训练

某饭店因食品质量问题频出事故，引发消费者的强烈不满。该饭店迅速做出了召开新闻发布会的决定。请你按常规要求为该公司拟写一份新闻发布稿的提纲。

任务评价

工作任务考核评价表

内容			评价		
学习目标		考评项目	自我评价	小组评价	教师评价
知识目标	应知应会20%	新闻发布稿的写作要求			
		新闻发布会结束工作			
能力目标	专业能力40%	任务方案			
		实施过程			
		完成情况			
	通用能力30%	协作精神			
		角色认知			
		创新精神			
态度目标	工作态度10%	工作纪律			
		有责任心			
教师、同学建议：			评价汇总： 优秀（90～100分） 良好（70～89分） 基本掌握（60～69分）		
努力方向：					

项目六

旅游公共关系危机管理

技能目标

旅游公共危机是旅游企业需要重视的问题，只有加强危机意识，注重危机事件处理的方法和手段，才能更好地降低旅游企业危机到来时的损失。本项目是通过制订危机管理计划、危机处理策略和方法、危机管理方案的制订与演习三项工作任务的学习与实践，要求公关人员能够制订企业的危机管理计划，熟悉企业危机处理的程序，掌握旅游企业危机处理的技巧，能够制订企业的危机预警方案，防患于未然。

工作任务一　制订旅游公共关系危机管理计划

【学习目标】

1. 知识目标
（1）了解旅游公共危机的含义及特点。
（2）理解旅游公共危机关系的类型及形成原因。
（3）掌握危机管理计划制订的要点。

2. 能力目标
（1）能够制订旅游危机管理计划。
（2）能够编写旅游危机管理计划书。

【任务导入】

我国是一个旅游大国，近几年旅游已经成为人们生活中必不可少的一项活动，导致我国旅游业拥堵现象非常严重，引发的状况也是多种多样的。旅游业跟其他行业不同，它受政治、经济和环境等多种因素的影响，旅游企业发生危机的概率较大。危机公关是旅游企业进行各种突发事件处理的主要方法，如果处理不当就会给旅游企业带来非常严重的损失，近日青年旅行社的公关部经理突然外出处理紧急事情，主持制订危机管理计划的任务就委托给你，你该怎样才能主持好制订危机管理计划的工作呢？

【任务分析】

以青年旅行社为背景,分析制订危机管理计划工作的程序及具体内容、每一步需要注意的问题,了解制订危机管理计划的重要性,掌握危机管理计划的内容及审定,能够制订危机管理计划以及编写危机管理计划书。

【知识链接】

一、旅游公共关系危机的含义及类型

(一)旅游公共关系危机的含义

旅游公共关系危机,是指突然发生的严重损害旅游组织形象,甚至危及公众生命财产安全,给旅游组织带来严重后果的重大事件或工作事故,是影响旅游者对一个目的地的信心和干扰旅游业继续正常运营的任何突发事件。这些突发事件既包括自然灾害、经济波动,也包括恐怖主义活动、政局动乱、犯罪活动、战争以及疾病等。

旅游业危机管理是指为避免和减轻危机事件给旅游业带来的严重威胁,通过研究危机、危机预警和危机救治达到恢复旅游经营环境、恢复旅游消费信心的目的,进行的非程序化的决策过程;旅游业危机管理体系包括政府(主要指政府旅游主管部门)、旅游企业、旅游从业人员、公众(旅游者)等多个行为主体;其主要途径包括沟通、宣传、安全保障和市场研究等多个方面。旅游公共关系危机处理是指旅游组织调动各种可利用的资源,采取各种可能或可行的方法和方式,预防、限制和消除危机以及因此而产生的消极影响,从而使潜在的或现存的危机得以解决,使危机造成的损失最小化的方法和行为。一方面取得公众谅解,加深组织在公众心目中的印象,为树立良好的组织形象打下基础,另一方面借助社会压力刺激旅游组织加强自身经营管理,弥补缺陷,改正错误,从而树立组织担负社会责任的良好形象。危机事件会使旅游组织陷入巨大的舆论压力之中,小则失去公众的信任,大则丢失旅游市场份额,甚至威胁旅游组织的生存与发展,给整个旅游业带来严重的恶性影响,造成旅游市场的一蹶不振。优秀的旅游组织要在危机到来之前,做好危机的预防,在危机到来时,有效地抵御危机,使组织健康发展,在危机的旋涡中安全的前行。

(二)旅游公共关系危机的类型

旅游公共关系危机有多种分类方法。

1. 根据具体危机发生情况,可以分为四种

(1)不可抗力是指不能预见、不能避免并不能克服的客观情况。不可抗力的来源既有自然现象,如地震、台风,也包括社会现象,如军事行动。作为人力所不可抗拒的强制力,具有客观上的偶然性和不可避免性、主观上的不可预见性以及社会危害性。旅游公共危机的不可抗力的自然灾害或其他特殊原因造成的重大伤亡事故,如飞机失事、火车碰撞、轮船沉没、缆车坠落、火灾、海啸等恶性事故,社会上突然出现的大动荡等事件,给旅游者和旅游组织带来的各种突发的无法预知后果的各类事件。

阅读资料6-1

2008年5月12日,一个令全球震惊悲痛的日子。我国四川省境内发生了8.0级强力地震,遇难总人数逼近8万。2008年,正当四川省政府提出将四川省从旅游大省打造为旅游强省时,突如其来的自然灾害,将四川的旅游推向前所未有的低谷。"汶川大地震"对四川旅游业发展的影响巨大,对一些景区几乎是毁灭性打击,对旅游服务性企业的影响也非常大,更重要的是由于地震的相关报道,使游客对四川的旅游心理产生了重大影响,让四川作为旅游安全目的地的形象严重受损。此次灾难虽然发生在2008年,但由此产生的对旅游业的影响至今未消除,旅游业因为汶川地震所蒙受的损失高达15%。尽管四川附近地区不少景点并未受到破坏,但调查发现,将有9%的国内外游客因此而感到害怕。这样的事件对旅游组织来说是无法预知的,影响却是无法避免的。

(2) 由于管理失误或产品质量等人为因素造成的服务及产品质量信誉危及游客或旅游组织生存的事件,如管理不善出现的游客财物丢失现象、游览中景点的随意改变等事件造成游客投诉、缺乏公关意识、不能正确地解决引发的危机等。

(3) 新闻媒体的不利报道。有些是新闻媒体的报道内容准确无误,但事实却对旅游组织非常不利,使组织处于被动地位,受到严重影响;有些是新闻媒体的报道不正确或歪曲事实,对旅游组织造成威胁性的影响。

(4) 谣言。任何获得公众注意的旅游组织都有可能遇到一些外界的谣言。谣言可能起因于无足轻重或无意识为之的小事,但对旅游组织有可能造成极坏的影响。如游客对提供的食物不满,传播为食用后有中毒现象等。

2. 旅游公共关系突发事件,可以分为人为突发事件和非人为突发事件两种

(1) 人为突发事件是指与旅游组织有直接关系的人的行为造成的突发事件。如导游对自己的组织不满,在工作中不能提供良好的服务,做事消极怠慢,推说是组织的事,引起游客不满,影响组织形象。人为突发事件具有可预见性、可控性,如果平时采取相应的、有效的措施,大部分是可以避免或减轻损失的。

(2) 非人为突发事件是指不是因为人的行为造成的突发事件。如旅游活动中出现道路中断,导致游客不能完成预定游览活动,而造成不满,从而要求赔付。非人为突发事件大部分不可预见,具有不可控性,造成的损失通常是有形的。相比之下,非人为突发事件的处理易得到旅游组织内外部的同情、理解和支持。

3. 旅游组织突发事件按照事件同组织利益的关联度以及事件的归咎对象,可分为内部突发事件与外部突发事件两种

(1) 内部突发事件发生在旅游组织内部,或主要直接影响本组织。如组织的员工工作状态不佳,和管理层关系紧张、矛盾重重,影响组织的发展和正常工作。

(2) 外部突发事件发生在旅游组织外部,影响多数组织的利益,旅游组织是受害者之一,如管理政策的突然改变、旅游景区的突发变化影响组织经营、自然的各种突发灾害等。

4. 旅游突发事件根据所造成的损失情况,可以分为有形损失突发事件和无形损失突发事件两类

(1) 有形损失突发事件是指直接给旅游组织带来人员伤亡或财产重大损失的突发事件,

有形损失明显，难以挽回，但易于评估。

(2) 无形损失突发事件是指事件发生后会对旅游组织的形象造成严重损害，而不会立即给游客或者旅游组织带来经济上、物质上的损失。无形损失尽管在始发阶段损失不明显，但如果任其持续和发展，其慢性损失将是巨大的。对无形损失可以通过采取相应的措施加以挽救。若不采取紧急有效的措施，随着事件的推移，旅游组织的形象越来越坏，最终必然使组织蒙受更大的有形损失。

二、旅游公共关系危机的特性

凡是危机事件都有共同的特点，即重大损失的突发性、导致困难的难以预测性、影响甚大、危害严重的灾难性和涉及面广、引起不良后果的严重性。它既有重大的财产损失，也有严重的人员伤亡，还包括利润的急剧下滑，甚至严重亏损，也可能是以上几方面的全面爆发。无论是哪种情况，都会使公关组织在社会公众面前的形象受到严重伤害，如重大伤亡事故、严重的意外灾难、大规模的事件纠纷、组织由于某些因素造成的信誉危机等。所有的旅游公共关系危机都具有较为明显的共同特性。

(一) 偶发性与必然性

偶发性即突然发生，人们毫无察觉，让当事人和相关组织措手不及，给组织造成很大冲击。如飞机出事、大规模食物中毒等，往往给组织带来各种意想不到的危难。特别是那些组织外部原因造成的危机，如自然灾害、国家政策变革等，往往是组织始料不及并难以抗拒的。必然性是指危机不可避免，即只要有公共关系就会有公共关系危机，必然性是公共关系作为开放复杂系统的结果。一个危机的出现，事实上是发挥不良作用的因素、由量变到质变的结果。因为我们平时疏于注意，在我们不经意的情况下出现，给我们的印象就是突然爆发，这让我们感到偶然。因此，往往由于危机有我们猝不及防的突发性，更要提醒我们在平日的公关工作中，不能不对我们认为不重要的、不去注意的细节加以重视。

阅读资料6-2

2005年，对全球旅游业来说，"飓风"成为一个关键词。从美国东南部、中美洲到亚洲，飓风或台风一个个接踵而至。论破坏力，"卡特里娜"飓风自然位居榜首，但其他的也不甘示弱。8月25日，"卡特里娜"飓风在美国东南部佛罗里达州登陆，在当地造成至少7人死亡、5人失踪。被雅虎旅游和国家地理旅游杂志联合评为美国家庭旅游首选的新奥尔良遭受重创。此后的很长一段时间，新奥尔良乃至美国受灾地区的旅游业难以恢复到以前的状态。

(二) 未知性与普遍性

旅游组织发生的公共关系危机具有很多未知因素，不可预测，它往往是潜伏着的，不被人察觉。如国家实行假日旅游后，黄金周成为各大旅游组织重要的利润增长点，但在黄金周旅游中，由于人员过多组织不利，造成了多起事故。普遍性即大到一个国家、小到一个企业，都可能发生危机事件，尤其是企业，发生危机可能性和普遍性更大。世界上知名的大公司都承认会发生危机，旅游组织也一样不可避免。在整个行业发展中，危机会如影随形、不可避免。

(三) 不利性与关注性

危机事件一旦发生，会使旅游组织面临十分困难的局面，对组织的生存和发展产生极为不利的影响。往往在危害旅游组织的同时，还危害当事人及其亲属的心理和生理健康，给他们造成极大的伤害和痛苦。危机事件带来的损失既有经济的，也有社会形象的。如航班发生空难事故后，所有的乘客可能因为无法如期到达，而影响计划安排，使旅游组织和游客都受到损失。关注性提醒我们危机事件常常成为社会舆论关注的焦点和热点，成为新闻传播的素材和关注的焦点、热点，牵动社会各界公众，乃至在社会上引起轰动。特别是伴随事件而来的强大社会舆论压力，更成为危机处理中最为复杂的棘手问题。

(四) 严重性与复杂性

有些危机涉及面广、影响巨大、危害严重，甚至使旅游组织遭到灭顶之灾。如危机可能使旅游组织的各种社会关系朝着不利的方向变化，使组织的社会地位和声誉迅速下降，形成组织发展障碍。在旅游组织内部，它会危害员工之间的团结，挫伤员工的积极性，涣散组织的凝聚力；在旅游组织外部，它会给社会公众带来恐慌和损失，也可能给社会生活带来危害。无论是处理危机、控制危机，还是协调与危机有关的方方面面的关系，都非常复杂。

有时危机到来的时候，不能第一时间判断危机的种类和原因。有时危机还可能涉及社会的方方面面，既要处理组织关系，还要处理政治关系等。

(五) 矛盾性与警示性

任何事物自身都包含着对立统一的矛盾，矛盾双方相互排斥、相互斗争，又相互依存，并根据一定的条件相互转化。对危机而言，也同样存在着相互矛盾的两个方面，机遇与危机是并存的。一方面，危机中孕育着机会；另一方面，机会中暗含着风险。因此，对于危机事件，不应盲目担心害怕，处理得好，反而能给企业的发展提供新的契机，能进一步提升企业实力和品牌形象，进一步巩固和重塑市场信心与品牌信誉。公关危机事件对组织具有某种警示作用，提醒旅游组织居安思危、行事要缜密，尽量避免发生危机。一旦发生危机，则应减少危机造成的伤害。

三、旅游公共关系危机产生的原因

社会组织发生的危机有时难以预料，只有把握好危机产生的原因，有针对性地解决危机、化解危机，才能保证组织的健康发展。旅游公共关系危机产生的时间、地点难以预料，涉及的范围有大有小，产生的原因也不尽相同。总的来说，旅游公共关系危机产生的原因有两类：一类是旅游组织可以在事前事后加以控制的内部原因，另一类是旅游组织难以控制的外部原因。

(一) 旅游组织内部原因

旅游组织内部原因，即危机产生的主观原因，一般是指社会组织自身存在的、潜在的、在今后可能会损害公众利益的问题及事件，如组织行为不当、产品及服务质量不佳等造成的危机事件。由组织自身原因造成的危机完全属于企业的责任，容易引起内外公众的高度关注，很容易激起公愤，引发舆论强烈的抨击，严重危及组织形象。这类危机在处理过程中较难得到公众的谅解，企业要扭转不利的社会影响，需要做较多的公共关系努力。旅游组织内部管理建设的好坏，直接影响组织的建立和发展。

1. 旅游组织从业人员职业素质低下

一方面,是指企业领导者素质不高,无法驾驭复杂多变的外部环境,没有公共关系意识,致使企业人心涣散,导致公共关系危机的产生。在旅游业中,由于企业自身服务业的特点,领导者具有特殊的地位,发挥着独特的作用。从企业经营目标是否实现来考察领导者,他们往往成为影响企业经营成败的重要因素。从员工利益角度看,领导者是员工获得利益的重要影响者。领导者效力、人格魅力的缺失,将使企业面临巨大的潜在危机。另一方面,员工素质低下、玩忽职守,如导游员在带团过程中违规操作、旅游车司机疲劳驾驶等,也会导致公共关系危机。员工是旅游业经营成败的重要因素,旅游业产品、服务的最大特点是它的无形性,其产品在质量上有很大的不确定性,在服务程序上也较难监控,较大程度上需要依靠员工的工作积极性克服这类问题。因此,从业人员职业素质的高低,也是企业能否避免危机的重要影响因素。

2. 决策不当造成失误

好的决策可以保证组织不断扩大规模,健康发展。但如果旅游组织行为短期化、急功近利、对纷繁复杂的现实环境认识不清、违背"与公众共同发展"的公共关系理念,而使旅游组织的总体目标、公共关系目标与组织内部的现实条件和外部的客观环境严重脱节,就有可能使组织与社会效益目标相对立,使组织陷入危机。如 1996 年一哄而上的人造景观热,由于市场定位不当、重复建设等诸多失误决策,现在有的景点经营举步维艰、进退维谷、倒闭破产,造成人、财、物的重大浪费。

3. 管理不善,疏于沟通

组织由于过度的追求经济效益而忽视公众利益和社会效益,造成组织的管理混乱,员工各自为政,没有统一的制度、规范。在执行中没有有效的行为标准,造成顾客的利益无法保证。组织过度地追求经济效益而置公众利益、社会效益不顾,可能造成如酒店发生严重的食物中毒、游乐设施毁坏、旅游高山缆车坠落等事故,该类危机事件完全是组织的责任,最易激起公愤,受到公众和社会舆论的强烈抨击,严重损害组织形象。另外,在危机出现时,信息的有效沟通甚至如同血液在人体中流动一样重要。有些旅游组织也对外发布信息,但只知道单向发布,不注意信息的及时反馈,使得组织发生了危机自己还不知晓,不能进行有效的控制。例如,一家旅行社宣传的优惠活动自己的接待人员竟然不知,在有顾客咨询的时候,竟然说不清楚,严重地影响了组织信誉,造成了误解,产生不该有的危机。

4. 旅游公共关系活动本身存在失误

旅游组织公共关系活动的主要目的是通过宣传与公共关系策划,塑造旅游组织的整体形象,如一些新开发的景观,就需要借助相关公共关系活动,向旅游者原地推销自己,建立与公众的良好社会关系。但在相关公共关系活动中,不能存在严重失误,一定要针对目标市场或潜在目标市场,只有这样,才能起到宣传的作用,否则,也会引发不必要的危机,使公众对旅游组织失去信心。随着市场经济的不断发展,相关的法律法规不断完善,消费者法律保护意识越来越强,在商品消费活动中,已经开始运用法律武器保护自身的合法权益。因此,企业在处理一些潜在危机事件时,需要充分照顾各方的利益,减少不必要的摩擦与纠纷。如果忽视公众及社会群体的利益,应对过程中采取漠视、拖延行为,或者干脆不作为,都会加剧事态的发展,造成更大的损失。

(二)旅游组织外部原因

旅游组织外部原因,即危机产生的客观原因,具体是指除组织自身原因外的所有原因。

外部原因引起的危机虽不是自身失误造成的，但也不能忽视，需要高度重视，否则也会造成一系列的负面影响。现代旅游业随着经济的迅猛发展，行业自身日渐完善，抵御危机的能力不断增强。组织应充分利用这类危机带来的机遇，积极展开公共关系活动，进一步宣传组织的自身形象。但规模扩大后，即使是小的危机也会给组织的形象造成无法估量的损失。旅游业一方面显示出强大的生命力，另一方面又有脆弱性，自然灾害、政治事件和经济形势变化等都可能导致旅游公共关系危机事件的突然发生。

1. 自然灾害

地震、海啸、火灾、洪水、恶劣气候、瘟疫流行等自然灾害，是人们难以预料的，一旦发生，对旅游业的影响极大。如 2003 年的"非典"期间，多家旅行社被迫停业，旅游酒店入住率低，旅游景区空荡无人，旅游收入剧减。2004 年 12 月发生在东南亚的海啸，使当地的旅游行业陷入低谷。1985 年墨西哥大地震后，有 50% 的旅游业务被取消，导致墨西哥在太平洋沿岸的 5 个主要游览地客房使用率下降到 5%～13%，加勒比海沿岸的 2 个主要游览地客房使用率下降到 20%。

2. 政治事件

包括国家的政策、战争、社会动乱，以及劫机、绑架、劫船等恐怖事件，严重危及旅游组织的经营活动，给一个国家和地区的旅游业造成巨大的损失，带来严重的危机。如 1985 年 6 月，环球航空公司发生劫机事件后，1 400 万美国人当即取消了出国旅行计划。不断发生的劫机、绑架、劫船、战乱等事件对旅游业的打击日益沉重。在中东的战争地区，旅游业几乎停滞。即使是在充满神奇的非洲大陆上，旅游业也几乎成了一种冒险游戏。

案例分享 6-1

2005 年 7 月 7 日，英国当地时间上午 9 时左右，伦敦雨雾蒙蒙。就在此时，3 列地铁和 4 辆公共汽车遭到自杀式恐怖爆炸袭击，一时间，恐怖阴影笼罩了整个伦敦。此次爆炸事件共造成 56 人死亡、700 多人受伤，是第二次世界大战以来伦敦遭到的最大攻击。悲剧仅隔两周又一次上演，21 日中午，伦敦 3 个地铁站和伦敦东部哈克尼地区 1 辆双层巴士再度遭到系列恐怖爆炸袭击或未遂爆炸，造成 1 人受伤，伦敦市 5 条地铁线路随即被关闭。爆炸发生后，对英国经济至关重要的旅游业损失 3 亿英镑收入，宾馆、饭店和其他行业的收入也遭受了重大损失。

3. 经济形势变化

本国的经济发展状况、区域性经济发展状况和世界经济发展状况，对国际旅游业的发展影响很大。1997 年东南亚发生的金融危机，波及整个东南亚、韩国、日本等，各个国家和地区的货币纷纷大幅贬值，也对中国旅游业产生了冲击。而近几年，我国的经济形势走势良好，人民生活水平提高，带动了旅游业的迅速发展，境内外旅游都增长极快，甚至超过了国民生产总值的增长速度。

4. 人为破坏

由于社会的复杂和人们的道德水平的差异，一些旅游组织可能会遭遇由人为的恶意破坏造成的公共关系危机。激烈的竞争必然会出现违背道德、利益至上的组织和个人，他们为取得短期的利益而不择手段，采用不正当的竞争手段，造谣、诽谤、破坏等，如在竞争对手的产品中投放有害物质、散布竞争对手的不良信息、散布不利于竞争对手的社会谣言等。这些都可能对某些旅游组织造成重大伤害，引发公众和组织的矛盾对立，形成公共关系危机事件。

5. 失实报道

这主要是指新闻媒体对企业危机事件的失实报道，这些报道能错误的引导舆论，特别是一些权威新闻媒体的报道，会误导公众，造成公共关系危机。实际当中，一些新闻单位在不了解事实的情况下所做的报道，特别容易引起公众的误解，影响组织的形象。在日常经营中，旅游企业应有意识地加强与新闻媒体的沟通与联系，以争取其对组织的支持，通过正面的报道引导舆论。

四、制订旅游危机管理计划的主要步骤

（一）做好应对危机的思想和组织准备

（1）预测可能发生的危机。

（2）建立旅游公共关系危机管理小组。建立危机管理小组主要应考虑以下三方面：一是小组规模和编制，二是成员结构，三是明确具体任务。

（3）确定危机发生时共同遵守的准则。

（4）明确工作步骤和责任要求。

（5）对策与预演准备。

（6）监督执行情况。

（二）制订危机管理计划的组织

主持制订危机管理计划的工作，主要体现为组织工作。危机管理计划的组织工作主要包括以下九点。

（1）确认危机管理小组的领导人、负责人、专业成员和相应的骨干力量。

（2）聘请危机管理专家或行家培训危机管理小组全体成员，强化危机管理意识，统一认识。

（3）根据小组成员的工作经历、经验或特长进行分工，明确责任。

（4）危机管理小组负责人或领导人委派小组成员开展调查，分析预测可能出现的危机并写出分析报告；如果需要，则同时还可以请危机管理小组以外的人开展危机调查和预测。

（5）检查、审核分析报告，或对比两份分析报告。

（6）召开危机管理小组成员和专家会议，反复论证、分析危机处理的程序和对策。

（7）达成基本一致的意见后，将危机管理计划形成书面计划。

（8）将书面计划初稿印发给危机管理小组成员阅读和修改。

（9）形成正式的危机管理计划，以企业或社会组织文件的形式印发执行。

（三）编写危机管理计划书

一份完整的危机管理计划书应包括以下三个部分。

1. 序曲部分

（1）封面：计划名称、生效日期及文件版本号。

（2）总裁令：由公司最高管理者致辞，并签署发布，确保该文件的权威。

（3）文件发放层次和范围：明确规定文件发放层次和范围，确保需要阅读或使用本计划的人员能够正确知悉本计划的内容。同时文件接收人应签署姓名和日期，以表明对本计划的认可。

（4）关于制订、实施本计划的相关管理制度：包括保密制度，制订、维护和更新计划的方案，计划审计和批准程序以及启动本方案的时机和条件。

2. 正文部分

正文部分通常包括十二个方面的内容。

（1）危机管理的目标和任务：主要是对建立危机管理体系的意义、在旅游企业中的地位和要达成的目标进行描述。

（2）危机管理的核心价值观和旅游企业形象定位：这是旅游企业进行危机管理的纲领。

（3）危机管理的沟通原则：危机管理的核心是有效的危机沟通，是保持对信息沟通的控制权。危机管理的沟通原则包括内部和外部沟通，为危机管理的沟通定下基调，包括对员工的沟通原则、对受害者的沟通原则、对公众的沟通原则、对媒体的沟通原则、对政府的沟通原则、对股东和债权人的沟通原则、对供应商和经销商的沟通原则、对竞争对手的沟通原则等。

（4）建立危机管理小组：确定首席危机官或危机管理经理；确定危机管理小组的组成人员，并对各成员的权利和职责进行描述和界定；培训和演习方案；替补方案；在危机发生后，危机管理小组成员因故不能履行职责时，有人员替补方案及计划变通方案；外部专家组成员；指挥、沟通与合作程序。

（5）危机管理的财物资源准备：危机管理计划的预算包括危机管理小组的日常运转费用，危机管理设备的购买、维护和储备的费用以及危机管理计划实施的费用；财物资源的管理即由谁管理、通过何种途径获得、如何使用等；财务资源的维护制度，如定期检查、修理或更换制度，财务资源的使用制度即由谁使用、如何使用等。

（6）法律和金融上的准备：紧急状态下在法律和金融方面的求助程序。

（7）危机的识别与分析：识别危机，对企业的薄弱环节及内外部危机诱因进行列举；分析危机，对危机发生的概率、严重性进行分析和评估。

（8）危机的预控措施：包括预控的政策；检查和督促。

（9）危机的发现、预警和报告程序：建立危机预警体系的程序；由谁建立、改进和维护危机预警体系；如何界定危机信息；危机信息汇报的原则和程序；危机预警后的反应措施。

（10）危机的应变指挥程序：界定不同的危机应变的方式和危机管理人员的应变职责。其包括：启动危机管理程序；确定危机应对方案；如何减少损失和消除负面影响；危机管理小组成员工作的原则和程序；信息汇报制度；决策制度；人、财、物的调度制度；内部和外部沟通制度和程序；求助程序即向哪些机构或组织寻求帮助。

（11）恢复和发展计划：恢复和发展的原则；危机带来哪些长期影响？如何消除影响？如何恢复正常的组织运营程序和经营活动？危机管理小组成员在危机后的工作安排；回答员工关心的问题，统一员工思想；解除外部公众和媒体的疑虑；稳定债权人、股东、供应商和经销商队伍，争取他们的支持；积极与政府部门配合；赢得竞争对手的尊重。

（12）危机管理的评估：危机结束后，对危机管理的评估程序，包括文件存档、评估损失、检讨危机管理行为。

3. 附录部分

（1）流程图：危机管理各流程的图表。

（2）应用性表单：整个危机管理程序中所涉及的环节中必须应用的表单，如危机记录和监控表单、危机汇报表单等。

（3）内部联络表：危机管理人员的姓名、职位、联系方式及职责。

（4）外部联络表：在危机应对过程中，外部相关组织（如政府、行业协会、银行、保险公司、供应商、经销商等）的联络方式。

（四）审定危机管理计划

1. 审定危机管理计划的原则

要做好危机管理计划的审定工作，需要遵循的原则是务实、仔细、可行、全面。

2. 审定危机管理计划的工作要点

如何审定危机管理计划？下面是一些审定危机管理计划的工作要点。

（1）选定审定危机管理计划的主持人。

（2）召开危机管理计划审定会议。

（3）查阅企业或组织的经营战略计划，确认高层领导是否真正具备危机管理意识。

一般来说，企业或组织高层领导人较强的危机意识主要体现在以下几方面：①把危机管理放在企业经营管理的决策层上来考虑。②有远见，未雨绸缪，事先制订危机应急计划，确定和培训处理危机的专职或兼职人员。③面临危机镇定自若，临危不惧，亲自指挥，并充分发挥公关人员的作用。④平时注意保持与新闻界的联系，出现危机时应特别重视与新闻媒体沟通。⑤始终把顾客利益、公众利益、企业信誉、企业良好形象放在第一位。

（4）从务实的角度来检验危机管理的流程。

（5）务必一再检查所有的细节。

> **案例分享 6—2** **普吉岛翻船事故是天灾还是人祸？**
>
> 2018 年 7 月 5 日，当地时间 17 时 45 分左右，两艘游船在泰国普吉岛附近海域突遇特大暴风雨，发生倾覆并沉没。"凤凰号"上载有 105 人，其中 87 名中国游客中有 40 人获救、47 人遇难；另一艘"艾莎公主号"载有 42 人，"艾莎公主号"上载有的 42 人全部获救。上船时，船员要求乘客脱去救生衣，每上一个人，船员就要求乘客脱掉救生衣，继而绑在游艇尾部的两根立柱上，船员不想湿漉漉的救生衣弄脏船舱。游艇一直前行，天色突然间越来越灰暗，随之而来的是大风，这让本就浪涛涌动的海面，显得更为暴躁。随着船只晃动幅度越来越大，原本摆在 KTV 间里的两排沙发开始从一边被甩到另一边，继而再甩回来。船舱里的人们开始惊慌，但导游依旧告诉他们没事，并让大家坐下，不要动，并用脚抵住地面和对面有可能滑过来的沙发。直到那时，导游和船员依旧没让乘客们穿上救生衣。如果当时导游和船员发出预警，或许伤亡情况就远不会像后来这么严重。但当时，惊慌的人们只好听从导游。
>
> **事件处理：**
>
> （1）"凤凰号"为何会翻船？疑点重重。7 月 8 日泰国当地时间上午 11 点 40 分许，

对于普吉岛沉船事故，泰国当地救援指挥部再次举行发布会，通报最新搜救进展。中国驻泰国大使吕健出席此次发布会，并表示目前已对事故原因立案调查。据泰国《民族报》报道，泰国副总理巴威表示，普吉岛海域失事船只的船长和船主应对此事负责，并警告将采取法律行动。巴威说，涉事船只不顾泰国气象厅的警告，擅自出海。7月4日至6日泰国气象厅发布气象预警，禁止普吉岛海域船只出港。泰国旅游和体育部部长威拉萨6日表示，翻船事故遇难者家属将获得泰国政府30万泰铢（约合人民币6万元）抚恤金，并将向受伤者家庭提供相应补偿。受伤者将会获得不超过50万泰铢的医疗报销。泰国旅游和体育部已成立协调中心帮助中国游客。威拉萨表示，涉事的"凤凰号"所在公司已购买游客意外险，遇难者家属将从保险公司获得100万泰铢的保险赔偿，伤者获得50万泰铢的赔偿。

（2）然而在各家媒体采访泰国副总理的时候，巴威却将这个事情全部推到了中国人自己身上，甚至还发出了极为不负责任的言论："这次事件完全是中国人害中国人，关泰国旅游业什么事，责任在他们。"除此之外，他还说是中国的游轮自己不听劝告要强行出海。这些言论一出就引来了中国网友和泰国网友的热议。不管是哪一方，大部分人都是站在中国这一边的。大家都觉得这位泰国副总理的言论太不负责任了，毕竟事情是在泰国境内发生的，以副总理的身份说出这么不负责任的话真的好吗？一个国家的领导人应该是一个国家的门面担当，代表着一个国家，如果说泰国的副总理都对中国人这么不友好，那么我们的同胞在泰国遭受的境遇就可想而知了。

（3）为重塑旅游信心努力，泰国做出了努力。此前，泰国国家旅游局表示，已大力整肃出海游安全工作。比如，每个游船码头必须安装中央监控，并张贴明确的标志，告知游客安全指南；所有船只在离开前都将接受机构检查，以确保船只设备、船员操作和应急措施均符合安全规定；对出海游客或乘客设有出海通道，进行面部识别并记录所有出海信息，包括姓名、国籍、护照号、酒店住址、出行目的地等；对带队导游将进行资质检查等。由海军第三区牵头，在查龙湾码头设立24小时"海上联合救援协调中心"，规定必须随时有工作人员及3艘船只待命，为游客提供帮助等。

（4）翻船事件后为挽回中国游客，泰国多个机场辟中国游客VIP通道，春秋旅游外分总部东南亚区总监严立人表示："自8月3日起，曼谷廊曼机场、素万那普机场都已增设中国游客专用VIP通道，其中素万那普机场一共开设了17个中国游客VIP通道，专门为来泰国旅游的中国游客提供便利。"

案例分析：据路透社8月22日报道，自7月5日普吉岛沉船事故发生后，中国赴泰国游客显著减少。7月的普吉岛沉船事件是泰国多年以来发生的最严重的旅游事故。中国是泰国最大的游客来源国，在2017年创纪录的3 538万人次的游客总数当中，中国游客占到近三分之一。2018年7月，中国赴泰国人数比2017年同期下降了0.9%。这是自2017年年初以来的首次下降，当时泰国政府曾打击过中国的廉价旅游套餐。根据泰国酒店协会的数据，在7月和8月普吉岛酒店接待的中国游客比往常大约少了三成。泰国国家旅游局表示，6家中国航空公司已经取消了19次飞往普吉岛的航班，约占每周航班班次的6%。

案例分享6-3　　优步深陷伦理与道德危机

2017年2月，优步深陷性骚扰事件，根据调查结果，百起性骚扰案致使优步炒掉了20名员工，解雇理由包括性骚扰、欺侮、报复以及歧视，这一调查已导致多名高管离职。此前，因为优步没有配合纽约出租车司机联合会发起的抗议"特朗普移民禁令"罢工活动，使得社交网络上展开了一场声势浩大的"删除优步"的行动，据了解，至少20万人删除了优步App。

案例分析： 自2017年1月起，深陷性骚扰事件、负面新闻不间断的优步拨云见日。但高管或因理念或因其他因素先后离职，对优步管理层和公司运营造成极大的负面影响。优步究竟将继续"走霉运"还是"时来运转"，让我们拭目以待吧！

任务实施

活动程序：
分组模拟制订危机管理计划及危机管理计划书。
活动内容：
(1) 如何制订危机管理计划？
(2) 如何制订危机管理计划书？
(3) 如何审定危机管理计划？
具体实施：
(1) 旅游危机管理计划书的具体内容及步骤，需要注意什么问题？
(2) 分组编写及策划。
(3) 分组进行汇报表演。
(4) 教师进行点评，并做总结。
讨论和总结：
(1) 旅游危机管理计划制订是否科学、合理？
(2) 审定旅游危机管理计划书的内容是否规范和完整。

自主训练

《印象·西湖》的设计堪称世界一流，总面积约5.6平方公里的西湖，被孤山、苏堤和白堤分隔成五部分：外湖、北里湖、西里湖、小南湖以及岳湖。在整个西湖中，岳湖只有0.1平方公里，是五块水平面中最小的一块；但风景优美，又紧邻杭州最重要的景点岳庙，一直深受游客青睐。

按照当时张艺谋的设想：在岳湖景区南至赵公堤、北至岳湖楼、西至曲院风荷包括西湖会所、东至苏堤的大自然背景中，一个菱形的升降舞台在西湖水中构建，演员以自然的山水、景观为舞台进行表演；在岳湖楼南面，将建设可容纳2 000人的升降式可收缩观众座席，白天降为一个亲水平台，演出时则向上升起，为观众提供座席。这个《印象·西湖》将成为杭州的一道美丽夜景。但在建造的同时就传出，《印象·西湖》的动工和推进可能将以牺牲西湖的生态环境为代价，引起了舆论的不满。开发公司为此就要做好和公众的沟通，否则整个的活动将无法继续，相应的旅游组织和部门必须关注事件的发展，正确引导，及时疏通社会舆论，把握与组织有关的舆论信息，从而提出应对策略，做到未雨绸缪，防患于未然。

（1）请你帮助旅游企业制订危机管理计划及编写危机管理计划书。
（2）请你帮助旅游企业审定旅游企业危机管理计划。
（3）调查你所在地区的旅游企业，了解是否有危机管理计划。

任务评价

工作任务考核评价表

<table>
<tr><th colspan="3">内容</th><th colspan="3">评价</th></tr>
<tr><th colspan="2">学习目标</th><th>考评项目</th><th>自我评价</th><th>小组评价</th><th>教师评价</th></tr>
<tr><td rowspan="2">知识目标</td><td rowspan="2">应知应会20%</td><td>制订旅游危机管理计划</td><td></td><td></td><td></td></tr>
<tr><td>审定旅游危机管理计划书</td><td></td><td></td><td></td></tr>
<tr><td rowspan="6">能力目标</td><td rowspan="3">专业能力40%</td><td>任务方案</td><td></td><td></td><td></td></tr>
<tr><td>实施过程</td><td></td><td></td><td></td></tr>
<tr><td>完成情况</td><td></td><td></td><td></td></tr>
<tr><td rowspan="3">通用能力30%</td><td>协作精神</td><td></td><td></td><td></td></tr>
<tr><td>角色认知</td><td></td><td></td><td></td></tr>
<tr><td>创新精神</td><td></td><td></td><td></td></tr>
<tr><td rowspan="2">态度目标</td><td rowspan="2">工作态度10%</td><td>工作纪律</td><td></td><td></td><td></td></tr>
<tr><td>有责任心</td><td></td><td></td><td></td></tr>
<tr><td colspan="3">教师、同学建议：</td><td colspan="3">评价汇总：
优秀（90～100分）
良好（70～89分）
基本掌握（60～69分）</td></tr>
<tr><td colspan="6">努力方向：</td></tr>
</table>

工作任务二　旅游公共关系危机处理的策略和方法

【学习目标】

1. 知识目标
（1）了解旅游公共关系危机处理的原则。
（2）掌握处理旅游公共关系危机处理程序。
（3）掌握旅游公共关系危机处理的方法与策略。

2. 能力目标
（1）能够根据旅游公共关系危机的类型灵活应用危机处理方法。
（2）能够按照危机处理程序处理旅游公共关系危机。

【任务导入】

青年旅行社的导游去火车站迎接一个20多人的旅游团。列车准时到达，人数、团号、国籍一一对号后，导游带着这个团上了车。但当车到了入住的酒店门口的时候，领队突然提出了疑问，声称他们要入住的酒店不是这一家。导游不明白，怎么自己的计划和领队的不一样呢？当领队拿出计划和导游对照后，才知道接错了团。原来今天境外旅行社发了两个团给自己所在的旅行社。在两人争执中，游客意见很大，纷纷要求退团。后经协商得以解决，不久就有游客向有关部门投诉了旅行社。

【任务分析】

以青年旅行社为背景，分析旅游企业的旅游危机类型，并灵活运用各种技巧化解危机、协调矛盾，通过模拟青年旅行社应该采用什么样的方法和策略处理危机，提高学生随机应变的能力、思考的能力、解决问题的能力。

【知识链接】

一、旅游公共关系危机处理的原则

运用公共关系的原理和技巧制订可靠而有效的危机公共关系处理方案，变风险为机遇，最大限度地消除负面影响，改变组织的不良形象，协调改善组织的内外部环境，这是旅游组织及其公共关系人员必须正视的现实问题。危机发生后，要注意掌握以下原则。

（一）及时主动原则

第一时间做出迅速恰当的反应是防止危机事件继续恶变的"第一法宝"。危机发生的第一个24小时至关重要。如果你未能很快地行动起来并已准备好把事态告知公众，你就可能被认为有罪，直到你能证明自己是清白的为止。

危机一般包括突发期、扩散期、爆发期、衰退期四个时期。如果在危机开始的突发期和扩散期积极反应、遏制危机，往往成本较低，效果也较理想。一旦到了爆发期，处理和平息危机的成本将呈现几何倍数增长，情形难以收拾。

旅游组织发生消费者投诉、新闻界曝光等事件，不能掉以轻心，采取拖延态度，而应迅速召集领导层和公共关系人员共同商议妥善的处理办法。如对消费者或社会公众造成人身伤害，应尽快同新闻媒体沟通，以防止负面影响的扩大；对直接上门投诉的消费者，应热情接待，及时答复和妥善解决投诉纠纷。

（二）"公众利益至上"原则

危机事件发生后，会使旅游组织遭受很大损失。然而公共关系人员首先考虑的应是公众利益，公众利益高于一切，保护公众利益应该是旅游组织危机处理的第一原则。公众就是"上帝"，失去了公众，组织的存在就没有任何意义。因此，旅游组织必须有强烈的社会责任感，要勇于承担责任，以公众利益为重，赢得公众的理解与支持。

危机发生后，公众一般会关心两个问题。一个是物质层面的问题，物质利益永远是公众关注的焦点。因此，旅游组织应首先主动承担损失和责任，及时向公众道歉，并切实采取措施补偿损失，待真相澄清后可能得到公众的喜爱。另一个是精神层面的问题，即旅游组织是否在意公众的心理情感。因此，组织应该站在公众的立场上表示同情和安慰，必要时用媒体向社会公众发表谢罪广告以解决深层次的心理情感问题，从而赢得公众的了解和信任。

案例分享 6-4

1998 年 4 月 17 日下午，开张仅 10 天的重庆"家乐福江北金观音店"开展为期 3 天的特价酬宾活动，其中 1.25 升的百事可乐售价 5 元，同时赠送一听价值 2 元的天府可乐。当天重庆某报上刊登的特价酬宾广告中写了"百事可乐原价 5.00 元，现价买一赠一（2.00 元）"。由于广告有歧义，造成顾客理解为"每罐百事可乐 1 元"，与商家原意不符。就在顾客与收银员为价格僵持不下时，家乐福江北金观音店只说了一句话："尊重顾客的意愿。"

在此次事件中，家乐福店长只说了句"尊重顾客的意愿"，便圆满解决了问题，平息了公众的怨怒情绪。紧接着，这位店长又及时地采取补救措施，一方面尽可能最大限度地满足顾客，同时又从安全角度考虑，对商业环境的秩序做了合理安排，并修正了产生歧义的广告，从而从根本上避免了事态的进一步扩大。

（三）公开性原则

旅游公共关系危机一旦爆发，立即会引起政府部门、社会大众和相关媒体的关注和报道，此时作为危机事件的当事人，不论是否具有主观上的过错，都应在事件涉及的范围内，向公众公开事件的真相，公布事件的原因、结果及自己的态度，而不能藏头露尾、含糊其词，更不能置公众意愿于不顾、封锁消息、自行其是。在现代高度信息化的社会空间中，一个组织很难隐瞒信息，特别是对自己不利的信息，及时公布信息，可以避免流言蜚语、小道消息所造成的负面影响。"沉默是金"的对策在危机中是使用不得的。

（四）连续性原则

当旅游组织发生较大危机后，组织不能做简单处理，而应组织一个专门处理危机事件的机构，制订工作计划，24 小时开通联系热线，一方面应连续不断地通过新闻媒体向社会公众公布调查取证、事故原因、明确责任、组织采取的善后措施、改进办法等方面的信息，从而使公众对事件有一个全面、客观的了解，对组织所持的积极态度和工作效果产生良好的印象。

（五）勇担责任原则

旅游组织公共关系危机发生后，应坦诚地向社会公众及新闻界说明造成危机的原因。无论危机是由内部原因引起的还是由外部原因引起的，旅游组织自身都不能推卸责任。在危机发生后的处理阶段，旅游组织需要肩负起自己应当承担的责任，尽力满足受害者所提出的赔偿要求，以求得他们的谅解。

（六）灵活性机动原则

旅游组织公关工作中出现的危机事件是形形色色的，因此对不同的旅游组织危机公关的处理手段也不尽相同。针对不同情况下的危机情况要具体问题具体分析，只有根据具体情况，才能进行有针对性、灵活性的处理。由于旅游组织危机多属于突发性的，不可能有现成的措施和手段，因此，根据实际情况，灵活处理很重要，也很关键。

（七）当机立断原则

造成突发事件的原因是极为复杂的，而且突发事件来势凶猛，发展迅速，变化趋势难以把握。如果不及时加以妥善处理，则必然对组织造成巨大的损害。这就要求领导者必须有当机立断的决策能力，对各种事件做出准确判断，及时采取措施，避免事态的进一步扩大。当非典疫情对国内旅游行业的影响尚未显现、旅游市场价格持续走高时，春秋国际旅行社向国内各大航空公司递交报告，分析非典疫情的严重性；4月5日起，旅行社包机部所有工作人员被派往各家航空公司，商榷包机停飞以及可能形成损失的分担方案。这一举动招来诸多非议，内部员工也颇有怨言，但春秋国际旅行社高层的态度十分鲜明，不仅如此，他们还紧急下达了第二道让同行费解的命令——全国各分社将包机销售流量尽量往前推，即使不赚钱，甚至赔点钱也要把机票尽早售出。事实证明，春秋国际旅行社的急救措施很奏效。

（八）信息资源

信息资源包括知识性资源和非知识性资源两类。信息资源对现代社会的组织具有越来越重要的作用。谁掌握了信息，谁就掌握了主动权。春秋国际旅行社针对白领市场精心开发的一些高端旅游产品出现了滞销迹象，让总经理想起了3月17日世界卫生组织宣布的有关非典疫情的消息。通过连续几昼夜的数据搜集和分析，春秋国际旅行社终于得出了结论：非典疫情会对当地旅游市场产生重大影响。要关注国际国内信息，注意变化动向，以便出了问题及时应对。此外，媒体方面也要肩负起及时预警的重任。这也正是这则来自企业处理非典危机案例给我们的启示。

二、旅游公共关系危机处理的工作程序

旅游公共关系危机的处理是旅游组织公共关系工作的一项重要内容。旅游公共关系危机发生以后，旅游企业公共关系部门人员应在第一时间，会同有关职能部门，充分调查分析，掌握事件真相，明确危机事件的性质及责任，多方收集公众对事件的态度、意见及要求等反馈信息，采取有效措施，按照事先拟定的处理程序及时处理，做好善后工作，使损失降至最小。

旅游公共关系危机的处理程序，一般而言，可分为六大步骤，即危机的确认、危机的衡量、危机的决策、危机处理的实施、处理结果的总结、组织形象的重塑。

（一）成立危机处理领导小组，并视情况设置危机控制中心

危机的发生往往出乎意料，在极短的时间内，能在社会中产生爆炸性的影响。因此，应立即成立由企业主要负责人牵头的危机处理领导小组，着手开展事故调查，迅速收回不合格产品，负责制订应急方案及处理方法，减轻事件对企业的危害，挽回不利影响。

（二）集中精力，采取有效行动，全面开展工作

这是危机处理的中心环节，负责处理危机的领导小组到达现场后，依据确定的处理方针、对策，迅速开展工作。危机事件发生以后，会给企业各部门造成巨大的压力，有很多的问题需要及时处理，如对事故造成的不利影响表示诚挚的道歉，安抚受害者，以获得公众的宽容、谅解。在危机处理工作中，工作人员要富有耐心和同情心，处事要谨慎、冷静，以避免不必要的争执。具体的工作内容有以下五点。

（1）深入事故现场，查明事故真相。主要是掌握危机的第一手资料，为危机管理提供事实依据。无论应急程序制定得多么完美，也不可能完全适用于所有具体危机事件。危机处理领导小组应及时赶赴事故现场，深入公众中调查，尽力查找目击者和当事人，搜集事件综

合信息，迅速开展工作，重点了解事故发生的时间、直接原因，有无人员伤亡及发展趋势等内容，查明真相，在此基础上写出事故调查报告，为迅速正确处理危机提供参考依据。

阅读资料6-3

  2006年9月11日上午9时许，台湾一旅行团乘车去长白山旅游，旅游车于延边汪清县境内翻入30米深的河沟中。据现场初步核实，2名台湾游客和1名司机在车祸中死亡，18名游客受伤，18名受伤游客中3名重伤、15名轻伤，均在汪清县医院接受救治。
  事发后，汪清县立即启动事故应急预案，相关部门立即赶到现场，组织公安、交通、卫生、水利、旅游、民政等有关部门进行紧急救援。当地群众和附近企业职工自发行动起来，积极参与、配合救援工作。仅两个小时，就把所有的伤者全部送到汪清县医院救治，并妥当安置死者遗体。随后，延边台办相关人员赶到事故现场和汪清县医院，进行死亡人员的善后和伤员的安抚工作。国家旅游局副局长王志发也赶赴当地，本着对台湾同胞高度负责的态度，共同协助做好救助工作和妥善处理各项善后工作。

  （2）保护事故现场，控制危机，维持企业正常秩序，危机处理小组在深入事故现场调查真相、对受害者进行适当补偿后，需要对事故现场进行保护，避免事态的进一步恶化，企业其余部门应维持企业的正常工作秩序，避免受到危机的冲击，加大损失。
  （3）对受害者予以损失赔偿，寻找到事件受害者后，需要及时予以必要的赔偿，旅游企业出现严重异常情况，特别是出现重大责任事故、使公众利益严重受损时，企业必须承担责任，给予公众一定的精神补偿和物质补偿，以赢得公众的理解与支持。如导游员在带团过程中，由于自身责任造成旅游者利益严重受损，应追究导游员的直接责任，并扣除导游员的服务质量保证金，用于对旅游者的赔偿。
  （4）确定新闻发言人，向媒体发布相关信息。危机事态控制以后，危机处理小组还需要选定工作人员充任新闻发言人，由其代表企业向公众及社会各界发布事件的处理过程，公布真相。需要注意的是，选定新闻发言人必须首先熟悉危机事件的总体情况，其次对企业内部情况也要有一定的了解，最好是由企业公共关系部的高层领导担任。
  （5）利用媒体召开新闻发布会，通过正确的舆论引导公众。新闻发言人确定后，应该迅速行动起来。尽快将收集到的事件真相等信息资料，通过新闻发布会的形式告知社会各界，向公众介绍事故真相以及正在进行补救的措施，做好同新闻媒体的联系工作，使其能及时准确地报道事件处理过程，以此去影响公众，引导社会舆论，使不正确的、消极的社会舆论转化为正确的、积极社会舆论，并使持观望态度的公众消除顾虑。同时，当与受害者意见出现分歧、矛盾、误解甚至对立时，企业应该本着以诚相待、先利他人的原则，利用有影响的权威媒体发布正确信息，引导公众，消除误会与隔阂。

  （三）迅速隔离危机、控制危机

  在了解事实的同时，要迅速控制危机，以免危机蔓延扩大。隔离危机可从人员隔离和危机隔离两方面入手。

  1. 人员隔离

  这是指把组织的人员划分为处理危机和维持日常工作两部分。规定：领导中何人负责危机处理，何人负责日常工作；一般人员中，哪些人参加危机处理，哪些人坚守原工作岗位。

不能因危机发生造成日常管理无人负责、日常工作无人从事的局面而使组织陷入混乱，造成更大危机。

2. 危机隔离

即对危机本身实施隔离。对危机的隔离在发出警报时就应开始。警报信号应明确标示危机的范围，以便保持其他部分工作秩序，减少危机损失，同时也为危机处理创造条件。如处理旅游管理景区内的交通线路中断事故，要马上告知其他部门，其他路线的车辆马上更换路线，尽快组织人力修复道路，或临时开辟其他的路线和途径，尽快疏散人群，不影响群众。

（四）分析情况，确立对策

在全面调查了事故情况以后，要将获取的信息整理、分析，制定危机处理的方案，包括如何对待受害公众、如何对待媒体、如何联络有关公众、如何具体行动等内容。

1. 组织自身对策

把事情的发生和组织对策告知全体员工，号召大家齐心合力、共渡难关，要统一对外的口径。如果是因为个别员工恶劣的服务态度引起的恶性事件，那么组织负责人应先稳住顾客情绪，责成当事人当面向顾客赔礼道歉；然后，公共关系部经理或该部门负责人代表组织向顾客道歉，并从精神和物质上给顾客以赔偿，以求得顾客谅解。要制订挽回影响和完善组织形象的工作方案与措施，奖励处理危机事件有功人员，处理有关责任者，并通告各有关方面及事故受害者。

2. 受害公众对策

舆论与法律总是保护弱者。在危机事件发生后，即使起因在受害者一方，企业都应该主动承担义务，积极进行处理。一个企业如果有诚意，那么对或错就变得不再重要。对人们而言，感觉胜于事实。事实上，处理危机时你绝不可以改变已有的事实，但可以改变人们对事件的看法。企业组织先自我表白，一个劲地为自己做解释工作，是危机处理时的大忌。即使有一千条理由，此时也应该先安抚受害公众，真心诚意地取得他们的谅解，这样危机才有可能顺利地化解。无论受害者是组织内部员工还是组织外部的人员，公共关系部门都应立即通知其家属或亲属，并提供一切条件，满足他们的要求，如吊唁或探视还要组织周到的医疗和抚恤工作。如果责任在组织自身，就要公开道歉，真正听取受害者及其家属的意见，主动赔偿受害者的损失，尽量满足受害者的要求，不要在现场追究，最好等危机事件平息后再妥善处理。如果双方都有责任，那么组织要尽力避免为自身辩护，要积极地争取受害者的谅解与合作，承担其应负的责任。要把事实真相毫不隐瞒地告诉受害者及其亲属，并表示歉意、安慰和同情。隐瞒真相是危险的，会增加受害者及其亲属的焦虑和不安，甚至认为自己被欺骗而采取报复行动。要耐心地等待受害者及其亲属充分宣泄了他们的愤怒、悲伤和不满后，再同他们商谈有关赔偿的问题，千万不要在他们怒气未消时就急着谈具体问题，那会引起麻烦。在商谈过程中要耐心听取他们的意见，最后共同确定损失赔偿的办法。在危机事件处理过程中，如无特殊情况，则不要更换负责处理问题的人员。

3. 上级领导部门对策

事件发生后，应及时向政府部门及上级领导部门汇报，不要文过饰非，更不允许歪曲真相、混淆视听。在事件处理过程中，应定期报告事态的发展，求得上级领导部门的指导和支持。事件处理后应详细报告处理经过、解决办法及今后的预防措施等。

4. 新闻媒体对策

危机事件发生后，各种传闻、猜测都会发生，新闻媒体也会自始至终针对事件的发展持关注态度，如何对待新闻媒体，将成为组织的一项重要工作。

（1）设立临时性的记者接待站，确定一位高级负责人作为组织的新闻发言人，统一对新闻界的口径；有新闻发言人代表组织集中处理与事件有关的新闻采访，给记者提供权威性资料。

（2）尊重事实，主动向新闻媒体提供真实的、准确的消息，公开表明组织的立场和态度，以减少新闻记者的各种猜测，帮助记者做出正确的报道。

（3）必须谨慎传播，在事实未完全明了之前不要对事发的原因、损失以及其他方面的可能性发布推测性的言论，不轻易地表示赞成或反对态度。不要去推测事故的起因、财产损失的数目以及事故的责任问题等。

（4）对新闻媒体表现出合作、主动和自信的态度，不采取隐瞒、搪塞、对抗的态度。对确实不便发表的消息亦不要简单地宣布"无可奉告"，而应妥善说明理由，求得记者的同情和理解。

（5）注意站在公众的立场和角度进行报道，不断提供公众所关心的消息，如补偿方法和善后措施等。

（6）公共关系人员应随时注意新闻媒体有关事件的报道情况，发现不符合事实真相的报道，可以尽快地向媒体提出更正要求，指明失实的地方，并提供全部与事实相关的资料，同时派遣重要发言人接受采访，表明立场，避免产生敌意。

（7）事件处理完后，可通过新闻媒体发表致歉广告，表示对有关公众的歉意和组织的态度，同时感谢有关方面的支持和帮助。

（五）认真处理善后工作，写出书面报告，危机妥善处理完毕后，需要认真处理善后工作及遗留事宜

为继续获得公众对企业的支持，应选派工作人员上门回访，了解公众的需求与合理化建议；为挽回社会影响，应利用报纸及相关媒体刊发道歉启事，向公众公开表示道歉。最后，就事件产生的原因、发展情况、处理过程及相关改进措施等写出书面报告，以预防此类事件再度发生。

（六）重塑企业良好的公众形象，公共关系危机的出现，或多或少地都会使企业的形象受到不同程度的损害

虽然公共关系危机得到了妥善处理，但并不等于危机已经结束，企业还必须恢复和重建良好的公众形象。要针对组织形象受损的内容和程度，重点开展弥补形象缺陷的公共关系工作，密切保持与公众的联系与交往，欢迎公众参观和进一步了解企业经营状况，通告公众企业新的工作进展和经营状态，拿出质量过硬的产品和一流的服务公之于世，从根本上改变公众对企业的不良印象。只有当企业的公众形象重新树立时，企业的公共关系工作才能谈得上真正转危为安，公共关系危机处理才谈得上圆满结束。

阅读资料 6-4

1986年发生的一场大地震使著名旅游国家墨西哥的旅游业骤然遭受巨大打击。人们当时谈"墨"变色，那里再好玩，谁还敢去呢？墨西哥的旅游人数由几千万人一下子降到了"零"。当时已订好了机票、饭店的游客，纷纷取消了出游的计划。

在万分危急中，墨西哥政府出资请了美国的著名公共关系专家来到墨西哥策划，意在挽救国家经济重要支柱的旅游业。此专家通过一番深入的调查和努力，了解了真实的墨西哥地震后的现象，通过电视、报纸等诸多媒体向外如实地报道损失及其现状，使游客对墨西哥地震后的现状有一个正确、直观、现实的了解，摆脱对墨西哥震后惨状的猜测、疑虑和可怕的想象。

然后则是出巨资到美国、日本等发达国家邀请文艺、体育和政界名流到墨西哥旅游。在他们下榻的饭店客房里、在著名的景区和街头巷尾，到处留下这些名人的身影，之后由墨西哥新闻界将这些录像在世界各地播放，用名人的影响力解除人们来墨西哥旅游的顾虑，在短时间内取得了巨大的效果。一个多月的沉寂之后，墨西哥的旅游业又兴旺起来，游客人数竟超过了地震前，墨西哥的旅游业不但没有因此而崩溃，反而通过努力使诸多相关的行业也兴旺起来，获得了盈利。

启示：危机发生时，组织迅速做出反应，采取及时有效的措施，并且通过媒体传播信息，让公众及时了解情况。危机解决后，一个重要的工作就是重新塑造组织优良的形象。而借助外部的信誉，如可信赖的权威机构和有地位的权威人士来代表组织发挥作用，有助于赢得人们对该组织观点的关注和支持。这也是将处理危机变为提高组织知名度和美誉度的机会。墨西哥的旅游业就是这样走出地震危机的。

三、旅游危机公共关系处理方法和策略

危机公共关系不仅是衡量旅游业公共关系综合实力的标准，也是任何企业的立足之基、发展之本。公共关系危机的处理是企业公共关系的一项重要内容。企业一旦出现公共关系危机，公共关系人员应迅速根据具体的情况做出反应，协助企业负责人调查危机或事故的原委，做好善后工作。危机如火，但危机公共关系处理的重点不仅在于消除影响、重塑形象，还需要关注危机发生前、中和后的全过程，采取一套行之有效的方法和策略正确处理。

（一）旅游危机公共关系处理策略

1. 有效利用危机管理，善于把坏事变为好事

这主要取决于组织对消费者的负责、诚意和良好的服务态度。旅游企业在经营中能利用好公共关系危机管理，就可把一切有利的和不利的事情都变为公共关系和营销的手段，使种种热炒的负面新闻为旅游业的宣传省去大笔的广告费。

2. 防患于未然

对一个企业来说，培养敏锐的公共关系危机意识和建立公共关系危机的预警机制是非常重要的，最好最完善的危机公共关系就是把公共关系危机"扼杀在摇篮中"。危机的出现，大多是有预兆的，当内外环境发生变化时，一定要多加留意。企业的危机好比飞来横祸，随时随地都可能暗藏着。然而，一些企业往往等到危机无法收拾的时候才出面调解，但往往大势已去，再也难以扭转乾坤，这样是无法有效避免危机的。

3. 巧妙应对

企业在采取有效措施取得与消费者、公众及媒体的良好沟通交流之后，应灵活制订危机公共关系策略，分步骤地进行危机处理，对所有危机事件的正确处理办法都应该是积极面对、尽快解决，这是处理危机的最高宗旨。

可以说，危机不管发生到什么程度，解决的根本方法都仍然是从寻找源头开始，应先寻找受害者及将事件曝光的媒体。只有及时寻找到危机的源头才能将危机处理在萌芽状态，找到源头之后的处理办法很多，目的只有一个，就是尽快控制源头或者堵住源头。旅游业各部门在接到旅游者投诉时，要及时安抚，并与之进行一系列耐心的沟通，充分表达企业是充满爱心和责任感的，从而从根源上对危机进行化解。如果一些媒体已经刊登出相关报道，给企业已然造成不良影响，那么旅游企业公共关系部门一定要说服其进行跟踪报道，这样，前期报道的影响无形中就会被瓦解，能较好地挽回影响。

4. 正确评估危机

旅游企业任何一次危机的发生，受害者或旅游者都会有过激的反应。不可能全部都按照企业的意思来理解。所以危机公共关系的一个重要原则，就是了解公众，倾听公众的意见，特别是事件的直接受害者，确保企业能把握公众的抱怨情绪，了解公众并做出准确的判断。不管事态发展如何严重，只要有准确的评估，根据评估的结果，就能衡量其危害性并制定相应的策略。

5. 直面危机

旅游企业在危机处理中要时刻牢记互动性、谅解性、真诚性的原则。当出现危机的时候千万不要惊慌。首先，及时成立危机处理小组，保持宣传口径的一致，以免给媒体和旅游者落下口实。在处理危机时一定要有礼有节、不失形象，防止个别旅游者以此事件为突破口进行动机不良的行为，为企业造成更大的损失，同时要适时采取果断、正确的处理措施，及时与产生危机的旅游者进行良好的沟通。其次，危机处理过程中要一直保持良好的态度。哪怕不是企业（如旅行社）的责任，也要留有余地，以免引起公众的误解，要体现企业的大度。企业在声明中如果没有一种负责任的态度，则很容易令消费者误解并给企业埋下更大危机，进一步加大双方的对立情绪。

6. 巧妙利用局势

危机发生后，对整个国家及当地旅游业的形象和品牌都会造成一定的负面影响。旅游企业处理好公共关系危机，还要做好善后事宜，以恢复旅游者、社会、政府对企业的信任。

借着危机前期社会各界关注度较高，旅游企业可以加大与当地主流媒体的合作，进行品牌形象和企业形象的宣传，让外界了解其是一家有实力、有社会责任感的企业，可通过实力展示、公益活动等多角度进行报道宣传。并可以迅速策划一个互动参与活动，活动的主要对象就是前期参加相关旅游活动的旅游者和当初参与报道的媒体，以及刚刚签订协议准备出行的旅游者，让其充分感受企业的认真、负责和对他们的关心，从而形成延续性的良好口碑效应。

7. 实施危机攻略

处理公共关系危机主要需要借助公共关系沟通的职能，只有将所有的问题定位在沟通上，保持经常性地与公众沟通，与旅游者及受害者沟通，及时传递处理意见，对面临的问题有一个全面、系统的把握，公共关系部门也就有可能用最低的成本化解公共关系危机。具体体现在以下五个方面。

（1）迅速收回不合格的产品及服务。旅游业经营中由于产品及服务质量问题造成的危机是最常见的，一旦出现这类危机，旅游企业应不惜一切代价，立即收回所有的不合格产品及更换让旅游者不满意的工作人员，并利用大众传媒告知旅游者如何退回这些不合格产品及更换服务的方法。

（2）对旅游者的损失予以赔偿。旅游企业出现严重异常状况，特别是出现重大责任事故，使旅游者利益受损时，企业必须承担责任，给予受害者一定的精神和物质补偿。旅游企业在经营过程中，应加强对责任事故的管理，完善危机管理机制，进一步完善旅游质量保证金制度，如在服务中出现责任事故，相关人员应对自身的服务负责，向受害者做出赔偿。

（3）利用权威意见处理危机。在处理某些特殊的危机事件中，组织与公众的看法往往不一致，难以调解。这时，必须依靠权威机构发表意见，以消除公众的误会。

处理公共关系危机的权威主要有两种：一是权威机构，主要是指政府相关职能部门、专业机构、消费者协会等；二是权威人士，如公共关系专家、行业专家等。在很多情况下，权威意见往往对公共关系危机的处理起决定性的作用。

（4）利用法律调控危机。这是指运用相关法律手段来处理公共关系危机。法律调控手段处理危机主要包括两个环节：一是依据事实和有关法律条款来处理；二是遵循相关法律程序来处理。运用法律调控处理公共关系危机有两个作用：一是可以维持处理危机事件的正常秩序；二是可以保护旅游企业和旅游者的合法权益。在企业信誉受到侵害时，运用这种方法，会收到较好的效果。

（5）公布造成危机的原因。组织发生公共关系危机以后，应坦诚地向社会公众及新闻媒体说明造成危机的原因。如果是企业自身的责任，则应当勇于向社会各界承认；如果是其他竞争对手的故意陷害，则应通过各种手段公布真相，最主要的是要随时向新闻媒体说明事态的发展和澄清无事实根据的"小道消息"及流言蜚语。

公共关系是一门艺术，而处理危机的公共关系则是更难的艺术。企业在处理危机时，千万不能感情用事，否则会令事情更糟。

（二）旅游公共关系危机处理的常用方法

1. 权威公断法

邀请或协助公正性、权威性机构（如消协、技监、媒体等）帮助解决危机，经常是企业控制危机发展、转危为安的关键。不少危机事件的平息，在很大程度上是成功运用权威公断的结果。如某景区被评为国家 5A 级旅游景区，它的知名度和美誉度将得到极大的提升，人们对它的信任度也会随之提高。

2. 将事就事法

对刚刚发生的危机，事态在尚未扩展得很大时，可有针对性地做出处理，以免事件的扩大。

3. 公益法

在将事就事来解决问题的同时，以公益活动也可以转变公众对企业的看法，或是转移公众的注意力。

4. 现身说法

现身说法是消除消费者对产品的误解、重塑消费者信心方面的重要举措。在 1996 年比利时发生可口可乐中毒事件时，为澄清事实，可口可乐的第一个也是最直接的举措是总裁当场喝了一瓶可口可乐。公众对事件的理解发生了改变，对组织的不信任发生了改变。

总之，由于危机事件出现的情形、背景、原因以及面临的环境、公众不同，我们要具体问题具体分析，选择适当的工作策略、方式、方法，这样才能取得良好的效果，消除危机事件带来的影响。

职场案例

案例一：海涛旅游涉嫌"欺诈"

2017年4月18日，微博和微信朋友圈流传出海涛旅游被顾客上门要债的照片和视频，有顾客甚至贴出"海涛欺诈，欠债还钱"的横幅。当时，海涛旅游承认有数千名消费者的"欠款"未能退还，金额约2亿元。事件缘起是海涛旅游2016年加大所谓"旅游套餐"的推销力度，而游客所缴纳费用到底是套餐费还是旅游押金，能不能退，双方各执一词。

点评：海涛旅游作为华北地区最大的韩国线路供应商，严重依赖韩国市场，深受韩国萨德事件影响，大受打击。但最根本的原因还是海涛旅游"先存钱后旅游"的模式，天然存在极大的风险。旅游市场竞争激烈，海涛旅游以极低价格吸引游客，归拢旅游需求后和供应商争取优惠价格，但旅游行业利润微薄，且易受各种突发事件影响，压价过狠或有意外情况发生，往往会陷入亏损，为了维持经营，不得不挪用游客提前预支的费用，致使寅吃卯粮，经营上的窟窿越滚越大，最终无法收场。

案例二：携程搭售风波

2017年10月10日，一篇10万+自媒体文章与明星韩雪的怒怼，将携程置于风口浪尖。携程的网站和App上的机票产品捆绑搭售、默认勾选等问题，终于引起了消费者的众怒。

事实上，携程搭售背后有强大的动力。机票以前有售前和售后双返点，2015年发改委要求各航空公司"提直降代"，代理返点一降再降，直至2016年一刀切给固定的代理费。也就是说，单纯代理销售机票，携程卖得越多可能赔得越多。据知情人士估算，销售一张机票的成本为13~16元不等，而代理费可能只有10元。这可能也是促使携程搭售那么多产品的原因之一。

点评：代理销售机票等产品，添加接送机、酒店优惠券、保险等"捆绑销售"的情况，几乎已经是国内在线旅游行业里约定俗成的销售方式。在相当长一段时间里，这是在线旅行社的利润来源大头。这次事件在一定程度上说明，国内消费者的权利意识正在觉醒，以前通过灰色手段谋利的经营空间正在被快速压缩，以高品质和优质服务赢得消费者认同，才是经营之道。

任务实施

活动程序：
(1) 分组模拟旅游企业危机类型，请学生根据危机类型采取危机策略解决危机。
(2) 每组模拟时间为10分钟。

活动内容：
(1) 旅游企业遇到危机如何采用正确的危机策略处理？
(2) 危机管理的程序有哪些？每个阶段应该注意哪些问题？
(3) 调查你所在地区旅游企业遇到危机时处理的情况及技巧的运用。

具体实施：
(1) 研究所收集的资料，分析旅游企业危机管理的程序及技巧。
(2) 分组进行、拟定活动方案并选好自己扮演的角色。
(3) 以当场表演的形式掌握危机公关程序与技巧。
(4) 教师进行点评，并做总结。

讨论和总结：
(1) 处理的方法及程序是否规范？处理结果是否满意？
(2) 技巧运用是否灵活、恰当？
(3) 电话技巧运用是否恰当？

自主训练

青年旅行社组织了30人赴上海旅游，按照合同约定，旅游者于出发日乘坐某航班返程。由于十一黄金周旅行社难以买到约定的航班，购买了其他航班并且经停，旅游者明确表示无法接受，要求旅行社给予赔偿。由于双方分歧过大，结果旅游者没有按时返程，滞留在旅游目的地。如果你是旅行社的经理，那么你该如何应对此事？

任务评价

工作任务考核评价表

内容			评价		
学习目标		考评项目	自我评价	小组评价	教师评价
知识目标	应知应会20%	危机处理的技巧与策略			
		危机处理的程序			
能力目标	专业能力40%	任务方案			
		实施过程			
		完成情况			
	通用能力30%	协作精神			
		角色认知			
		创新精神			
态度目标	工作态度10%	工作纪律			
		有责任心			
教师、同学建议：			评价汇总： 优秀（90~100分） 良好（70~89分） 基本掌握（60~69分）		
努力方向：					

工作任务三　旅游危机管理方案的制订与演习

【学习目标】

1. 知识目标
（1）了解旅游危机预防意义。
（2）掌握旅游危机管理预防。
（3）掌握旅游预防措施制度。

2. 能力目标
能够制订旅游公共关系危机方案制度。

【任务导入】

青年旅行社在已经制订的危机管理计划的基础上，专家建议还应该再制订一份危机应变方案，并且要开展一次演习活动，强化青年旅行社全体人员的危机预防意识，你被指定负责制订危机管理方案，并组织进行演习。

【任务分析】

旅游公共关系危机的产生虽有其突发性、人为不可控制性的一面。但是，就多数危机来讲，又都是有一定规律可以遵循的。在开展有效的公关调查和监测后，危机是可以预见的，在一定程度上是可以避免的。因此，通过实战演习，可以发现危机管理方案中的问题并修正完善。要求学生能够掌握演练的基本流程并独立组织一场危机处理演习活动。

【知识链接】

一、旅游公共关系危机预防

旅游公共关系危机预防是指组织对危机隐患及其发展趋势进行监测、诊断与预控的一种危机管理活动。其目的在于防止和消除危机隐患，保证公关系统和经营管理系统处于良好的运行状态。旅游组织在发展中也要做好准备，有效地消除危机。

（一）危机预防有助于培养全员的危机意识

现代的社会组织所处的社会环境复杂，所面临的公众对象多样，各种因素层出不穷且变化莫测，因此出现危机的可能性日渐增大。为了保持组织公关系统的良性运行，就必须对全体员工进行危机意识的培养教育，培养员工的服务意识、形象意识、公众意识、忧患意识，通过各种方式帮助员工找到解决危机的方法，提高对危机的应变能力。

（二）能有效地减少危机的形成

危机预防管理工作，实际就是一种有组织、有计划、有科学规程的公共关系危机控制工作。对旅游组织可能发生的危机做好了预测，开展了有针对性的工作，就会消除很多危机的隐患，减少危机；即使是在危机到来的时候，组织也不会没有准备，从而减少损失。

(三) 有利于提高公关危机的处理水平

公关危机事件和事件带来的危害都需要组织去处理、消除。但是，同样的危机，处理水平的高低决定危机危害的大小。做好危机的预防，对全体员工进行危机教育，进行有计划的预防实践，设立领导小组进行指挥协调，制订应变计划与应变对策，做好物质技术和经费准备以应付不测，并通过对公关系统长期的持续不断的监测与诊断，为危机处理打下了良好的基础，这对于提高旅游组织的危机处理水平有积极的作用。

二、旅游公共关系危机预防的措施

(一) 建立旅游公共关系危机预警系统

一般而言，除了一些自然灾害、交通意外等突发的危机事件外，大多数旅游公共关系危机事件都有一些先兆表现出来。建立预警系统可以对组织公共关系中可能或已经发生的危机迹象进行监测和预测，收集各种反映危机迹象的信息，做出危机警示，防止和消除危机隐患，保证组织的日常活动处于良好的运行状态。也就是说，建立危机预警系统的根本目的是对危机进行有效的预防和控制，这就需要做好以下两个方面的工作。

1. 对旅游组织的行为进行监测

主要工作是分析和研究旅游组织的生存、经营、管理活动等一切环节，经常检查与相关公众发生业务联系部门的工作情况，及时向旅游组织决策者通报所发现的种种存在的问题，有利于组织做出正确的决策。

2. 对社会舆论进行监测

主要工作在于，及时收集涉及旅游组织经营管理活动的社会舆论及公众对旅游组织的态度，对此进行认真的分析和研究，从中发现它的发展动向及趋势，特别是要善于从这些信息中寻找那些容易引起危机事件的先期征兆，一旦发现这些征兆，及时向组织的领导做出汇报，提出消除这些征兆的办法和措施。

在旅游组织内部建立预警系统可以使公共关系人员及早发现危机的早期征兆，使旅游组织可能将危机消除于萌芽状态，这是危机预防的重要手段，其核心是善于监测和积极反馈信息。缺乏必要的危机预警机制，组织会在危机中陷入被动，难以自拔。旅游组织同样应该在收集信息和监控信息中，为组织出现的情况指明方向，做好决策建议。关注社会舆论，把握对组织有关的舆论信息，从而提出应对策略，做到未雨绸缪，防患于未然。

(二) 建立旅游公共关系危机管理机构

尽管危机是旅游组织较少遇上的特殊状态，但是它有极大的危害性，必须像灭火一样迅速将其扑灭。旅游组织设立危机管理机构（危机管理小组）通过行之有效的工作，可在有危机先兆时防患于未然；而一旦危机发生，即能加以遏制，以减少其对旅游组织形象的损害程度。

危机管理小组的主要作用在于：对企业所有的员工进行危机培训，使每一名员工都有危机意识；全面、清晰地对各种危机情况进行预测，尽可能确保危机不发生；在遇到危机时能够全面、快速地处理危机，并能够监察危机的发展及有关公司政策的执行；在危机结束时，能够及时调整公司的各种行为，运用各种手段恢复公众对公司的信任，重新塑造公司的美好形象。

1. 旅游公共关系危机管理小组成员

危机管理小组成员应由职位相对较高的管理者、专业人员及公共关系人员组成，由于他们在组织中有一定的地位、身份，对组织和环境又熟悉了解，可在危机处理中发挥最大的功效。

（1）组织领导。

旅游组织领导拥有公司资源的最大使用权，有着最终的决策权。高层领导的直接参与有助于减少危机发生时的混乱，保证危机尽快、权威地解决。

（2）公关专业人员。

包括旅游组织公关部工作人员、旅游组织的合作公关公司，是危机公关的具体执行者，负责危机公关程序的优化和实施。

（3）专业智囊团。

专业智囊团具有丰富的危机处理经验，能给处于危机中的旅游组织提供专业的指导和意见。

（4）生产、服务品质保证人员。

他们熟悉行业生产服务的流程，在旅游组织出现问题时容易查出问题的根源。便于回答来自公众的问询，特别是解答消费者和媒体的疑问。

（5）人力资源部。

危机期间旅游组织人员的调动、新闻发言人的确立，都需要人力资源部的支持。

（6）法律工作者。

法律工作者熟悉旅游组织日常运作过程中可能出现的各种法律问题，知道旅游组织在面对问题时应该采取的步骤和程序，便于保证组织行为的正确性。特别是公众的法律意识逐渐提高，旅游组织随时面临各种诉讼、索赔，法律工作者能够尽早帮助企业解决。

（7）接待人员。

无论是电话投诉，还是公众上门投诉，接待人员的态度都是非常关键的。相关公众通过电话或上门了解情况，接待人员也要热情接待，注意说话技巧。这时处理得好，危机有可能被消除在萌芽状态。

2. 旅游公共关系危机管理小组的工作内容

（1）做出预测。

根据本旅游组织建立以来发生的危机或其他组织发生过的危机，对自己组织可能发生的各种类型的危机做出预测和分析，对哪些危机可能发生及其性质、规模和影响范围等做出恰当的估计。只有做好组织上的准备，有备无患，才能更好地应对公共关系危机的爆发。小组的主要作用在于全面清晰地对组织可能面对的各种危机进行预测。如在旅游组织中经常出现的游客因对吃住行的不满而造成的投诉、因旅游线路的更改而引起游客的不满、因天气原因而造成的游客滞留等现象，这些情况通常都可以做好事前的准备、有效沟通，不至于使时间延长，演变成危机事件。

（2）培养危机意识。

比尔·盖茨说："我们离破产永远只有十八个月。"没有危机意识的个人，将随时面临困难；没有危机意识的组织，将随时面临经营的困境。

旅游组织的领导要具有危机意识，员工也要具有这样的意识。这样才能避免因任何一名员工的失误或失职而将整个组织拖入危机。比如，因工作失误在顾客的餐盘里出现一根头发，因抱着侥幸心理而给顾客使用不新鲜的海鲜，都会影响酒店的信誉；旅行社销售人员夸大目的地旅游产品，造成顾客的不信任，甚至是投诉等。要想杜绝这类事件的发生，必须培养员工的忧患意识，让他们知道自己的一言一行，都代表着公司的形象，都会影响公众对公司的看法和印象。

（3）制定危机防范策略。

针对可能发生危机的情况，制定出相应的应急预案，并指定专人负责。请相关的专业人士分析、预测和发现旅游组织及旅游企业潜在的危机，编制危机管理手册，拟定危机管理计划，对旅游业的常规性危机做必要的事先准备及风险评估，制定出详细的危机公关方案；一旦危机发生，即可对不同的公众采取不同的措施，为处理危机制定有关的策略和步骤。

（4）设立"发言人"制度。

在危机管理小组中要指定危机公共关系发言人，在危机来临时刻，组织内部很容易陷入混乱的信息交杂状态，不利于形成有效的危机公共关系传播。为了形成一个统一的对外传播声音，要由发言人代表组织以恰当的方式介绍事实真相及组织在处理危机中所做的努力。组织要通过发言人"一个声音"，及时、准确、口径一致地公布事实，让公众尤其是新闻媒体了解情况，掌握危机管理的主动权，以杜绝谣言，维护组织的形象。

（5）负责危机处理。

在遇到危机时，能够全面、快速地处理危机，并能够监督危机的发展及有关公司政策的执行。

（6）重塑组织形象。

在危机结束时，能够及时调整公司的各种行为，运用各种手段恢复公众对公司的信任，重新塑造旅游组织的美好形象。

（三）制定旅游公共关系危机防范策略

对旅游组织而言，危机每时每刻都有发生的可能，而且旅游组织在危机中采取的行动会受到公众的审视。组织不能存有侥幸心理，认为危机不会降临到组织自身的头上。而应该制定切实的危机管理制度，由被动变为主动防范危机。为此，在建立危机处理机构的前提下，建立一套规范、全面的危机防范策略是必要的。

1. 建立高度灵敏、准确的信息检测系统及自我诊断制度

及时收集相关信息并加以分析、研究和处理，全面清晰地预测各种危机情况，捕捉危机征兆，为处理各项潜在危机制定对策方案，尽可能确保危机不发生。从不同层面、不同角度进行检查、剖析和评价，找出薄弱环节，及时采取必要措施予以纠正，从根本上减少乃至消除发生危机的诱因。

2. 强化危机意识

在组织内部，给员工灌输危机防范的意识，让每个员工都自发地在工作岗位上减少或者杜绝导致危机发生的原因。如北京密云的瑞海姆田园度假村，在员工上岗培训时，安排新员工观看"火灾纪录片"，提高员工的火灾危机防范意识。又如美国波音公司在20世纪80年代曾设置了一段模拟组织倒闭的电视新闻：一个天气阴沉的日子，员工们一个个低着头，脚步沉重地离开自己的岗位，离开工厂，高高的厂房上悬挂着"厂房出售"牌，一个画外音在回荡："今天是波音公司时代的终结，波音公司关闭了最后一个车间。"这使得员工危机感进一步增强，对工作更加珍惜，对产品质量也更加重视。

3. 制订危机管理计划方案，并在组织内部广泛宣传

旅游组织的危机小组应该设想一下可能会发生什么样的危机，并预先做好预防的准备。

有了这个计划，组织才能面对突如其来的危机，从而有条不紊地拿出自己的应对之策。在组织中要进行全体员工培训，通过多种方式向小组员工介绍应付危机的方法，让他们对危机的可能性和应付办法有足够的重视和了解，并告知"危机小组"成员名单。这样即使发生危机事件，组织员工也能从容应对。例如有的酒店把对应急法案的宣传运用图表、卡通漫画等形式，贴在员工通道上，简易、易懂、实用性强。

4. 促进与媒体的沟通交流

旅游组织应在平时与媒体建立友好的合作关系，监控好舆论导向，并及时公布信息，有效引导舆论方向。当危机降临时，不仅使危机的负面影响降至最低，还可以扭转乾坤，扩大组织的美誉度。

（四）旅游公共关系危机防范方案演习

危机不会经常出现，所以对旅游组织的多数人来说，对危机处理是没有经验的。而长期稳定的环境，可能使组织成员产生麻痹和松懈，一旦出现危机则手忙脚乱，不能很好地化解危机。因此，旅游组织应当未雨绸缪，每隔一段时间举行一次危机演习，演习后再找出不足之处，予以纠正。

通过演习可以使组织全体人员熟悉危机防范方案，积累危机处理的工作经验。具体来说，演习可以使每个成员熟悉他们在危机中的任务和位置；并通过各环节人员之间的相互作用，使任务的互助性和可操作性更务实；另外，通过演习，可以调动、组合、部署相关人员，当危机真的来临时，管理人员能轻车熟路，提高时间效率。如一些饭店培训员工"发生火灾后怎么办"，并对员工进行处理火灾的模拟培训，以锻炼员工在这种紧急情况下冷静、熟练处理问题的能力。

培训与演习可使用不同的方法，常用的方法包括以下三种。

1. 录像观摩与案例学习

用同类危机的记录和场景模拟录像，形象地展示危机的内容与处理措施。

2. 案例分析

通过典型案例的分析评议，使员工进一步明确岗位责任。

3. 实战性小组演习

整体性演习时间、费用与精力耗费较大，不可能经常进行，可以采用以责任区为单位进行小组演习的方法，如新闻小组、专家技术小组等。

职场案例

案例一：都是醉酒惹的"祸"

2005年8月3日，星期三，湖州梦圆饭店的前台员工小秦正在当班，只见一位男士和一位女士搀扶着另一位步态踉跄的中年男士向前台走来。

小秦热情地招呼道："下午好，请问有什么需要帮忙的吗？"

"想住你们的酒店。"女士说。

"请问，您有预订吗？"小秦边说边操作着电脑预订系统。这时，小秦注意到被搀扶的男士酒气熏天，他一定喝了很多酒。

"没有，我们是第一次到你们酒店来。"还是那位女士答的话。

"我们有套房和标准间，您喜欢哪种类型？"

"标准间吧。"

因为是三个人一起来的，小秦更加耐心地解释说："标准间有一张大床的，还有两张床的。"还没等小秦把话说完，醉酒的男士突然咆哮道："你怕我没钱吗？怕我付不起那两张床钱吗？"一边说，一边从自己的上衣口袋里掏出了一摞人民币，同时从钱包里拽出了几张信用卡，往前台一甩，接着说："你看看，我能不能付得起两张床钱？"

小秦一直礼貌、耐心地解释说她根本就没有别的意思，仅仅是因为客人第一次来酒店住，因此想把房间的配置情况向客人讲清楚。另外的一位男士和那位女士也一直劝说着这位醉酒的客人："人家小姑娘绝对没有别的意思，是你自己喝多了、想多了、想歪了。""你们不要拦着我，我要投诉，我要投诉她语言不敬！"

最终在小秦的道歉和解释，以及同来的两位客人和前台主管的劝说声中，他们把醉酒的客人送到了单人标准间。

20分钟后，小秦轻轻地进了这位醉酒客人的房间，手里还提着水果。"对不起，打扰您了，刚才的事都是我不好，惹您生气了，我特地带水果来向您道歉。"此时这位客人酒醒得差不多了，赶紧道歉道："不关你的事，是我喝多了，不好意思啊！我哪能收你给我买的水果呢！""如果您不收下，就表示您还没有原谅我。"听了小秦这样说，客人终于讪讪地收下了水果。一场醉酒风波就这样过去了。

评析：客人投诉、生气的原因常常是因为酒店产品质量、员工服务质量、设施设备或卫生方面出现问题，或者是客人自己心情不好等，此案例不属于这些情况，仅仅是因为客人喝多了酒，自己的思维紊乱、理解偏颇。但是前台员工小秦自始至终都表现得非常职业、非常礼貌、非常忍耐，最后还亲自买了水果去看这位醉酒的客人。笔者做案例教学调查时，听到前台主管对自己员工由衷的评价："有小秦这样的员工是我们梦圆酒店的骄傲！"

案例二：五星级酒店竟不换床单

2017年9月，国内独立测评机构"蓝莓评测"在北京选择了五家五星级酒店（北京W酒店、北京三里屯洲际酒店、北京希尔顿酒店、北京JW万豪酒店、北京香格里拉饭店）进行测试，竟发现住客退房后均未更换床上用品，浴缸等洗漱用具也未做到完全清洁。

对此，北京市旅游发展委员会回应称：我们高度重视，已经开始约谈报道中涉及的5家酒店，了解核实情况。随后，北京35家快捷酒店因卫生不合格被北京市卫生和计划生育监督所约谈，其主要问题包括卫生检测指标不符合国家卫生标准，未按照规定对顾客用品用具进行清洗、消毒、保洁等。35家单位拟罚款6.9万元。

点评：客人离开后，无论用没用过房间的东西，都会换掉，这是大多数人的常识。在相关管理标准中也明确规定"一客一换"，规章制度就是规章制度，服务标准就是服务标准，服务人员少、酒店竞争压力大、利润低都不构成可以解释的理由。五星级酒店尚且如此，中国酒店业重道远。

任务实施

活动程序：
(1) 分组模拟制订旅游企业危机预警方案的内容及制订原则。
(2) 组织旅游企业的危机预警演习。
(3) 请调查你所在地区旅游企业危机预警方案的制订情况。

活动内容：
（1）如何制订危机预警方案？
（2）如何组织危机预警演习？

具体实施：
（1）分析旅游企业危机的类型，并制订危机预警方案。
（2）根据危机预警方案进行危机处理演习。
（3）分组进行汇报表演。
（4）教师进行点评，并做总结。

讨论和总结：
（1）旅游危机管理的预警方案制订是否可行？
（2）演习活动组织是否有序、有效？

自主训练

万豪酒店曾经发生产品质量问题，为进一步加强酒店的危机意识，提高酒店应对危机的能力，近期，酒店决定制订危机管理预警方案，又决定开展一次大规模的危机演习，负责演习组织工作的公关部工作人员为此应该做哪些准备？请为酒店设计旅游危机管理预警方案，并组织安排演习活动。

任务评价

工作任务考核评价表

内容		考评项目	评价		
学习目标			自我评价	小组评价	教师评价
知识目标	应知应会20%	制订危机管理预警方案			
		危机管理预警方案的演习			
能力目标	专业能力40%	任务方案			
		实施过程			
		完成情况			
	通用能力30%	协作精神			
		角色认知			
		创新精神			
态度目标	工作态度10%	工作纪律			
		有责任心			
教师、同学建议：			评价汇总： 优秀（90～100分） 良好（70～89分） 基本掌握（60～69分）		
努力方向：					

主要参考书目

[1] 王忠林.旅游公共关系[M].上海：华东师范大学出版社，2014.
[2] 谢红霞.旅游公共关系（第2版）[M].北京：北京师范大学出版社，2015.
[3] 李敏.旅游公共关系学（第2版）[M].成都：西南财经大学出版社，2014.
[4] 王珑.酒店人力资源管理[M].北京：高等教育出版社，2016.
[5] 谢苏.旅游企业公共关系新编[M].武汉：华中科技大学出版社，2017.
[6] 王湜.旅游公共关系[M].北京：化学工业出版社，2006.
[7] 吕莉.酒店公共关系实务[M].北京：经济科学出版社，2014.
[8] 王丽萍.旅游公共关系[M].北京：北京理工大学出版社，2011.
[9] 蒋景东，刘晓枫.国际商务文化与礼仪[M].北京：中国金融出版社，2012.
[10] 张亚.公共关系——原理与实务（第2版）[M].北京：北京理工大学出版社，2015.
[11] 石伟平.酒店服务礼仪[M].上海：华东师范大学出版社，2011.
[12] 许湘岳.礼仪训练教程[M].北京：人民出版社，2012.
[13] 姜华.酒店公共关系[M].北京：中国人民大学出版社，2009.
[14] 金正昆.服务礼仪教程（第3版）[M].北京：中国人民大学出版社，2010.
[15] 谢红霞.公关原理与实务[M].大连：东北财经大学出版社，2006.
[16] 姜华，钱丽娟.饭店公共关系[M].武汉：武汉理工大学出版社，2010.
[17] 刘德兵.旅游公共关系[M].北京：科学出版社，2014.
[18] 任杰玉.酒店服务礼仪[M].上海：华东师范大学出版社，2009.
[19] 窦红平.公共关系实用教程[M].北京：北京邮电大学出版社，2012.
[20] 刘晓萍，崔春芳.酒店服务新概念[M].北京：企业管理出版社，2012.
[21] 查灿长.公共关系学[M].上海：上海大学出版社，2010.
[22] 杜炜.饭店优秀公关案例解析[M].北京：旅游教育出版社，2007.
[23] 舒伯阳.实用旅游营销学教程[M].武汉：华中科技大学出版社，2008.
[24] 潘彦维，杨军.公共关系[M].北京：北京师范大学出版社，2007.